AUSWANDERER – WANDERARBEITER – GASTARBEITER

Bevölkerung, Arbeitsmarkt und Wanderung in Deutschland
seit der Mitte des 19. Jahrhunderts

Referate und Diskussionsbeiträge
des Internationalen Wissenschaftlichen Symposiums
"VOM AUSWANDERUNGSLAND ZUM EINWANDERUNGSLAND?"
an der Akademie für Politische Bildung
Tutzing, 18. – 21. 10. 1982

Herausgegeben von

KLAUS J. BADE

SCRIPTA MERCATURAE VERLAG

Ostfildern 1984

BADE, Klaus J.

Auswanderer – Wanderarbeiter – Gastarbeiter
Bevölkerung, Arbeitsmarkt und Wanderung in Deutschland
seit der Mitte des 19. Jahrhunderts

Ostfildern 1984   ISBN 3 - 922661 - 11 - 4

ISBN 3 - 922661 - 11 - 4

INHALT

1. Teilband

3. SEKTION: AUSWANDERUNG

2. Teilband

4. SEKTION: AUSLÄNDER UND NATIONALE MINDERHEITEN IN DEUTSCHLAND BIS 1945

5. SEKTION: DIE AUSLÄNDERBESCHÄFTIGUNG IN DER BUNDESREPUBLIK ZWISCHEN ARBEITSWANDERUNG UND EINWANDERUNG

7. DISKUSSIONSBEITRÄGE

GELEITWORT

Gerne habe ich der Bitte des Herausgebers entsprochen, zum Sammelwerk über das Internationale Wissenschaftliche Symposium vom 18. - 21. 10. 1982 an der Akademie für Politische Bildung in Tutzing mit dem Thema "VOM AUSWANDERUNGSLAND ZUM EINWANDERUNGSLAND ?" ein Geleitwort zu schreiben. Berührt doch diese Thematik sehr eng den Bereich, den ich in meiner Funktion als Präsident der Bundesanstalt für Arbeit zu vertreten habe: die Arbeitsmarktpolitik. Nun ist die Ausländerfrage in der Bundesrepublik Deutschland zwar einerseits zunächst aus den Bedürfnissen des Arbeitsmarktes heraus entstanden und auch nach wie vor mit diesem Bereich äußerst eng gekoppelt. Ja sie ist durch die allgemeine Verschlechterung der Arbeitsmarktsituation noch verschärft worden. Andererseits aber ist die Ausländerproblematik längst aus dem rein arbeitsmarktpolitischen Rahmen herausgewachsen und zu einem gesellschaftspolitischen Problem erster Ordnung, ja man kann mit dem Herausgeber sagen, zu einer "importierten sozialen Frage" geworden. Andere Bereiche der Politik, wie Sozial-, Bildungs-, Außen- und Innenpolitik, haben viel zu lange ihre eigene Verantwortung vernachlässigt und Probleme der ausländischen Wohn- und Erwerbsbevölkerung allein der Steuerung durch den Arbeitsmarkt überlassen. Soll es nicht zu kollektiven Frustrationen sowohl bei den Ausländern als auch bei den Deutschen kommen — Anzeichen davon sind schon heute erkennbar —, muß eine ganzheitliche Betrachtung des Problems erstrebt, die gesamte Lebenssituation der Ausländer berücksichtigt werden. Es geht eben um mehr als nur um ausländische "Arbeitskräfte". Viele der in der Bundesrepublik Deutschland lebenden Ausländer befinden sich — um einen weiteren Leitbegriff dieses Bandes aufzugreifen — in einer echten "Einwanderungssituation".

Das vorliegende Sammelwerk mit der Fülle seiner geschichts- und gegenwartsbezogenen Bestandsaufnahmen und Problemanalysen scheint mir einen wichtigen Beitrag zu dieser ganzheitlichen Betrachtung und Lösung des Ausländerproblems zu leisten. Einwanderung und Auswanderung sind nie punktuelle Ereignisse, sondern langfristige Prozesse, die sich in einem bestimmten Rahmen abspielen, und zwar trifft dies sowohl auf das Wanderungsgeschehen als Ganzes wie auch auf das individuelle Wanderungsverhalten zu. Das Werk legt überzeugend dar, daß das sozio-ökonomische Entwicklungsgefälle von den modernen Industriestaaten zu den minderentwickelten Ländern diesen Bezugsrahmen darstellt mit seinen bevölkerungs-, kultur-, wirtschafts- und sozialgeschichtlichen Aspekten. Es liegt auf der Hand, daß Moment- und Bestandsaufnahmen allein der Sachlage nicht mehr gerecht werden können; es bedarf vor allem der geschichtlichen Perspektive, um dem Blick die nötige Tiefenschärfe zu geben. Am Beispiel des Wanderungsgeschehens in Deutschland von der Mitte des 19. Jahrhunderts bis heute wollen die Abhandlungen dieser Bände hierzu einen Beitrag leisten.

Was allgemein Gültigkeit hat, trifft auch hier zu: Um die Gegenwart richtig und umfassend genug einordnen und verstehen zu können, bedarf es der geschichtlichen Ortsbestimmung. Nur von der Geschichte her läßt sich die Gegenwart aufschließen, lassen sich die Entwicklungslinien weiter in die Zukunft ausziehen. Auf die Thematik des Bandes angewandt: Ohne hinreichende Kenntnisse des sozial- und wirtschaftsgeschichtlichen Bedingungsgefüges lassen sich auch die Wanderungsbewegungen der Gegenwart nicht verstehen. Vor allem die Migrationsgeschichte im Koordinatenkreuz von Bevölkerungs- und Arbeitsmarktentwicklung spielt hier eine große Rolle. Die gegenwärtigen Diskussionen um die Ausländerfrage, die meist nur von der aktuellen Tagesproblematik ausgehen, um die historische Dimension und Perspektive ergänzt zu haben, ist das Verdienst dieses Sammelwerkes. Die internationale und interdiszilinäre Zusammensetzung des Teilnehmer- und Mitarbeiterkreises und die entsprechende Vielfalt der Beiträge haben dazu entscheidend beigetragen. Nur in interdisziplinärer Kooperation konnte dem vieldimensionalen Charakter des Diskussionsgegenstandes Rechnung getragen werden; die Internationalität der Teilnehmer brachte es mit sich, daß unterschiedliche Erfahrungen und Gesichtspunkte in die Diskussion eingebracht wurden. Nicht zuletzt wurde intensiv der Dialog zwischen Wissenschaft und Praxis gesucht. Es scheint mir kein Nachteil, sondern eine Bereicherung der Diskussion zu sein, wenn in den hier ausgebreiteten Ergebnissen des Symposiums ein dieser Vielfalt entsprechender Pluralismus der Meinungen und Perspektiven zu Tage tritt.

Ich wünsche mir, daß dieses Sammelwerk einen breiten Leserkreis findet und das Verständnis für die komplexen Probleme der ausländischen Wohn- und Erwerbsbevölkerung in der Bundesrepublik Deutschland fördert. Zu den Adressaten gehören, über die mit den Problemen des internationalen Wanderungsgeschehens in Geschichte und Gegenwart befaßten Fachwissenschaften hinaus, die für die angesprochenen Bereiche politisch Verantwortlichen, aber auch der einzelne Bürger in seiner alltäglichen Begegnung mit dem ausländischen Mitbürger. Möge das Werk beitragen zur Förderung der Toleranz und Verständigung zwischen Ausländern und Deutschen. Integration kann nur gelingen, wenn sie auch mitgetragen wird von der Aufnahmegesellschaft. Auch dazu können von dieser Veröffentlichung wichtige Impulse ausgehen.

Dr. Josef Stingl
Präsident der Bundesanstalt für Arbeit

VORWORT

Im Wandel vom Auswanderungsland zum "De-facto-Einwanderungsland" haben sich für Deutschland innerhalb eines Jahrhunderts die transnationalen Massenbewegungen und die damit verbundenen Sozialprobleme geradewegs umgekehrt: In den frühen 1880er Jahren erlebte das kaiserliche Deutschland den Aufstieg der letzten und gewaltigsten Welle der millionenstarken Überseeauswanderung des 19. Jahrhunderts. In der sozialen Krise des Umbruchs von der Agrar- zur Industriegesellschaft hatte die überseeische Massenauswanderung eine deutliche Entlastungsfunktion als partieller Export der Sozialen Frage. Zu Beginn der 1980er Jahre steht die Bundesrepublik Deutschland vor einer importierten Sozialen Frage: Ergebnis kontinentaler Massenzuwanderung ist eine millionenstarke Ausländerbevölkerung, von der sich ein wachsender Teil nicht mehr als Arbeitswanderer, sondern als Einwanderer versteht.

Am Anfang stand im Zeichen von "Wirtschaftswunder" und Arbeitskräftemangel die Anwerbung von ausländischen Arbeitskräften. Hintergrund war das internationale sozialökonomische Entwicklungsgefälle, das alle hochentwickelten Industriestaaten unter Zuwanderungsdruck aus minderentwickelten Ausgangsräumen stellte. Die vertraglich vereinbarte Anwerbung von "Gastarbeitern", die für die Bundesrepublik ursprünglich ein rein arbeitsmarktpolitisches Problem war, hatte für die "Anwerbeländer" seinerzeit ebenfalls deutliche Züge eines Exports von sozialen Problemen. Lange Aufenthaltszeiten, Familiennachzug und Geburtenzuwachs der Ausländerbevölkerung aber haben das arbeitsmarktpolitische Problem "Gastarbeiterfrage" für die Bundesrepublik in jene importierte Soziale Frage verwandelt, hinter der zum Teil ein echtes Einwanderungsproblem steht. Die Bundesrepublik Deutschland hat im transnationalen Wanderungsgeschehen heute mit Problemen zu tun, die das Auswanderungsland Deutschland im 19. Jahrhundert in solcher Größenordnung nur andernorts verursachte – in den klassischen überseeischen Einwanderungsländern, vor allem in den Vereinigten Staaten, in denen 1983 mit der 300-Jahr-Feier der (in Wirklichkeit längeren) Geschichte der deutschen Amerikaeinwanderung gedacht wird.

Die Geschichte der Aus- und Einwanderungen bietet, trotz aller Unterschiede zur Gegenwart, vielfältige Orientierungshilfen für die Einschätzung auch des aktuellen Wanderungsgeschehens und seiner sozialen Folgeprobleme. Sich dieser historischen Erfahrungen vergewissern und sie mit den aktuellen Problemlagen konfrontieren, heißt beitragen zur historischen Ortsbestimmung der Gegenwart und zum Verständnis ihrer Probleme. Selbst in regierungsamtlichen Erklärungen, die bislang nur festschrieben, daß die Bundesrepublik Deutschland "kein Einwanderungsland" sei, wird neuerdings nach Orientierung an den "Erfahrungen der klassischen Einwanderungsländer" gefragt. Für die Einschätzung der mit dem

Wandel von der "Gastarbeiterbevölkerung" zur Einwandererminorität verbundenen gesellschaftlichen Probleme und für das Verständnis der Lage der Ausländerbevölkerung im Einwanderungsprozeß aber sind neben den historischen Erfahrungen der klassischen Einwanderungsländer auch die Erfahrungen jener Einwanderer selbst nützlich, zu denen im 19. Jahrhundert Millionen von Deutschen zählten, die einmal ebenso "Fremde" im Ausland waren wie heute Ausländer in der Bundesrepublik. Hinzu kommt, daß auch kontinentale Zuwanderung und Ausländerbeschäftigung in Deutschland selbst ihre eigene Geschichte haben. All das war Anlaß für die Einberufung des internationalen wissenschaftlichen Symposiums, das unter dem Rahmenthema "Vom Auswanderungsland zum Einwanderungsland?" vom 18. bis 21. Oktober 1982 an der Akademie für Politische Bildung in Tutzing tagte. Es ging um die Entwicklung von Bevölkerung, Arbeitsmarkt und Wanderung in Deutschland von der Mitte des 19. Jahrhunderts bis zur unmittelbaren Gegenwart und darüber hinaus ein Stück weit in die nächste Zukunft, soweit sie im Rahmen von prospektiver Bevölkerungs- und Arbeitsmarktforschung konturierbar erscheint [1]: Wer nach der Herkunft der Gegenwart sucht, muß die Geschichte befragen. Wer aus der Gegenwart ein Stück Zukunft ertasten will, muß Linien aus der Geschichte ziehen und sie über den Zeitrand der Gegenwart hinaus zu punktieren suchen. Das gilt auch für die langen Linien der Entwicklung von Bevölkerung und Wirtschaft, für die dadurch bestimmten Bewegungen im transnationalen Wanderungsgeschehen und für die daraus resultierenden transnationalen Sozialprozesse — soweit es sich nicht um außerökonomisch bestimmte Migrationsprozesse und Zwangswanderungen wie Flucht oder Vertreibung, sondern um jene vorwiegend sozialökonomisch bedingten Massenbewegungen handelt, denen das Symposium galt. Die Idee dazu ging aus von der Beschäftigung des Tagungsleiters und Herausgebers dieser Publikation mit der Entwicklung von Bevölkerung und Arbeitsmarkt, von überseeischer Auswanderung, kontinentaler Zuwanderung und Ausländerbeschäftigung im Deutschland des 19. und frühen 20. Jahrhunderts, in dem sich in den Jahrzehnten vor dem Ersten Weltkrieg schon einmal ein Umbruch vom Aus- zum Einwanderungsland abzuzeichnen schien.

Die ursprünglich schon für 1981 geplante und aus organisatorischen Gründen um ein Jahr verschobene Tagung war langfristig vorbereitet worden [2]. Die Referate wurden vorab eingefordert und an alle Teilnehmer umverteilt. Auf der Tagung selbst gaben die Referenten nurmehr pointierte Zusammenfassungen, so daß

1) Vgl. hierzu als Tagungsbericht u. a. P. Diehl-Thiele, Kaum eine Heimkehr in die Fremde: Ein- und Auswanderungen sind ein Dauerproblem der Sozialgeschichte, in: Süddeutsche Zeitung, 1./2. 1. 1983.

2) Aus der Tagungsvorbereitung hervorgegangen: K. J. Bade, Vom Auswanderungsland zum Einwanderungsland? Deutschland 1880-1980. Mit einem Geleitwort von J. Stingl, Berlin 1983; ders., Gastarbeiter zwischen Arbeitswanderung und Einwanderung (Akademie für politische Bildung, Reihe: Zur aktuellen Diskussion, 83/1), Tutzing 1983.

möglichst viel Zeit für die intensive Arbeitsdiskussion blieb. Dieses Sammelwerk enthält die überarbeiteten Tagungsbeiträge und eine Auswahl von Statements aus der weitgespannten Diskussion. Informationen zu den Sektionen und ihren Beiträgen bieten die Einführung zum ersten Band und die Einführungen zu den einzelnen Sektionen, die zum Teil von Tagungsteilnehmern geschrieben wurden, die auf dem Symposium die Diskussionsleitung der entsprechenden Sektion übernommen hatten.

Die Tagung diente vor allem drei Zwecken: 1. sollte sie am deutschen Beispiel im transnationalen Wanderungsgeschehen eine Brücke schlagen zwischen Geschichte und Gegenwart und damit einen Beitrag leisten zur Einschätzung aktueller Probleme der Entwicklung von Bevölkerung, Arbeitsmarkt und Wanderung; 2. sollte sie beitragen zu verstärkter internationaler und interdisziplinärer Kooperation derjenigen Fachwissenschaftler, die auf den verschiedensten durch das transnationale Wanderungsgeschehen in Geschichte und Gegenwart aufgeworfenen Forschungsfeldern arbeiten; 3. sollte sie durch die Konfrontation von Fachvertretern der verschiedensten mit diesen Fragen beschäftigten wissenschaftlichen Disziplinen mit Experten der Praxis den Dialog zwischen Wissenschaft und Praxis auf den genannten Gebieten vertiefen helfen.

Die interdisziplinäre Zusammensetzung des Teilnehmerkreises entsprach nach fachwissenschaftlicher Spezialisierung und praktischer Erfahrung der Vielgestaltigkeit der Entwicklungslinien und Problemlagen im interdependenten Spannungsfeld von Bevölkerung, Arbeitsmarkt und Wanderung in Geschichte und Gegenwart: Eingeladen wurden vor allem Wirtschafts- und Sozialhistoriker, Bevölkerungswissenschaftler, Ökonomen, Soziologen, Politologen und Juristen, die mit einschlägigen Veröffentlichungen hervorgetreten sind bzw. zu Teilbereichen der weiteren Tagungsthematik größere Forschungsprojekte betreiben. Sie kamen vorwiegend aus der Bundesrepublik, aber auch der DDR, aus Schweden, Griechenland, Italien, Frankreich und den Vereinigten Staaten. Hinzu kam ein Kreis von Praktikern der Arbeitsverwaltung, der Ausländerarbeit und der Auswandererberatung, die ihre praktischen Erfahrungen. in den wissenschaftlichen Dialog einbrachten. Einige der bei Tagungsvorbereitung und Manuskriptaustausch Einbezogenen mußten schließlich absagen wegen der zeitlichen Überschneidung des Symposiums in Tutzing mit zwei kurzfristiger anberaumten Bonner Veranstaltungen zur Ausländerpolitik von SPD ("Dialog zur Ausländerpolitik") und CDU ("Ausländer in Deutschland — für eine gemeinsame Zukunft").

Daß beides, Multidimensionalität des Untersuchungsfeldes in Geschichte und Gegenwart einerseits und interdisziplinäre Zusammensetzung des internationalen Autorenteams andererseits, zu einer Vielfalt an Fragestellungen, Interpretationsansätzen und Forschungsmeinungen führte, lag in der Sache selbst. Es war weder Aufgabe noch Absicht des Herausgebers, diesem Pluralismus der Perspektiven zu wehren. Das gilt auch für Konsens und Dissens zwischen den beiden deutschen

Staaten in der Interpretation der neueren deutschen Geschichte. Das fand Ausdruck in der Teilnahme zweier auf die Geschichte der Ausländerbeschäftigung in Deutschland spezialisierter Historiker der Universität Rostock an dem Symposium und im Abdruck ihrer aus marxistisch-leninistischer Sicht geschriebenen Beiträge 3), die in Tutzing Anlaß gaben zu einer harten, aber sachlichen Diskussion 4) nicht nur über ihre Gegenstände, sondern auch über Grundprobleme der Geschichtsinterpretation und des geschichtswissenschaftlichen Dialogs zwischen beiden deutschen Staaten. Vorausgegangen waren 1981 die Teilnahme des Herausgebers und zweier anderer Autoren dieses Symposiums an einer Fachtagung an der Universität Rostock 5) und die Veröffentlichung ihrer Tagungsbeiträge in der DDR 6). Historiker aus der Bundesrepublik Deutschland müssen sich, über grundlegende Unterschiede in Wissenschaftsbegriff, Geschichtsverständnis und Interpretationslinien hinweg, dieser Auseinandersetzung stellen, wenn der wissenschaftliche Dialog über die gemeinsame Geschichte zwischen den beiden deutschen Staaten nicht abreißen soll. Im Blick auf unterschiedliche Positionen in der historischen Interpretation wie in der Einschätzung brisanter aktueller Probleme sei der Leser hier um jene Offenheit und streitbare Toleranz gebeten, die auch die Tutzinger Gespräche bestimmten.

Die wissenschaftliche Verantwortung für seinen Beitrag trägt jeder Autor allein. Die Leitungsverantwortung des Herausgebers beschränkte sich auf die Erarbeitung der Gesamtkonzeption, auf die organisatorische Vorbereitung des Symposiums, die Auswahl des weiteren Teilnehmer- und des engen Mitarbeiterkreises sowie auf die redaktionelle Betreuung dieses Bandes, bei der einzelne Beiträge von den Autoren in Abstimmung mit dem Herausgeber leicht überarbeitet wurden, um unnötige Überschneidungen zu vermeiden. Um angesichts der internationalen und interdisziplinären Zusammensetzung des Mitarbeiterkreises die Verständigung zwischen den einzelnen Fachdisziplinen zu erleichtern und die Ta-

---

3) L. Elsner, Ausländerbeschäftigung und Zwangsarbeitspolitik in Deutschland während des Ersten Weltkriegs (4. 5); J. Lehmann, Ausländerbeschäftigung und Fremdarbeiterpolitik im faschistischen Deutschland (4. 6).

4) Als Beitrag aus dieser Diskussion: K. Tenfelde, Kontinuität in der deutschen "Fremdarbeiterpolitik"? (7. 3).

5) Arbeiterwanderungen, Ausländerbeschäftigung und Ausländerpolitik in den kapitalistischen Ländern Europas im 20. Jahrhundert, Wiss. Kolloqium an der Universität Rostock, 21./22. 4. 1981.

6) K. J. Bade, Arbeitsmarkt, Ausländerbeschäftigung und Interessenkonflikt: der Kampf um die Kontrolle über Auslandsrekrutierung und Inlandsvermittlung ausländischer Arbeitskräfte in Preußen vor dem Ersten Weltkrieg, in: Fremdarbeiterpolitik des Imperialismus, H. 10, Rostock 1981, S. 27-47 (Kurzfassg. in: Zeitschrift für Ausländerrecht und Ausländerpolitik, 3. 1983, H. 2, S. 87-93; C. H. Riegler, Arbeitskräfterekrutierung für die deutsche Kriegswirtschaft in neutralen Ländern unter besonderer Berücksichtigung Schwedens, 1915-1919, ebenda, S. 63-76; K. Dohse, Zur Lage der Ausländerbevölkerung und zur Ausländerpolitik in den 70er Jahren in der Bundesrepublik Deutschland und in Westberlin, ebenda, H. 12, Rostock 1982, S. 45-65.

gungsergebnisse auch für einen weiteren Leserkreis verständlich zu halten, wurden die Autoren gebeten, in ihren Beiträgen Niederungen des Fachjargons ebenso zu meiden wie Höhenflüge in exklusive Esoterik und anstelle dessen eine verständliche Mitte zu suchen zwischen dem Nötigen an fachwissenschaftlicher Begrifflichkeit und dem Möglichen an menschenfreundlicher Prosa. Inwieweit das in den einzelnen Beiträgen gelingen konnte, muß dem Urteil des Lesers anheimgestellt bleiben.

Den Autoren danke ich für die gute Kooperation und vor allem für die Einhaltung der harten Ablieferungstermine für die Tagung selbst und die Drucklegung ihrer Ergebnisse. Dank für hilfreiche Hinweise und kritische Anregungen schulde ich Prof. Dr. Friedrich Heckmann, Prof. Dr. Dirk Hoerder, Dr. Klaus Manfrass, Dr. Ursula Mehrländer, Dr. Toni Pierenkemper, dem Referenten für kirchliche Ausländerarbeit im Dezernat Kirchliche Dienste des Bischöflichen Ordinariats Limburg, Pfarrer Herbert Leuninger, dem Ausländerreferenten beim Kirchlichen Außenamt der Evangelischen Kirche in Deutschland, Oberkirchenrat Dr. Jürgen Micksch, dem Direktor des Instituts für Arbeitsmarkt- und Berufsforschung der Bundesanstalt für Arbeit, Prof. Dr. Dieter Mertens, und dem Präsidenten der Bundesanstalt für Arbeit, Dr. Josef Stingl. Dankbar für vielfältige Vermittlungshilfe im Vorfeld der Tagung und der Drucklegung ihrer Ergebnisse bin ich Staatssekretär a. D. Hans Freiherrn von Herwarth. Dem Direktor der Akademie für Politische Bildung, Prof. Dr. Manfred Hättich, danke ich für seinen bewährten Rat bei der organisatorischen Vorbereitung des Symposiums, dem Referenten der Akademie, Klaus Grosch, und meinem Mitarbeiter Hans-Bernd Meier für die Hilfe bei der Betreuung der Veranstaltung in Tutzing. Der Akademie danke ich für die Aufnahme des großen Teilnehmerkreises in ihrer Tagungsstätte und für den vorzüglichen Rahmen, der wesentlich zu dem guten Verlauf des Symposiums beigetragen hat.
Das Symposium und die Drucklegung seiner Ergebnisse waren, über das Engagement der Akademie hinaus, nur möglich aufgrund großzügiger Zuschüsse. Dafür danke ich im Namen aller Teilnehmer der Alfried Krupp von Bohlen und Halbach-Stiftung, dem Stiftungsfonds Dresdner Bank im Stifterverband für die Deutsche Wissenschaft und dem Kirchlichen Außenamt der Evangelischen Kirche in Deutschland. Prof. Dr. Harald Winkel danke ich für die Übernahme dieser Bände in die Schriften seines Verlags und für die sorgsame und zügige Abwicklung der Drucklegung, die es ermöglicht hat, die Tagungsergebnisse bereits innerhalb kurzer Zeit zu publizieren. Für die Bewältigung der umfangreichen Korrespondenz danke ich Marianne Weidemeyer, für Reinzeichnungen von Schaubildern Carola Swoboda, für Korrekturarbeiten Hans-Bernd Meier in Zusammenarbeit mit Susanne Meyer und Christa Rasmussen.

Dieser Sammelband bietet kein nationalhistorisches Handbuch zur Sozialgeschichte der transnationalen Migration, sondern eine Sammlung von ausgewählten Studien zu zentralen Aspekten der Entwicklung von Bevölkerung,

Arbeitsmarkt und Wanderung am Beispiel eines Landes, das auf seinem Weg vom Auswanderungsland des 19. Jahrhunderts zum "De-facto-Einwanderungsland" der Gegenwart in besonderem Maße tangiert wurde von Massenbewegungen im grenzüberschreitenden Wanderungsgeschehen. Transnationale Wanderungsbewegungen sind keine isolierten Größen im historischen Prozeß, die für sich allein betrachtet werden könnten, sondern Folgeerscheinungen und Ausdrucksformen unterschiedlicher Entwicklungslagen in Ausgangs- und Zielräumen: allgemein in Bevölkerung, Wirtschaft und Gesellschaft und besonders im Verhältnis von Bevölkerungswachstum und Erwerbsangebot auf dem Arbeitsmarkt. Sie sind nicht nur bestimmt durch solche unterschiedlichen Entwicklungslagen, sondern wirken auch verändernd auf sie zurück. Der Makrokosmos des Wanderungsgeschehens und der Mikrokosmos des individuellen Wanderungsverhaltens müssen deshalb in einem übergreifenden und vergleichenden bevölkerungs-, wirtschafts- und sozialgeschichtlichen Bezugsrahmen erfaßt werden, innerhalb dessen ausschließlich nationalhistorische Perspektiven ebenso überfordert sind wie die fachspezifischen Forschungsansätze und Instrumentarien einzelner Wissenschaftsdisziplinen.

Die verschiedensten mit diesen Problemen befaßten Disziplinen — im weiteren Bereich der Geschichtswissenschaft vor allem Historische Demographie, Historische Arbeitsmarktforschung und Sozialhistorische Migrationsforschung — sollten hier in interdisziplinärer Kooperation und internationalem Vergleich nach gesicherten historischen Erkenntnissen streben. Sie können damit beitragen zur Einschätzung auch des transnationalen Wanderungsgeschehens der Gegenwart, zum Verständnis seiner Bestimmungsfaktoren und seiner Folgeprobleme für die Ausgangsräume, für die Zielgebiete und für die Menschen in der Identitätskrise zwischen alter und neuer Welt. Das internationale und interdisziplinäre Symposium "Vom Auswanderungsland zum Einwanderungsland?" hat hierzu, über seine Ergebnisse hinaus, in intensiver Plenumsdiskussion und Gesprächen am Rande der Veranstaltung für die Teilnehmer selbst weiterführende Forschungsperspektiven eröffnet. Die Publikation seiner Ergebnisse soll in weiterem Kreise anregen zu solcher Kooperation bei der vertieften Beschäftigung mit den Geschichte und Gegenwart verbindenden Entwicklungslinien des transnationalen Wanderungsgeschehens. Es bleibt zu hoffen, daß damit auch ein Anstoß gegeben werden kann zur stärkeren Einbeziehung historischer Erfahrungen im politischen Entscheidungsprozeß über jene aktuellen Problemlagen, die in vieler Hinsicht ein Stück in die Gegenwart ragender Geschichte sind.

Klaus J. Bade

EINFÜHRUNG

Vom Export der Sozialen Frage zur importierten Sozialen Frage: Deutschland im transnationalen Wanderungsgeschehen seit der Mitte des 19. Jahrhunderts

Von Klaus J. Bade

1. Vom Auswanderungsland zum Einwanderungsland? Aktuelle Probleme und historische Perspektiven.

"Die Bundesrepublik ist kein Einwanderungsland" – so lautete noch Ende der 1970er Jahre das knappste regierungsamtliche Statement zur "Gastarbeiterfrage" in der Bundesrepublik. Es ist bis heute der kleinste gemeinsame Negativnenner aller regierungsamtlichen Initiativen im Rahmen der Ausländerpolitik geblieben. Die gesellschaftliche Entwicklung der Ausländerbevölkerung in der Bundesrepublik hat das demonstrative Dementi problematisiert: Zum einen wurde hier etwas dementiert, das gar nicht ernsthaft zu behaupten war; denn ein *Einwanderungsland* im Sinne der Gesellschaftsgeschichte jener klassischen überseeischen Einwanderungsländer der Neuzeit, deren Gesellschaften sich – nach der Verdrängung der Ureinwohner, die die eigentlichen Einheimischen waren – erst im "Schmelztiegel" des Einwanderungsprozesses herausbildeten, kann die Bundesrepublik Deutschland ohnehin weder sein noch werden; zum anderen aber trug das Dementi lange deutliche Züge einer Art defensiver Erkenntnisverweigerung, da es – "weil nicht sein kann, was nicht sein darf" – indirekt einen transnationalen Sozialprozeß aus dem Blickfeld zu rücken tendierte, der zwar auf Zeit verdrängt, aber nicht auf Dauer dementiert werden konnte: die Tatsache, daß ein erheblicher Teil der Ausländerbevölkerung in der Bundesrepublik längst in einer echten *Einwanderungssituation* lebt. Gerade aus dieser Spannung, die zur Rede von dem "De-facto-Einwanderungsland" Bundesrepublik Anlaß gegeben hat, ergibt sich die besondere Problematik des falsch etikettierten sozialen Explosivpakets "Gastarbeiterfrage". Gesellschaftliche Probleme aber werden durch Verdrängung nicht bewältigt, sondern nur weiter kompliziert.

Das gesellschaftliche Problem "Gastarbeiterfrage" war, als importierte Soziale Frage, schon vor einem Jahrzehnt längst jenem arbeitsmarktpolitischen Gestaltungsraum entwachsen, in dem es ursprünglich angesiedelt war: Alle an der Diskussion um die Ausländerbeschäftigung Beteiligten seien sich "darüber einig, daß künftig die soziale Komponente bei allen Fragen der Ausländerbeschäftigung noch mehr als bisher berücksichtigt werden muß", schrieb 1974 der Präsident der Bundesanstalt für Arbeit, J. Stingl. "Bei den Diskussionen, den Beratungen und den politischen Entscheidungen über die weitere Entwicklung der Ausländerbeschäftigung darf nicht vergessen werden, daß es nicht nur um ausländische Arbeitskräfte geht, sondern vor allem um Menschen und Familien ... Wir brauchen Lösungen, die auch von den Betroffenen als angemessen empfunden und akzeptiert werden können." 1) Ansätze zu solchen Lösungen hat es in der politischen Diskussion seither zwar wiederholt gegeben, ein konsensfähiges Gesamtkonzept aber ist nach wie vor überfällig.

1. 1 "Gastarbeiterfrage" oder "Einwanderungsfrage"? Aspekte der "Ausländerdiskussion" in der Bundesrepublik

Heute wird von "Gastarbeiterimmigration" gesprochen. Damit wird ein ungeklärtes Problem auf einen unklaren Begriff gebracht, der etwas verbindet, das sich als Alternative gegenseitig auszuschließen scheint: transnationale *Arbeitswanderung* auf Zeit und definitive *Einwanderung*. Beide Formen des transnationalen Wanderungsgeschehens bestimmen heute das doppelte Gesicht der Ausländerbeschäftigung in der Bundesrepublik. Sie haben im Makrokosmos des Wanderungsgeschehens als Sozialprozeß und im Mikrokosmos des individuellen Wanderungsverhaltens vielfach fließende Grenzen. Rechtspolitische Rahmenbezüge und darin eingebettete soziale Verkehrsregeln indes, die in diesem fließenden Grenzfeld der irritierten Aufnahmegesellschaft Orientierungshilfe und der nicht minder desorientierten Ausländerbevölkerung Lebensperspektiven böten, sind nur ansatzweise und in abgeleiteter Form bzw. in Analogiekonstruktionen vorhanden.

Ergebnis: Der Haussegen hängt schief in der Bundesrepublik. Ihre politischen Handlungsträger scheinen der aus der Geschichte zureichend bekannten und in der Gegenwart lange unterschätzten Eigendynamik des transnationalen Wanderungsgeschehens und den dadurch ausgelösten transnationalen Sozialprozessen gegenüber unversehens in die Rolle von Goethes "Zauberlehrling" gegenüber den selbstgerufenen bzw. seinerzeit angeworbenen "Geistern" geraten zu sein. Am Anfang stand, im Zeichen von "Wirtschaftswunder" und Arbeitskräftemangel, die Anwerbung von Millionen "Gastarbeitern". Viele kamen und gingen. Andere blieben und zogen ihre Familien nach. Am Ende steht heute, im Zeichen von Wirtschaftskrise und Massenarbeitslosigkeit, der Streit um jene "Dauergäste",

---

1) J. Stingl, Probleme der Ausländerbeschäftigung in der Bundesrepublik Deutschland, in: Zeitschr. für Kulturaustausch, 24. 1974, H. 3 (Auswärtige Kulturpolitik im Inland — Die ausländischen Arbeitnehmer), S. 4-6; hierzu und zum Folgenden: K. J. Bade, Die "Gastarbeiter" des Kaiserreichs — oder: Vom Auswanderungsland des 19. Jahrhunderts zum "Einwanderungsland Bundesrepublik"?, in: Geschichte in Wissenschaft und Unterricht, 33. 1982, H. 2, S. 79-93; ders., Gastarbeiter zwischen Arbeitswanderung und Einwanderung (Akademie für Politische Bildung, Reihe: Zur aktuellen Diskussion), Tutzing 1983; ders., Vom Auswanderungsland zum Einwanderungsland? Deutschland 1880-1980. Mit einem Geleitwort von J. Stingl, Berlin 1983.

die bleiben wollen, obgleich mehr als zwei Millionen Deutsche ohne Arbeit sind
— ein Streit um falsche Alternativen, der dort zu ebenso abwegigen wie gefähr-
lichen Rechenexempeln führt, wo mangelnde Einsicht in die gesamtwirtschaftliche Bedeutung der Ausländerbeschäftigung, auch in der gegenwärtigen Krisenzeit, zur naiven Aufrechnung ausländischer Arbeitskräfte gegen einheimische
Arbeitslose führt [2].

Während in der Alltagsdiskussion der "Ausländerfrage" in der Bundesrepublik
Ausländer mit zum Teil schon ein oder gar zwei Jahrzehnte überspannendem
Arbeitsaufenthalt von einer ebenso willkürlichen wie undankbaren Rückstufung
von seinerzeit ausdrücklich gebetenen und willkommenen, zwar von Anbeginn an
"ungeliebten", aber doch vertrauten "Gästen" [3] zu nurmehr mißmutig gedul-
deten oder gar offen angefeindeten "Fremden" reden, sprechen Einheimische
von einer Art Mißbrauch des "Gastrechts". Stimmen aus Aufnahmegesellschaft
und Ausländerbevölkerung tasten rückblickend in wechselseitigen Schuldzuwei-
sungen nach historisch einklagbaren Abreden, die in der heute erwünschten Klarheit doch nie getroffen wurden. Wo aber aus dem "Gastrecht" zitiert wird, hört
die "Gastfreundschaft" auf. Und dieses Land hatte nicht "Fremde", sondern
"Gäste" zur Arbeit geladen. Ihr Bleiben wurde lange stillschweigend akzeptiert.
Diejenigen, die weiterhin bleiben wollen, warten auf ein Zeichen, daß die "Gastfreundschaft" noch gilt. Von der seit jeher vorhandenen latenten Konkurrenzspannung zwischen einheimischen und ausländischen an- bzw. ungelernten
Arbeitskräften auf den fortschreitend internationalisierten unteren Ebenen bestimmter doppelter Teilarbeitsmärkte in der Bundesrepublik abgesehen, kam die
Beschäftigung von "Gastarbeitern" lange allen zugute. Es gibt deshalb auch eine
kollektive Verantwortung, die sozialen Folgen mitzutragen — wobei die geläufige
Rede von den ausländischen "Betroffenen" einerseits verdunkelt, daß es auch
einheimische "Betroffene" gibt und andererseits, daß die in den verschiedenen
Integrationskonzepten zumeist nur im Passiv bedachten ausländischen "Betroffenen" auch Akteure in diesem sozialen Problemfeld sind.

All das aber wird erschwert durch einen sozialen Wandel innerhalb der Ausländerbevölkerung, der nach allen Erfahrungen aus der Geschichte des transnationalen Wanderungsgeschehens in gewissen Grenzen voraussagbar war und auch
vorausgesagt, von den politischen Adressaten solcher Voraussagen aber lange
schlichtweg "dementiert" wurde. Sozialhistoriker, empirische Sozialwissen-
schaftler und Praktiker der Ausländerarbeit ("Ausländerexperten") warnten
frühzeitig vor den Folgen fahrlässigen Zuwartens gegenüber der Eigendynamik

2) Dagegen zuletzt aus dem der Arbeitgeberseite nahestehenden Institut der deutschen
Wirtschaft: "Ausländer raus!" — Aspekte der Ausländerbeschäftigung, Köln 1983; von ge-
werkschaftlicher Seite: DGB, Landesbezirk Baden-Württemberg, J. Klose, Die Ausländer
nehmen uns die Arbeitsplätze weg! Eine Legende, 2. überarb. Aufl. Nov. 1982.
3) O. Uhlig, Die ungeliebten Gäste. Ausländische Arbeitnehmer in Deutschland, München
1974.

transnationaler Sozialprozesse. Sie wurden von vielen seinerzeit nicht selten als intellektualistische Schwarmgeister und wirklichkeitsferne Krisenbeschwörer belächelt oder gar als konfliktfreudige soziale Katastrophenpropheten beargwöhnt bzw. der Neigung bezichtigt, soziale Krisen "herbeireden" und ihre Warnungen zu sich selbst erfüllenden Prophezeihungen geraten lassen zu wollen — wobei gelegentlich übersehen wurde, daß diejenigen, die andere verdächtigen, Erwartbares "herbeizureden", sich allemal dem Verdacht aussetzen, Vorhandenes "hinwegreden" zu wollen. Wenn sie heute beiläufig an die Gültigkeit solcher Warnungen erinnern, laufen sie Gefahr, als "Besserwisser" nicht minder unbequem zu sein, denn bequem sind Besserwisser für gewöhnlich nur, wenn sie des Irrtums überführt werden können. Wissen um die Geschichte aber bedeutet auch Verantwortung gegenüber der Gegenwart, auch wenn dies unbequem sein mag für diejenigen, die die Gegenwart nur aus sich selbst zu interpretieren streben und dabei kraftvollen Kreislauf mit Fortbewegung verwechseln.
Ein Wildwuchs von saugstarken Wortschwämmen und ebenso schillernden wie brüchigen terminologischen Prothesen durchwuchert den Jargon in der Diskussion der "Gastarbeiterfrage" oder gar jenes entgrenzten Sammelsuriums "Ausländerfrage", dessen Feld in der Gegenwart noch vieldeutiger und schillernder geworden ist als es die "deutsche Frage" einmal in der Geschichte war. Begriffe, deren Funktion es ist, Sachverhalte und Problemzusammenhänge zu "greifen" und damit "begreifbar" zu machen, geraten dabei nicht selten ins Grenzfeld zwischen wohlklingendem Mummenschanz, terminologischer Ersatzhandlung und der Konstruktion von metaphernreichen Fluchtwegen aus einer immer weniger "greifbaren" Wirklichkeit. Die neudeutsche Begriffskrücke "Gastarbeiterimmigration" kennzeichnet bei alledem in ihrer inneren Widersprüchlichkeit ebenso wie die sozialkuschelige Besänftigungsformel von den "ausländischen Mitbürgern" — die im "De-facto-Einwanderungsland" de jure Ausländer ohne Staatsbürgerrecht sind — die Kipplage der Ausländerbeschäftigung in der Bundesrepublik zwischen der *"Gastarbeiterfrage"*, die sie war und bleiben sollte, und der *"Einwanderungsfrage"*, die sie nicht werden sollte und doch weithin geworden ist.

1.2 Geschichte: vom Auswanderungsland zum "Arbeitseinfuhrland"

Die Probleme, mit denen die Bundesrepublik heute im transnationalen Wanderungsgeschehen konfrontiert ist, sind im Kern nicht so neu, wie sie erscheinen mögen. Sie stellen sich nur anders. Die Frage, ob Deutschland auf dem Weg zum "Einwanderungsland" sei, stand vor dem Ersten Weltkrieg schon einmal an: Zur Zeit des Kaiserreichs vollzog sich in Deutschland — im Sinne der Wanderungsstatistik — der Umbruch vom Auswanderungsland mit im 19. Jahrhundert nach Millionen zählenden Auswanderern zum "Einwanderungsland" mit im frühen 20. Jahrhundert mehr als einer Million ausländischer Land- und Industriearbeiter. Eine "Einwanderungsfrage" aber stand damals nicht zur Debatte: Trotz fundamentaler Einschätzungsdifferenzen und tiefgestaffelter ökonomischer, politischer und sozialer Interessenkollisionen in der zeitgenössischen Diskussion der "Wanderarbeiterfrage" herrschte im kaiserlichen Deutschland wie in der Weimarer Republik der Grundkonsens, daß die — auch damals vielfach direkt angeworbenen — ausländischen Arbeitskräfte nicht Einwanderer werden, sondern bleiben sollten, was sie zumeist von Anbeginn an waren: "ausländische Wanderarbeiter". Deutschland wandelte sich deshalb in diesem Umbruch im transnationalen Wanderungsgeschehen der Hochindustrialisierungsperiode nicht zum echten Einwanderungsland im Sinne jener Tradition klassischer Einwanderungsländer, daß Arbeit für das Einwanderungsland nach angemessener Frist zu Staatsbürgerrechten führen kann. Es blieb, trotz seit den 1890er Jahren stark schrumpfender überseeischer Auswanderung, ein Auswanderungsland; und es wurde, trotz seither stark zunehmender kontinentaler Zuwanderung, nur zu dem, was in der zeitgenössischen Diskussion "Arbeitseinfuhrland" hieß 4).

Damit begann in der Zwitterstellung Deutschlands zwischen altem Auswanderungsland mit zumeist relativ niedrigen Auswandererzahlen und neuem Aufnahmeland mit zeitweise hoher Zuwanderung bzw. Ausländerbeschäftigung eine lange Traditionslinie. Sie läßt sich — von Arbeitskräftedeportation und Arbeitszwang im Ersten Weltkrieg, "Fremdarbeiterfrage", Zwangsrekrutierung und Zwangsarbeit im nationalsozialistischen Deutschland während des Zweiten

---

4) Hierzu und zum Folgenden: K. J. Bade, German Emigration to the United States and Continental Immigration to Germany in the late Nineteenth and Early Twentieth Centuries, in: Central European History (CEH), 13. 1980, H. 4, S. 349-377; ders., Politik und Ökonomie der Ausländerbeschäftigung im preußischen Osten 1885-1914. Die Internationalisierung des Arbeitsmarkts im "Rahmen der preußischen Abwehrpolitik", in: H.-J. Puhle, H.-U. Wehler (Hg.), Preußen im Rückblick (Geschichte und Gesellschaft (GG), Sonderh. 6), Göttingen 1980, S. 273-299; ders., Massenwanderung und Arbeitsmarkt im deutschen Nordosten von 1880 bis zum Ersten Weltkrieg: Überseeische Auswanderung, interne Abwanderung und kontinentale Zuwanderung, in: Archiv für Sozialgeschichte (AfS), 20. 1980, S. 265-323; ders., Arbeitsmarkt, Bevölkerung und Wanderung in der Weimarer Republik, in: M.Stürmer (Hg.), Die Weimarer Republik — belagerte Civitas, Königstein/ Ts. 1980, S. 160-187; ders., Arbeitsmarkt, Ausländerbeschäftigung und Interessenkonflikt: Der Kampf um die Kontrolle über Auslandsrekrutierung und Inlandsvermittlung ausländischer Arbeitskräfte in Preußen vor dem Ersten Weltkrieg, in: Fremdarbeiterpolitik des Imperialismus, H. 10, Rostock 1981, S. 27-47 (Kurzfassg. in: Zeitschrift für Ausländerrecht und Ausländerpolitik (ZAR), 3. 1983, H. 2, S. 87-93); ders. Transnationale Migration und Arbeitsmarkt im Kaiserreich: Vom Agrarstaat mit starker Industrie zum Industriestaat mit starker agrarischer Basis, in: T. Pierenkemper, R. Tilly (Hg.), Historische Arbeitsmarktforschung, Göttingen 1982, S. 182-211; ders., "Kulturkampf" auf dem Arbeitsmarkt: Bismarcks "Polenpolitik" 1885-1890, in: O. Pflanze (Hg.), Innenpolitische Probleme des Bismarck-Reiches, München 1983, S. 121-142; vgl. den Beitrag 3. 2 in diesem Band; s. a. u. Anm. 52.

Weltkriegs und im von Deutschland besetzten Europa 1939-45 abgesehen 5) —
in ihrem Kernstrang weiterverfolgen bis zu den Problemlagen im transnationalen
Wanderungsgeschehen der Gegenwart: "neuer Auswanderung" aus und Ausländerbeschäftigung in der Bundesrepublik.
Im Unterschied zu den "ausländischen Wanderarbeitern" in Kaiserreich und
Weimarer Republik und besonders zu den "Fremdarbeitern" im nationalsozialistischen Deutschland wurden die in die Bundesrepublik angeworbenen ausländischen Arbeitskräfte "Gastarbeiter" genannt. Diese Bezeichnung, die nicht
offiziellen Charakter, sondern umgangssprachliche Quellen hatte, sollte einerseits die durchweg andere Rechtsstellung dieser ausländischen Arbeitskräfte be-
tonen und andererseits signalisieren, daß die "Gäste" aus dem europäischen Ausland nur auf mehr oder minder befristete Zeit zur Arbeit in Deutschland "eingeladen" waren; denn "Gast" ist nur, wer nicht auf Dauer bleibt.
Als "Gastarbeiter" werden nach allgemeinem Sprachgebrauch noch heute diejenigen ausländischen Arbeitskräfte angesprochen, die aus den sechs wichtigsten
ehemaligen "Anwerbeländern" (Griechenland, Italien, Jugoslawien, Portugal,
Spanien, Türkei) stammen — im Gegensatz zu anderen Arbeitskräften aus dem
europäischen und außereuropäischen Ausland und vor allem zu Asylsuchenden,
die, solange ihr oft Jahre dauerndes Anerkennungsverfahren noch nicht abgeschlossen war, unter bestimmten Bedingungen ebenfalls in der Bundesrepublik
arbeiten konnten — wiewohl gerade hier in den letzten Jahren Überschneidungen
zwischen Asylsuche und Arbeitsmigration ("Wirtschaftsasylanten") zu beobachten waren. Ebenso wie es im Kaiserreich ausländische Arbeitskräfte gab, die
keine "Wanderarbeiter" waren, sind auch die "Gastarbeiter" nur ein — allerdings
ebenfalls der bei weitem größte — Teil der ausländischen Arbeitskräfte in der
Bundesrepublik: Sie stellten im Bundesdurchschnitt 1974 rund 77 % und 1979
rund 74 % der ausländischen Arbeitnehmer.
Wie die "ausländischen Wanderarbeiter" im Kaiserreich, begannen auch die
"Gastarbeiter" in der Bundesrepublik besonders in von einheimischen Arbeitskräften weniger geschätzten oder gar, bei steigendem Arbeitsplatzangebot, ge-
miedenen Bereichen der an- und ungelernten Arbeiten mit oft besonders harten
Arbeitsbedingungen, aus denen sie freilich inzwischen vielfach in Bereiche
qualifizierter Arbeiten aufgestiegen sind. Und wie im Kaiserreich übernahmen
sie auf dem Arbeitsmarkt nicht nur Ersatz- und Erweiterungsfunktionen, sondern auch konjunkturelle Pufferfunktionen im Wechsel von Aufschwung und
Krise, die durch die arbeits- und aufenthaltsrechtliche Stabilisierung der "Gastarbeiter"-Existenz nach langjährigem Arbeitsaufenthalt zwar heute abgemildert,
aber keineswegs aufgehoben sind 6).

5) Zur Kontroverse um die Kontinuität von Ausländerbeschäftigung und Ausländerpolitik
in Deutschland s. u. Kap. 3. 4 (L. Elsner, J. Lehmann).
6) Hierzu und zum Folgenden vgl. Bade, Vom Auswanderungsland zum Einwanderungs-

Wie die Rede von den "ausländischen Wanderarbeitern", so impliziert auch der Begriff "Gastarbeiter" eine indirekte beruflich-soziale Klassifizierung mit dem Schwergewicht auf un- bzw. angelernten Arbeiten: Zwar gelten nach allgemeinem Sprachgebrauch auch jene ausländischen Arbeitnehmer noch als "Gastarbeiter", die aus unqualifizierten Tätigkeitsbereichen längst auf die Ebene von Facharbeitern aufgestiegen sind. Niemand indes würde den ausländischen Arzt am städtischen Krankenhaus, den ausländischen Spezialisten in einem deutschen Labor oder den ausländischen Wisssenschaftler an einer deutschen Universität als "Gastarbeiter" oder "Gastangestellten" bezeichnen, gleichgültig, ob er nun aus einem der früheren "Anwerbeländer" stammt oder nicht.

Die soziale Klassifizierung gilt selbst innerhalb der gleichen beruflichen Tätigkeitsbereiche: Der ausländische Kellner in einem ausländischen Spezialitätenrestaurant könnte diesem allgemeinen Sprachgebrauch nach durchaus als "Gastarbeiter" angesehen werden, zweifelsohne aber nicht der am Ort wohnende ausländische Besitzer der entsprechenden Restaurantkette, der bestenfalls als "Gastunternehmer" bezeichnet werden könnte. Ähnliches gilt für eine wachsende Zahl von ehemaligen "Gastarbeitern", die aus der Schicht der ausländischen Arbeitnehmer in diejenige von Kleingewerbetreibenden und insbesondere Kleinhandelskaufleuten aufgestiegen sind und von ihrer deutschen Umwelt zumeist solange noch als "Gastarbeiter" mißverstanden werden, solange ihre selbständige Unternehmerposition im Ein-Mann-Betrieb noch nicht zureichend erkennbar zutage tritt: Was für den allein, aber selbständig arbeitenden "kleinen" türkischen Flickschneider hinter dem mit einem billigen Vorhang zugezogenen Schaufenster des früheren "Tante-Emma-Ladens" an der nächsten Straßenecke noch gelten mag, gilt zweifelsohne nicht für den "großen" türkischen Kaufmann mit mehreren Filialen, der vielleicht selbst einmal "Gastarbeiter" war und nebenher als "kleiner" Teppichhändler begann. Trotz der bewußt "gastfreundlichen" Begriffswahl liegt also auch im Begriffsfeld "Gastarbeiter" eine Tendenz zur sozialen Deklassierung.

Am wichtigsten aber ist die Tatsache, daß der Begriff "Gastarbeiter" selbst heute weithin zu einer Worthülse geworden ist; denn viele jener ausländischen Arbeitnehmer in der Bundesrepublik, die aus den ehemaligen "Anwerbeländern" stammen und deshalb noch heute als "Gastarbeiter" gelten, entsprechen längst

land?, S. 67-82; allg. hierzu: F. Heckmann, Die Bundesrepublik: Ein Einwanderungsland? Zur Soziologie der Gastarbeiterbevölkerung als Einwanderungsminorität, Stuttgart 1981, S. 144-182; H. Salowski, Gesamtwirtschaftliche Aspekte der Ausländerbeschäftigung, Köln 1971; P. Huber, Ausländerbeschäftigung und Wirtschaftswachstum, Tübingen 1974; S. Bullinger, Ausländerbeschäftigung, Arbeitsmarkt und Konjunkturverlauf in der Bundesrepublik Deutschland, Tübingen 1974; C. Höpfner, Ökonomische Alternative zur Ausländerbeschäftigung, Göttingen 1975; C. Pöhlmann, Wachstumseffekte und wachstumspolitische Beurteilung der Gastarbeiterbeschäftigung in der Bundesrepublik Deutschland, Würzburg 1975.

nicht mehr dem, was mit diesem Begriff einmal gemeint war: transnationale Arbeitswanderung auf Zeit. Aus "Gastarbeitern" ist eine "Gastarbeiterbevölkerung", aus ihr wiederum eine Ausländerbevölkerung mit Daueraufenthalten bzw. langfristigen oder unbegrenzten Aufenthaltsperspektiven geworden, die in der Bundesrepublik weithin in einer echten Einwanderungssituation lebt. Das markiert einen grundlegenden Unterschied zwischen der "Wanderarbeiterfrage" im kaiserlichen Deutschland und der begrifflichen Fehlkonstruktion "Gastarbeiterfrage" in der Bundesrepublik Deutschland.

1. 3 Gegenwart: "neue Auswanderung" und kontinentale Zuwanderung

Auf die vieldiskutierte Frage, ob die Bundesrepublik Deutschland im transnationalen Wanderungsgeschehen der Gegenwart Aus- oder Einwanderungsland sei, muß eine paradox klingende Antwort gegeben werden: Sie ist keines von beiden und doch beides zugleich, je nachdem, ob dabei an die Absichten derjenigen gedacht wird, die angeben, aus- bzw. einwandern zu wollen oder an die Möglichkeiten beider Gruppen, ihre Absichten zu realisieren.

Im 19. Jahrhundert stand am Beginn der Auswanderung, die in Deutschland vorwiegend Überseeauswanderung war, zumeist eine definitive Entscheidung, die für viele schon der Reisekosten und der unabwägbaren Risiken wegen unumkehrbar war: der Entschluß, auszuwandern, ohne die feste Absicht oder absehbare Möglichkeit, jemals wieder auf Dauer zurückzukehren 7). Nach dem letzten größeren Auswanderungsschub der jüngsten deutschen Geschichte, der viele im Gefolge des Zweiten Weltkriegs "Entwurzelte" 8) einschloß, war, bei zunehmender internationaler Öffnung der Arbeitsmärkte, für die meisten Deutschen, die seit den 1960er Jahren ausreisten, "Auswanderung" schlicht ein "Begriff aus dem 19. Jahrhundert". An die Stelle definitiver Auswanderungsentschlüsse traten weithin Arbeitnahme im Ausland auf unbestimmte Zeit oder aber Arbeit für deutsche Firmen im Ausland, Zeitwanderungen also, die bei langem Auslandsaufenthalt allerdings nicht selten in definitive Auswanderung übergingen. Seit den späten 1970er Jahren aber beginnt, besonders unter jüngeren Menschen, die Neigung zur Auswanderung im Sinne jener grundsätzlichen Abkehr vom Herkunftsland wieder zuzunehmen 9).

In die Hunderttausende geht neuerdings die Zahl von Deutschen, die ernsthaft an Auswanderung in jenem "klassischen" Sinne denken und deswegen Rat

---

7) G. Moltmann, Das Risiko der Seereise. Auswanderungsbedingungen im Europa-Amerika-Verkehr um die Mitte des 19. Jahrhunderts, in: H. Duchardt, M. Schlenke (Hg.), Festschr. für E. Kessel zum 75. Geburtstag, München 1982, S. 182-211; vgl. W. Kirchner, Über die Auswanderung, in: Jahrb. der Univ. Düsseldorf 1978-80, Düsseldorf 1981, S. 319-328, hier S. 325.

8) Zum Begriff (O. Handlin) s. u. Kap. 3. 3 (W. D. Kamphoefner).

9) Hierzu und zum Folgenden: Bade, Vom Auswanderungsland zum Einwanderungsland?, S. 59-67; vgl. den Beitrag von V. Mohr (6. 4) in diesem Band (s. dazu u. Kap. 3. 6).

suchen. Nur ein Bruchteil von ihnen indes wandert tatsächlich aus. Viele müssen erfahren, daß ihre Vorstellungen vom besseren oder freieren Leben in überseeischen Einwanderungsländern der Realität nur bedingt entsprechen und daß es sich lohnt, genaue Informationen einzuziehen; denn die persönliche Katastrophe eines gescheiterten Einwanderers, der sich aus der alten Welt ausgegliedert hat und sich in der neuen nicht eingliedern kann, ist weit folgenreicher als die Enttäuschung eines Auswanderungswilligen über die Unausführbarkeit seines Entschlusses. Die meisten aber müssen erfahren, daß Einwanderungsgesetzgebung und Einwanderungspolitik der überseeischen Länder, von denen sie träumen, ausschließlich an deren Interessen und nicht etwa an denen von einwanderungswilligen Ausländern ausgerichtet sind, und daß die Zulassung zu einem regelrechten Hürdenlauf geraten kann, wenn es um definitive Einwanderung mit dem Ziel der Einbürgerung geht und nicht nur um einen mehr oder minder befristeten Arbeitsaufenthalt.

Der Weg zur Beratungsstelle hat für viele, die sich mit dem Gedanken an Auswanderung tragen, nur den Charakter von demonstrativer Mutprobe, von Probe- und Ersatzhandlung. Andere sind, ihrem Selbstverständnis nach, bereits "ausgestiegen" und suchen dem nun auch auf die verschiedenste Weise räumlich Rechnung zu tragen. Auch diese, häufig von allgemeiner Orientierungskrise, Zivilisationskritik und Kulturpessimismus, von politischer Krisenangst und der Suche nach Räumen zur freieren Lebensentfaltung getragenen Auswanderungsneigungen in ihrer Mischung von Resignation und Protest, Flucht und Abenteuerlust, zerbrechen häufig an der Konfrontation mit der harten Realität: nicht nur, weil solche Vorstellungen in deutschen Beratungsstellen und ausländischen Konsulaten zumeist desillusioniert werden müssen, sondern auch deswegen, weil die ausschließlich an den eigenen Bedürfnissen orientierte Einwanderungspolitik überseeischer Aufnahmeländer vor allem an wirtschaftlich stabilen und unumschränkt anpassungsbereiten Einwanderern interessiert ist und weniger an idealistischen Flüchtlingen aus der materiellen Kultur der modernen Industriegesellschaft oder gar an Irrläufern, die ihren wirren Auswanderungsentschluß im Beratungsgespräch mit grotesken Scheinmotivationen begründen, z. B. mit dem Hinweis, man strebe aus der Bundesrepublik ins Ausland, weil es "in der Bundesrepublik zu viele Ausländer" gebe 10).

Eine sehr starke dritte Gruppe schließlich will nicht nur "weg", sondern hat klar kalkulierte materielle und immaterielle Motive und ist sogar bereit, für die langfristig erwogene und schließlich definitiv gefällte Entscheidung auch eine gesicherte beruflich-soziale Existenz aufzugeben und sich "drüben" den Risiken zu stellen, die mit dem Aufbau einer neuen Existenzgrundlage verbunden sind. Aus dieser dritten Gruppe kommen die meisten, die dann tatsächlich "gehen"

10) Bericht Dr. V. Mohr (Generalsekretär des Raphaels-Werks 'Dienst am Menschen unterwegs') an Verf.,Okt. 1982.

und die häufig besonders harten und nicht selten von einer schweren kulturellen Identitätskrise belasteten ersten Jahre im Einwanderungsprozeß in der Einsicht meistern, daß in der neuen Welt nicht nach der bewußt aufgegebenen alten gesucht werden darf, wenn der Einwanderungsprozeß nicht zu einer persönlichen Verlustrechnung geraten soll.

Die Bundesrepublik Deutschland, die heute an der Schwelle zum Einwanderungsland zu stehen scheint, hat mithin nicht aufgehört, Auswanderungsland zu sein. Die im Vergleich zur Auswanderungsneigung sehr viel niedriger liegende Zahl der tatsächlichen Auswanderungen kann zwar nicht ansatzweise mit der überseeischen Massenauswanderung des 19. Jahrhunderts verglichen werden; aber die gerade in den letzten Jahren sprunghaft zunehmende Auswanderungsneigung ist, besonders unter jüngeren Menschen, ein ausgesprochenes Krisensymptom, das bislang zu wenig Aufmerksamkeit gefunden hat.

Rund 4,6 Mio. zählte 1982 die Ausländerbevölkerung in der Bundesrepublik. Beträchtlich, wenngleich sicher nicht so hoch wie gelegentlich offiziös befürchtet, dürfte die Zahl der hier lebenden Ausländer sein, die sich einbürgern lassen würden, wenn die Möglichkeit dazu geboten wäre. Zahlreiche andere stehen an der Schwelle zu dieser Absicht, geben dazu aber keine klare Auskunft, weil sie sich selbst noch nicht sicher sind oder weil sie eine solche Entscheidung ohnehin für sinnlos halten, da es entsprechende Möglichkeiten bislang nicht gibt. Unabsehbar hoch aber liegt die Zahl derjenigen, die in der Bundesrepublik in einer echten Einwanderungssituation leben, ohne daß ihnen und dem Aufnahmeland dies bislang in seiner ganzen Tragweite zum Bewußtsein gekommen wäre 11).

Insgesamt gesehen, haben sich für Deutschland im transnationalen Wanderungsgeschehen im Verlauf eines Jahrhunderts die Bewegungen und die damit verbundenen Probleme geradewegs umgekehrt: Anfang der 1880er Jahre erlebte das kaiserliche Deutschland den Aufstieg der gewaltigsten Auswanderungswelle des 19. Jahrhunderts. 1880 bäumte sich die dritte, letzte und stärkste Welle der überseeischen Massenauswanderung auf. Rund 1,8 Mio. Deutsche wanderten allein in den knapp anderthalb Jahrzehnten von 1880 bis 1893 aus, die meisten von ihnen in die Vereinigten Staaten. Hundert Jahre später, zu Beginn der 1980er Jahre, ist die Bundesrepublik Deutschland als "De-facto-Einwanderungsland" mit einer ebenfalls millionenstarken Ausländerbevölkerung konfrontiert, innerhalb derer die Zahl derjenigen wächst, die nurmehr im ausländerrechtlichen Sinne als "Gastarbeiter", ihrer Soziallage und ihrem Selbstverständnis nach aber als Einwanderer zu verstehen sind: Rund 5 Mio. Deutsche wanderten im 19.

---

11) Vgl. hierzu: H. D. Walz, Leben als Provisorium zwischen zwei Welten. Zur Situation der Gastarbeiter im Spannungsfeld zwischen Desintegration, Integration und Reintegration, in: Archiv für Wissenschaft und Praxis der sozialen Arbeit (Archiv), 1979, H. 2; A. Bayaz, Ich bin weder Türke noch Deutscher. Ich habe keine Heimat, in: Psychologie heute, 1981, H. 2; H. Straube, K. König, Zuhause bin ich "die aus Deutschland". Ausländerinnen erzählen, Ravensburg 1982; s. a. u. Anm. 57-59.

Jahrhundert allein in die Vereinigten Staaten aus. Fast 5 Mio. zählt heute die Ausländerbevölkerung in der Bundesrepublik. Diese statistischen Eckwerte umschließen den Wandel vom partiellen Export der Sozialen Frage des 19. Jahrhunderts durch überseeische Massenauswanderung zu der durch kontinentale Zuwanderung importierten Sozialen Frage in der Bundesrepublik 12).

Die Bundesrepublik aber ist nicht nur nicht im erwähnten gesellschaftlichen bzw. sozialgeschichtlichen, sondern auch im rechtlichen und politischen Sinne "kein Einwanderungsland": Sie kennt keine umfassende Einwanderungsgesetzgebung und betreibt keine Einwanderungspolitik. Und doch gibt es in ihren Grenzen Millionen von Ausländern, von denen ein beträchtlicher Teil nach langem Inlandsaufenthalt in einer echten Einwanderungssituation lebt. Auch hier treten Absichten und Möglichkeiten auseinander, mit einem schwerwiegenden Unterschied: Ein nicht realisierter Auswanderungsentschluß ist nur für den enttäuschten Auswanderungswilligen, nicht aber für das Einwanderungsland seiner Wahl von Belang. Das Aufnahmeland Bundesrepublik indes hat, als "De-facto-Einwanderungsland", die potentiellen Einwanderer schon in seinen Grenzen und ist für die damit verbundenen Probleme nur sehr unzureichend gerüstet.

Gegenseitiges Mißverstehen und kollektive Unsicherheit in Aufnahmegesellschaft und Ausländerbevölkerung kennzeichnen die Diskussion der "Gastarbeiterfrage", die in vieler Hinsicht längst den ihr begrifflich zugewiesenen Rahmen gesprengt hat und vom Arbeitsmarktproblem der 1960er Jahre zu einem gesellschaftspolitischen Problem erster Ordnung für Gegenwart und Zukunft aufgestiegen ist. Ergebnis auf seiten der Ausländerbevölkerung ist eine wachsende kollektive Frustration, die — vor allem bei der Zweiten Generation ("Gastarbeiterkinder") — in absehbarer Zeit in hilflose Aggression der "verfemten Gäste" gegenüber der sperrigen Aufnahmegesellschaft umschlagen könnte 13). Ergebnis auf seiten der Aufnahmegesellschaft ist jene aus Krisenangst und kollektiver Verunsicherung gespeiste "Ausländerfeindlichkeit", die eine vernünftige und vor allem tolerante Klärung der anstehenden Probleme nur umso mehr erschwert.

Die Entwicklung von der Auswanderung einheimischer zur Zuwanderung ausländischer Arbeitskräfte und die aktuellen Fragen der Ausländerbeschäftigung aber sind — von den Spezifika der "Gastarbeiterfrage" abgesehen — nicht nur oder auch nur vorwiegend "deutsche" Probleme. Die Arbeitskräftewanderungen sind vielmehr Ergebnis des internationalen ökonomischen Entwicklungsgefälles, das die meisten modernen Industriegesellschaften unter Zuwanderungsdruck aus

12) Hierzu: K. J. Bade, Gastarbeiter oder schon Einwanderer? Vom Export der Sozialen Frage zur importierten Sozialen Frage, in: Nürnberger Nachrichten, 30. 4., 1. 5. 1981; ders., Die importierte Soziale Frage: "Preußengänger", "Ruhrpolen" und "Rückkehrzwang" — die Ausländerfrage hat Geschichte, in: Die Zeit, 7. 5. 1982.
13) Chr. Habbe (Hg.), Ausländer. Die verfemten Gäste, Reinbek 1983.

minderentwickelten Ländern stellt 14). Auch jene vielbeschworene "Ausländer-feindlichkeit" in der Bundesrepublik 15), deren Kern ökonomische und soziale Ängste sind, ist weder "faschistisch", noch ausgesprochen "deutsch". Es gibt sie auch in anderen Industriestaaten mit hoher Ausländerbeschäftigung 16). Ihre besondere Brisanz aber ergibt sich in der Diskussion in der Bundesrepublik aus dem langen Schatten der jüngsten deutschen Geschichte, der gewisse Vorstel-lungskreise in der "Ausländerdiskussion" noch düsterer erscheinen läßt, als sie es ohnehin schon sind. In dem argumentativen Gemischtwarenladen "Auslän-derdiskussion" aber fehlen häufig die elementarsten Kenntnisse über Bestim-mungsfaktoren, Begleitumstände und Folgeerscheinungen von Arbeitswanderun-gen, Aus- und Einwanderungsprozessen.

1. 4 Gegenwart und Geschichte: aktuelle Momentaufnahmen und historische Tiefenschärfe

Die "Gastarbeiterfrage" hat nach frühen Pionierstudien 17) eine Flut von wissen-schaftlichen Untersuchungen 18) und eine breite, neuerdings stark emotionali-

14) Allg. hierzu: M. Nikolinakos, Politische Ökonomie der Gastarbeiterfrage. Migration und Kapitalismus, Reinbek 1973; R. Lohrmann, K. Manfrass (Hg.), Ausländerbeschäftigung und internationale Politik. Zur Analyse transnationaler Sozialprozesse, München 1974; L. Klaasen, P. Drewe, Migration Policy in Europe. Comparative Study, London 1974; R. E. Krane, International Labour Migration in Europe, New York 1979.
15) Vgl. u. Kap. 2. 3.
16) Vgl. z. B. für Frankreich und England: G. P. Freeman, Immigrant Labor and Racial Conflict in Industrial Societies. The French and British Experience, 1945-1975, Princeton N. J. 1979; vgl. dazu für Frankreich und Schweden in diesem Band die Beiträge von K. Manfrass (6. 3) und C. H. Riegler (7. 4).
17) U. Mehrländer, Beschäftigung ausländischer Arbeitnehmer in der Bundesrepublik Deutschland unter spezieller Berücksichtigung Nordrhein-Westfalens, Opladen 1969; dies., Soziale Aspekte der Ausländerbeschäftigung, Bonn-Bad Godesberg 1974; M. Nikolinakos s. Anm. 14); R. Lohrmann, K. Manfrass (s. Anm. 14); aus der Sicht der DDR: L. Elsner, Fremdarbeiterpolitik in Westdeutschland, Berlin (Ost) 1970.
18) Bibliographische Orientierungshilfen bis 1975: Ausländische Arbeitnehmer in der Bundesrepublik Deutschland. Auswahlbibliographie hg. v. Wiss. Dienst des Deutschen Bundestages als Bibliographie Nr. 34, Bonn 1973; G. Kuhn, Auswahlbibliographie zum Thema: Der ausländische Arbeitnehmer in der Bundesrepublik Deutschland, in: Zeitschr. für Kulturaustausch, Sondern. 3, 1974; A. Peters, Ausländische Arbeitnehmer. Literatur und Forschungsprojekte, Nürnberg (Bundesanstalt für Arbeit) 1974; H. Stirn, Ausländische Arbeitnehmer in der Bundesrepublik Deutschland. Ursachen, Wirkungen, Rückwirkungen, Problematik — zugleich ein kritischer Literaturüberblick, Opladen 1974; M. Kempe, Proble-me der Ausländerbeschäftigung in der Bundesrepublik Deutschland — ein Überblick, hg. v. d. Arbeitsgruppe Ausländerforschung des Internationalen Instituts für Vergleichende Ge-sellschaftsforschung (IIVG) im Wissenschaftszentrum Berlin, 1975; D. Thränhardt, Auslän-dische Arbeiter in der Bundesrepublik, in Österreich und in der Schweiz, in: Neue Politi-sche Literatur, 20. 1975, H. 1, S. 68-88; A. Köhler, Die Entwicklung von "Randgruppen" in der Bundesrepublik. Literaturstudie zur Entwicklung randständiger Bevölkerungsgruppen,

sierte und verzerrte öffentliche Diskussion ausgelöst, in der die alte Frage nach der Bedeutung und den Folgen transnationaler Wanderungsbewegungen für die Wirtschafts- und Gesellschaftsentwicklung in Aufnahmeland und Herkunftsländern neu gestellt wird. Bemerkenswert ist dabei, daß 1. in dieser Debatte eine ganze Reihe von Argumenten wiederkehrt, die ihren Ort im Diskussionszusammenhang früherer, zum Teil ein Jahrhundert zurückliegender Wanderungsbewegungen hat, und daß 2. nur unzureichend geklärt ist, inwieweit die gegenwärtigen mit jenen historischen Wanderungsbewegungen vergleichbar sind, deren zeitgenössische Diskussion zum Teil nach wie vor die Argumente der gegenwärtigen stellt. Ähnliches gilt für die gefährliche Gemengelage von rationalen Argumenten, irrationalen Vorstellungen, Vorurteilen und ideologischen Versatzstücken in dieser aktuellen Diskussion. Die Tatsache, daß dabei oft historisch Vergleichbares übersehen und Unvergleichbares verglichen wird, ist so erstaunlich nicht; denn in den zahlreichen neueren Beiträgen zur Diskussion der aktuellen "Gastarbeiterfrage" fehlt die historische Perspektive in der Regel ganz, wenn sie nicht in einigen skizzenhaften Bemerkungen der historisierenden Einführung abgetan wird.

Das hat seinen Grund im speziellen Erkenntnisinteresse solcher Studien. Sie sind häufig unmittelbar praxisorientiert, gegenwartsbezogen und oft in der Absicht erarbeitet, dem politischen Entscheidungsprozeß in Fragen der Wirtschafts- und Arbeitsmarktpolitik, der Beschäftigungs- und Sozialpolitik Entscheidungskriterien bzw. Orientierungshilfen zu geben oder aber politischen Entscheidungsprozeß, Gesetzgebung und administrative Praxis zu kritisieren. Historische Arbeitsmarktforschung, Bevölkerungsgeschichte und Sozialhistorische Migrationsforschung enden, wo solche Untersuchungen ansetzen. Die Kenntnis ihrer Ergebnisse ist aber oft unabdingbare Voraussetzung für Fragestellung, Ausrichtung und Tragfähigkeit solcher Untersuchungen:

1. Die nicht nur europäischen, sondern weltweiten Spannungslagen in Wirtschafts- und Gesellschaftsentwicklung, die dem transnationalen Wanderungsgeschehen der Gegenwart zugrunde liegen, sind historisch bedingt. Ohne zureichende Kenntnis dieses bevölkerungs-, wirtschafts- und sozialgeschichtlichen Bedingungsgefüges lassen sich auch die dadurch bestimmten Wanderungsbewegungen der Gegenwart nicht zureichend erfassen.

Göttingen 1976, S. 352-393; fortan vgl. u. a., mit Schwerpunkt auf Sozialpädagogik, Sozialarbeit und Jugendfragen, die "Materialien" (1. 1976 ff.) und den "Informationsdienst zur Ausländerarbeit" (1. 1979 ff.) des Instituts für Sozialarbeit und Sozialpädagogik (ISS); mit Schwerpunkt auf Ausländerrecht und Ausländerpolitik die Berichterstattung in: ZAR 1. 1981 ff.; hilfreich ferner J. Fijalkowski, Die Problematik der Arbeitsimmigration und Ausländerpolitik in der Bundesrepublik Deutschland. Bibliographische Vorermittlungen für die Forschungsstandanalyse, FU Berlin, Fachbereich Pol. Wiss. Occasional Papers, Nr. 2, Berlin, Juli 1981 (als Ms. verv.).

2. Einwanderung ist kein Ereignis, sondern ein nicht selten langfristiger Sozial-prozeß 19). Kriterien zur Einschätzung von Einwanderungsprozessen, ihrer viel-fältigen Verlaufsformen, Entwicklungsbedingungen und Folgeerscheinungen können mithin, wenn der öde Kreislauf einer aus sich selbst schöpfenden Inter-pretation durchbrochen werden soll, nicht einer bloßen Bestandsaufnahme und Problemanalyse des aktuellen Wanderungsgeschehens allein abgewonnen werden.
3. Weil das aktuelle Wanderungsgeschehen mit seinen Problemen historisch be-dingten Spannungslagen entspringt und seine Einschätzung selbst nur aufgrund der Kenntnis von bereits abgeschlossenen – mithin historischen – Wanderungs-prozessen möglich ist, können historische Arbeitsmarktforschung, Bevölkerungs-geschichte und Sozialhistorische Migrationsforschung retrospektive Orientie-rungshilfe leisten für eine Art historische Ortsbestimmung des aktuellen Wan-derungsgeschehens und seiner erkennbaren bzw. in gewissen Grenzen erwart-baren Folgeprobleme.
4. Die Gegenwart war der Vergangenheit unabsehbare Zukunft und wird der Zukunft überschaubare Geschichte sein. Die Gegenwart richtet über Prognosen der Vergangenheit, die Zukunft über solche der Gegenwart. Bevölkerungs-, wirtschafts- und sozialstatistische Modellrechnungen, Extrapolationen und Prognosen, die mit Hilfe kompliziertester Verfahren aus der Gegenwart ein Stück Zukunft zu ertasten scheinen, schlagen, wenn sie den an sie zu richtenden An-forderungen entsprechen wollen, in Wirklichkeit nicht eine Brücke aus der Gegenwart, sondern aus der Geschichte in die Zukunft: Datengesättigte Mo-mentaufnahmen gegenwärtiger Entwicklungslagen lassen keine Bewegung er-kennen. Entwicklungstendenzen und Trendbewegungen, die über die unmittel-bare Gegenwart hinaus ein Stück weit in die Zukunft verlängert werden sollen, erschließen sich allemal erst unter lang- oder doch wenigstens mittelfristiger Retrospektive. Fazit: Wer aus der Gegenwart in die Zukunft zu schauen strebt, muß zuerst den Ort der Gegenwart aus der Geschichte bestimmen.
Daß es sich bei alledem nicht nur um Binsenweisheiten des historisch-politischen Bewußtseins handelt, zeigt gerade die vielfach aller historischen Erfahrung ferne ''Ausländerdiskussion'' in der Bundesrepublik. Das ist insofern besonders bemer-kenswert, als gerade das grenzüberschreitende Wanderungsgeschehen in der deutschen Geschichte des 19. und 20. Jahrhunderts – von früheren Epochen ganz abgesehen – hier ein ganz ungewöhnlich vielseitiges und tiefgestaffeltes Studien- und Erfahrungsfeld bietet.

1. 5 Deutsche im Ausland – Ausländer in Deutschland

Deutsche haben im Ausland und Ausländer haben in Deutschland im 19. und 20. Jahrhundert die verschiedensten Formen von Aus- und Einwanderungen er-

---

19) Vgl. u. Kap. 1. 7.

lebt: die kontinentale Auswanderung (bes. Rußland, Österreich-Ungarn), vor
allem aber die überseeische Massenauswanderung (bes. USA) aus dem Deutschland des 19. Jahrhunderts 20); die im späten 19. und frühen 20. Jahrhundert zur
Massenbewegung aufsteigende kontinentale Zuwanderung "ausländischer Wanderarbeiter" nach Deutschland 21); die Zwangsarbeit von "Fremdarbeitern" im

20) Hierzu in Sektion 3 dieses Bandes die Beiträge von W. P. Adams, K. J. Bade, K.
Neils Conzen, D. Hoerder, W. D. Kamphoefner und H. Keil (vgl. u. Kap. 3.3); neuere Ge-
samtdarstellungen zur deutschen Auswanderung nach Nordamerika: M. Walker, Germany
and the Emigration, 1816-1885, Cambridge Mass. 1964; P. Marschalck, Deutsche Übersee-
auswanderung im 19. Jahrhundert. Ein Beitrag zur soziologischen Theorie der Bevölkerung,
Stuttgart 1973; G. Moltmann (Hg.), Deutsche Amerikaauswanderung. Sozialgeschichtliche
Beiträge, Stuttgart 1976; H. Fenske, International Migration: Germany in the Eighteenth
Century, in: CEH 13. 1980, S. 322-347; H. Bickelmann, Deutsche Überseeauswanderung in
der Weimarer Zeit, Wiesbaden 1980; Dokumentation: G. Moltmann (Hg.), Aufbruch nach
Amerika. Friedrich List und die Auswanderung aus Baden und Württemberg 1816/17.
Dokumentation einer sozialen Bewegung, Tübingen 1979; Fallstudien zur deutschen Ein-
wanderung in die USA im 19. Jahrhundert: F. C. Luebke, Immigrants and Politics: The
Germans of Nebraska, 1880-1900, Lincoln 1969; K. Neils Conzen, Immigrant Milwaukee,
1836-1860: Accomodation and Community in a Frontier City, Cambridge Mass. 1976;
A. Bretting, Soziale Probleme deutscher Einwanderer in New York City 1800-1860, Wies-
baden 1981; W. D. Kamphoefner, Westfalen in der Neuen Welt. Eine Sozialgeschichte der
Auswanderung im 19. Jahrhundert, Münster 1982; übergreifend: K. Neils Conzen, Art.
"Germans", in: Harvard Encyclopedia of American Ethnic Groups, Cambridge Mass. 1980.
S. 405-425; für Südamerika: J. Roche, La colonisation allemande et le Rio Grande do Sul,
Paris 1959; R. C. Newton, German Buenos Aires, 1900-1933: Social Change and Cultural
Crises, Austin 1977; J. P. Blancpain, Les Allemands au Chili (1816-1945), Köln 1974;
G. F. W. Young, Germans in Chile: Immigration and Colonization, 1849-1914, New York
1974; für weitere Literaturhinweise s. die o. a. Beiträge.
21) Hierzu in Sektion 4 dieses Bandes der Beitrag von K. J. Bade (4. 2); zu anderen For-
men der transnationalen Arbeitswanderung nach Deutschland und zur Lage nationaler
Minderheiten in Deutschland s. die Beiträge von C. H. Riegler und Chr. Kleßmann (s. a.
u. Kap. 3. 4, Anm. 30); vgl. neben den in Anm. 1, 4, 12, 52 genannten Arbeiten über die
Zuwanderung aus dem östlichen Ausland noch die ältere, aber nach wie vor nützliche
Studie von J. Nichtweiss, Die ausländischen Saisonarbeiter in der Landwirtschaft der östlichen und mittleren Gebiete des Deutschen Reiches. Ein Beitrag zur Geschichte der preußisch-deutschen Politik von 1890 bis 1914, Berlin (Ost) 1959; im Anschluß an Nichtweiss:
L. Elsner, Die ausländischen Arbeiter in der Landwirtschaft der östlichen und mittleren
Gebiete des deutschen Reiches während des 1. Weltkrieges. Ein Beitrag zur Geschichte der
preußisch-deutschen Politik, Diss. Rostock 1961 (Ms.); überarb. Fassg. u. d. Titel: Die polnischen Arbeiter in der deutschen Landwirtschaft während des ersten Weltkrieges, Rostock
1975 (Ms.); J. Tessarz, Die Rolle der ausländischen landwirtschaftlichen Arbeiter in der
Agrar- und Ostexpansionspolitik des deutschen Imperialismus in der Periode der Weimarer Republik 1919-1932, Diss. Halle 1962 (Ms.); für die geringere, aber ebenfalls starke
Zuwanderung aus Italien jetzt: H. Schäfer, Italienische "Gastarbeiter" im Deutschen Kaiserreich (1890-1914), in: Zeitschr. für Unternehmensgeschichte, 27. 1982, H. 3, S. 192-214;
rechts- und politikgeschichtlicher Längsschnitt: K. Dohse, Ausländische Arbeiter und
bürgerlicher Staat. Genese und Funktion von staatlicher Ausländerpolitik und Ausländer-

24

nationalsozialistischen Deutschland 22); die durch politische, religiös oder rassenideologisch bedingte Verfolgung ausgelöste Emigration aus dem national-sozialistischen Deutschland, die für viele als Reise ins Exil begann und oft erst im Ausland schrittweise in echte Auswanderung einmündete 23); Zwangsumsied-lungen im von Deutschland besetzten Europa während des Zweiten Welt-kriegs 24); Vertreibungs- und Fluchtwanderungen am Ende und in der weiteren Folge des Kriegs 25), bei denen die Eingliederung der Vertriebenen und Flücht-linge im westlichen Nachkriegsdeutschland und in der Bundesrepublik 26) viel-

recht. Vom Kaiserreich bis zur Bundesrepublik Deutschland, Königstein/Ts. 1981; zur Ge-schichte der Ausländerbeschäftigung in Deutschland s. demn. auch die Beiträge in AfS 24. 1984; für weitere Literaturhinweise s. die o. a. Beiträge.

22) Hierzu in Sektion 4 dieses Bandes die Beiträge von J. Lehmann und A. Großmann; zum Arbeitszwang im Ersten Weltkrieg s. ebenda den Beitrag von L. Elsner (vgl. hierzu u. Kap. 3. 4); Gesamtdarstellungen: International Labour Office, The Exploitation of Foreign Labour by Germany, Montreal 1945; E. Seeber, Zwangsarbeiter in der faschisti-schen Kriegswirtschaft. Die Deportation und Ausbeutung polnischer Bürger unter beson-derer Berücksichtigung der Lage der Arbeiter aus dem sogenannten Generalgouvernement (1939-1945), Berlin (Ost) 1964; E. L. Homze, Foreign Labor in Nazi Germany, Princeton N. J. 1967; H. Pfahlmann, Fremdarbeiter und Kriegsgefangene in der deutschen Kriegswirt-schaft 1939-1945, Darmstadt 1968; vgl. J. L. Wallach, Probleme der Zwangsarbeit in der deutschen Kriegswirtschaft im Zweiten Weltkrieg, in: Jahrb. d. Instituts für deutsche Ge-schichte der Univ. Tel-Aviv, 6. 1977; Dohse, S. 105-134; für weitere Literaturhinweise s. die o. a. Beiträge sowie u. Anm. 93, 95.

23) Hierzu zuletzt: W. Frühwald, W. Schieder (Hg.), Leben im Exil. Probleme der Inte-gration deutscher Flüchtlinge im Ausland 1933-1945, Hamburg 1981; E. Lacina, Emigra-tion 1933-1945. Sozialhistorische Darstellung der deutschsprachigen Emigration und eini-ger ihrer Asylländer aufgrund ausgewählter zeitgenössischer Selbstzeugnisse, Stuttgart 1982; demn. hierzu: W. Motzkau-Valeton, E. Böhne (Hg.), Beiträge der "Woche der verbrannten Bücher" in Osnabrück, 2 Bde., Heidelberg 1983 (Bd. 1: Die Künste und Wissenschaften im Exil; Bd. 2: Aspekte des Exils).

24) Hierzu u. a.: D. A. Loeber (Hg.), Diktierte Option. Die Umsiedlung der Deutsch-Balten aus Estland und Lettland 1939-1941, Neumünster 1972.

25) Hierzu aus verschiedenen Perspektiven: Th. Schieder (Hg.), Dokumentation der Ver-treibung der Deutschen aus Ost-Mitteleuropa, Bd. 1 ff., Groß-Denkte/Wolfenbüttel 1954 ff.; G. Ziemer, Deutscher Exodus, Vertreibung und Eingliederung von 15 Millionen Ostdeut-schen, Stuttgart 1973; A. M. de Zayas, Die Anglo-Amerikaner und die Vertreibung der Deutschen. Vorgeschichte, Verlauf, Folgen, München 1977; G. Böddeker, Die Flüchtlinge, die Vertreibung der Deutschen im Osten, München 1980; F. Grube, G. Richter, Flucht und Vertreibung. Deutschland 1944-1947, Hamburg 1980; R. Mühlfenzl (Hg.), Geflohen und vertrieben. Augenzeugen berichten (nach der Fernsehdokumentation "Flucht und Ver-treibung" von E. Berthold u. J. v. Morr), Königstein/Ts. 1981.

26) E. Lemberg, F. Edding (Hg.), Die Vertriebenen in Westdeutschland. Ihre Eingliederung und ihr Einfluß auf Gesellschaft, Wirtschaft, Politik und Geistesleben, 3 Bde., Kiel 1959; zuletzt hierzu: S. Bethlehem, Heimatvertreibung, DDR-Flucht, Gastarbeiterzuwanderung. Wanderungsströme und Wanderungspolitik in der Bundesrepublik Deutschland, Stuttgart 1982, S. 21-106; F. J. Bauer, Flüchtlinge und Flüchtlingspolitik in Bayern 1945-1950, Stuttgart 1982.

fach zu einem echten Einwanderungsprozeß innerhalb der gleichen Nation geriet, der in den 1950er Jahren nur im Sinne der äußeren, beruflich-sozialen
"Integration" abgeschlossen wurde, keineswegs aber in seinen weithin noch in
die Gegenwart nachwirkenden Folgelasten für die "Betroffenen" 27); die Aufnahme von politisch verfolgten Asylsuchenden, die in Erinnerung an die Aufnahme von verfolgten Deutschen im Ausland 1933-45 in der Verfassung der
Bundesrepublik Deutschland verankert wurde 28); und schließlich die schon
Mitte der 1950er Jahre anlaufende, nach dem Bau der "Berliner Mauer" 1961
und dem damit verbundenen Ende des Zustroms von Flüchtlingen aus der DDR
massiv ausgeweitete Anwerbung von Millionen "Gastarbeitern", von denen viele
heute in der Bundesrepublik mit ihren Familien in einer echten Einwanderungssituation leben 29). Mehr noch: Es bewegten sich in der deutschen Geschichte
nicht nur Menschen über Grenzen, sondern auch Grenzen über Menschen hinweg.
Das galt z. B. für die polnische Minderheit in Preußen und damit auch für die aus
den ehemals polnischen Gebieten im preußischen Osten ins Ruhrgebiet zugewanderten "Ruhrpolen" 30); und es gilt umgekehrt für diejenigen, die ehedem in

27) Unter dieser langfristigen Perspektive haben an der Universität Osnabrück Vorarbei-
ten zu einem Forschungsprogramm "Wirtschafts-, Sozial- und Kulturgeschichte der Integration von Heimatvertriebenen und Flüchtlingen nach 1945" (IHF) begonnen.

28) Amnesty International, Politisches Asyl in der Bundesrepublik Deutschland. Grundlagen und Praxis. Erfahrungsbericht und Dokumentation, Bonn 1977; H. Spaich (Hg.),
Asyl bei den Deutschen. Texte zum Schutz der Fremden, Reinbek 1981; R. Marx, Ausländergesetz, Asylverfahrensgesetz. Rechtsprechungssammlung zum Asylrecht mit Erläuterungen, 3. Aufl., Baden-Baden 1982; s. a. u. Anm. 103.

29) Hierzu in den Sektionen 5 und 6 dieses Bandes die Beiträge von K. J. Bade, K. Dohse,
F. Heckmann, W. Klauder, K. Manfrass, D. Mertens, G. Schiller, V. Mohr und M. Wollen-
schläger (s. hierzu u. Kap. 3. 5, 6); für Literaturhinweise s. o. Anm. 17, 18 sowie die o. a.
Beiträge.

30) Hierzu: Chr. Kleßmann, Polnische Bergarbeiter im Ruhrgebiet 1870-1945. Soziale
Integration und nationale Subkultur einer Minderheit in der deutschen Industriegesellschaft,
Göttingen 1968; s. a. A. Galos, K. Wajda, Migrations in the Polish Western Territories
Annexed by Prussia (1815-1914), in: C. Bobinska, A. Pilch (Hg.), Employment-Seeking
Emigrations of the Poles World-Wide 19th and 20th Centuries, Universitas Iagellonica Acta
Scientiarum Litterarumque CCCCXVII, Polonia Extranea, Fasc. 1. 1975, S. 53-75; K.
Myrzynowska, Die polnischen Erwerbsauswanderer im Ruhrgebiet während der Jahre
1880-1914 (aus dem Polnischen übers. v. C. Bedürftig), Dortmund 1979; H. Glück, Die
preußisch-polnische Sprachenpolitik. Eine Studie zur Theorie und Methodologie der Forschung über Sprachenpolitik, Sprachbewußtsein und Sozialgeschichte am Beispiel der
preußisch-deutschen Politik gegenüber der polnischen Minderheit vor 1914, Hamburg
1979; W. W. Hagen, Germans, Poles and Jews. The Nationality Conflict in the Prussian
East, 1772-1914, Chicago Ill. 1980; R. Blanke, Prussian Poland in the German Empire,
1871-1900, New York 1981; R. C. Murphy, Gastarbeiter im Deutschen Reich. Polen in
Bottrop 1891-1933 (a. d. Amerikanischen übers. v. T. Schoenbaum-Holtermann), Wuppertal 1982; vgl. dazu noch als frühen, für die Forschung richtungweisenden Längsschnitt:
H.- U. Wehler, Die Polen im Ruhrgebiet bis 1918, in: Vierteljahrschrift für Sozial- und

deutschen Grenzen lebten, im Gefolge zweier Weltkriege heute ausländische Staatsangehörige sind und sich dennoch als Deutsche verstehen — von der Geschichte jener "Spätaussiedler" deutscher Abstammung einmal ganz abgesehen, deren Vorfahren zum Teil vor Jahrhunderten auswanderten, in ihren geschlossenen Siedlungskolonien ländliche Zentren deutscher Auslandskultur bildeten, dort ihr "Deutschtum" bzw. das, was sie darunter im Verlauf der Generationen verstanden, pflegten, und heute "aussiedeln" — genauer gesagt: auswandern — in ein "Deutschland", das ihren von Generation zu Generation tradierten Vorstellungen nur allzu wenig entspricht, und in dem die "Eingliederung" vielfach abermals zu einem echten Einwanderungsprozeß mit all seinen Problemen gerät.

Räumliche Zersplitterung und grundverschiedene, zumeist durch Umstände und Zeit der Auswanderung bestimmte historisch-politische Bewußtseinslagen und dementsprechend nicht minder verschiedene "Heimatbilder" bestimmen die Vielfalt der Deutschen im Ausland, das verschwimmende Bild von ihnen, das von gegenseitigem Mißverstehen belastete Verhältnis zu ihnen und unter ihnen selbst. Das kann zu Grotesken führen: Einem deutschen Auswanderungsforscher [31] begegnete unlängst in der ländlichen Umgebung von Philadelphia — einem der klassischen deutschen Einwanderungsgebiete in Nordamerika, in dem schon im 18. Jahrhundert zahlreiche Auswanderer aus Südwestdeutschland siedelten — ein Nachfahre der frühen pfälzischen Nordamerika-Auswanderer. In seiner Familie hatte sich über zwei Jahrhunderte hinweg nicht nur der Heimatdialekt, sondern in von Generation zu Generation vererbter mündlicher Tradition auch ein Bild des ehemaligen Auswanderungsortes Zweibrücken erhalten, das dem Stadtbild und den Lebensformen zur Zeit der Auswanderung der Vorfahren im 18. Jahrhundert entsprach.

Neben den Nachkommen solcher frühen Einwanderer stehen, vor allem in den Vereinigten Staaten, die Nachfahren der deutschen überseeischen Massenauswanderung des 19. Jahrhunderts und, in anderen Teilen der Welt, z. B. die Nachkommen deutscher Siedler aus der kurzen deutschen Kolonialgeschichte, von denen z. B. in Namibia viele noch von der "alten Zeit" im kaiserlichen "Südwest" träumen; andernorts gibt es aus rassenideologischen oder politischen Gründen verfolgte Emigranten aus der NS-Zeit mit ihrem düsteren Deutschlandbild und nach 1945 vor der Verfolgung geflohene Ex-Nazis, die mit der eigenen Geschichte nicht gebrochen haben, aber auch Vertriebene und Flüchtlinge aus den früheren deutschen Ostgebieten, die in der Bundesrepublik nicht Fuß fassen konnten und deshalb auswanderten; zu den Deutschen im Ausland zählen aber auch seit langem dort ansässige Vertreter deutscher Wirtschaftsunternehmen und schließlich ausgewanderte "Aussteiger" aus der in-

Wirtschaftsgeschichte (VSWG), 48. 1961, S. 203-235, auch in: ders. (Hg.), Moderne deutsche Sozialgeschichte, Köln 1968 (u. ö.), S. 437-455.
    31) Bericht K. Scherer (Heimatstelle Pfalz) an Verf., Frühjahr 1981.

dustriellen Zivilisation, die zunächst nur einfach "weg" wollten, das Abenteuer des kulturellen Wechsels suchten, in der neuen Heimat wiederfanden, was sie in der alten zu vermeiden suchten und dennoch blieben u.s.w. – Die Reihe ließe sich fast beliebig fortsetzen, denn schier unübersehbar ist die Vielgestaltigkeit der objektiven und subjektiven Bestimmungskräfte, die Einzelne zur definitiven Auswanderung oder zum Auslandsaufenthalt auf lange Zeit veranlaßten bzw. nötigten. Deshalb ist die Begegnung mit den Deutschen im Ausland auch immer eine Konfrontation mit der deutschen Geschichte und zugleich ein Zerrspiegel der gebrochenen national-kulturellen Identität der Deutschen hier wie dort. Die Spuren jener im 19. und frühen 20. Jahrhundert in Übersee noch allenthalben und, bis zum Ersten Weltkrieg, vor allem in den USA anzutreffenden, deutschen Auslandskultur ("Little Germany") aus der Zeit der deutschen überseeischen Massenauswanderung 32) freilich haben sich längst im Generationen überspannenden Akkulturationsprozeß verloren.

1. 6 Deutsche Auswanderer – "deutsche Gastarbeiter"

Wenn einerseits von deutscher Auswanderung, Deutschen im Ausland und deutscher Auslandskultur damals und andererseits von kontinentaler Zuwanderung, Ausländerbevölkerung und Auslandskultur(en) in der Bundesrepublik heute gesprochen wird, dann stellen sich – vom nötigen Hinweis auf das in Geschichte und Gegenwart in vieler Hinsicht grundsätzlich andere bevölkerungs-, wirtschafts- und sozialgeschichtliche Bedingungsgefüge 33) abgesehen – für gewöhnlich rasch zwei Argumente ein: 1. die Deutschen hätten ihr Land schließlich seinerzeit als "echte Auswanderer" verlassen, sich als "echte Einwanderer" rasch assimiliert und seien gerade dieser ihrer ausgeprägten Assimilationsbereitschaft wegen als Einwanderer so beliebt gewesen; 2. die aus den ehemaligen "Anwerbeländern" stammende Ausländerbevölkerung in der Bundesrepublik aber sei doch im Grunde "nur" eine "Gastarbeiterbevölkerung", deren Aufenthalt in der Bundesrepublik nicht Folge definitiver Aus- bzw. Einwanderungsentschlüsse und Ausdruck einer entsprechenden Assimilationsbereitschaft, sondern nur Konsequenz ökonomisch-spekulativer Interessen sei. Das ist richtig und falsch zugleich:
Richtig ist, Daß die meisten der Millionen deutscher Überseeauswanderer des 19. Jahrhunderts mit einem definitiven Auswanderungsentschluß an Bord der Transatlantikliner gingen oder doch ohne die feste Absicht, jemals wieder auf Dauer zurückzukehren. Ihr Akkulturations- bzw. Assimilationsprozeß aber umschloß

---

32) Vgl. hierzu neben der älteren Gesamtdarstellung von A. B. Faust, Das Deutschtum in den Vereinigten Staaten in seiner geschichtlichen Entwicklung, Leipzig 1912; ders., Das Deutschtum in den Vereinigten Staaten in seiner Bedeutung für die amerikanische Kultur, Leipzig 1912, die o. Anm. 20 genannten Fallstudien.
33) Vgl. hierzu: Bade, Vom Auswanderungsland zum Einwanderungsland?, S. 17 ff, 59 ff.

nicht selten zwei oder gar mehrere Generationen und das Festhalten an deutschen Lebensformen und deutscher Sprache in den "deutschen" Siedlungskolonien war der ansässigen amerikanischen Bevölkerung nicht selten Anlaß zur nativistischen Klage über die "Germans", die nur in die Neue Welt gekommen zu sein schienen, um dort die eigene Alte weiterzuführen, bis die Konfrontation mit dem feindlichen Kaiserreich im Ersten Weltkrieg die deutsch-amerikanische "Bindestrich-Kultur" zerbrach 34).

Im "deutschen Dreieck des Westens", das die Gebiete um Milwaukee, Cincinnati und St. Louis umschloß, fraß sich bei wachsendem nativistischen Assimilationsdruck seit den 1880er Jahren der Streit um die nationalkulturelle Identität der "Deutsch-Amerikaner" im Einwanderungsprozeß sogar durch jene religiös-kirchlichen Belange der "deutschen Frage" in den USA, in denen die katholischen deutschen Einwanderer, ähnlich wie die vorwiegend katholischen Iren 35), in der Begegnung mit den "White Anglo-Saxon Protestants" ohnehin ihre besonderen Probleme hatten: "Die deutschen Priester haben dauernd Zusammenkünfte, deren Haupt- und Endziel es ist, hier ein anderes Deutschland für immer aufzurichten", polemisierte 1878 G. L. Willard, Pfarrer der St. Josephskirche in Fond du Lac, Wisconsin. "Diese Priester scheinen die Einheit und Katholizität der Kirche zu vergessen, den Fluch von Babel über die Sprache verewigen zu wollen. Ihre große Anstrengung geht dahin, alles ausländisch und deutsch zu gestalten, wodurch sie sich den Amerikanern verhaßt machen. Solange diesen Priestern Sauerkraut und was dazu gehört, wichtiger ist als die Seelen der Amerikaner, werden sie sie noch lange nicht bekehren. Und so ist hier praktisch ein wichtiges Ziel der Kirche Gottes infrage gestellt." 36) Eine "deutsche Antwort" gab 1889 A. H. Walburg, Pfarrer der St. Augustinuskirche in Cincinnati: "Und jetzt werden wir aufgefordert, uns diesen Elementen anzupassen, ihre Gewohnheiten, Sitten, Empfindungen und Umgangsformen anzunehmen? Das kann der Kirche nur schaden. Sollen wir nun anfangen, unsere

---

34) Hierzu: F. C. Luebke, Bonds of Loyalty: German Americans and World War I, Northern Illinois Univ. Press 1974; A. Bretting, Die Konfrontation der deutschen Einwanderer mit der amerikanischen Wirklichkeit in New York City im 19. und 20. Jahrhundert, in: Amerikastudien/American Studies (Amst), 27. 1982, S. 247-257, hier S. 257; vgl. ferner: G. A. Dobbert, The Disintegration of an Immigrant Community: The Cincinnati Germans, 1870-1920, Diss. Univ. of Chicago 1965; R. R. Doerries, The Politics of Irresponsibility: Imperial Germany's Defiance of United States Neutrality during World War I, in: H. L. Trefousse (Hg.), Germany and America. Essays on Problems of International Relations and Immigration, New York 1980, S. 3-20; allg. hierzu: M. A. Jones, American Immigration, Chicago 1960; H. J. Wendler, Universalität und Nativismus: Das nationale Selbstverständnis der USA im Spiegel der Einwanderungspolitik, Diss. Hamburg 1978.

35) Ders., Soziale Eingliederungsprozesse von Iren und Deutschen in den Vereinigten Staaten — ein Vergleich, in: Amst 27. 1982, S. 260-273.

36) Zit. in: C. J. Barry, Geburtswehen einer Nation. Peter Paul Cahensly und die Einbürgerung der katholischen deutschen Auswanderer in Kirche und Nation der Vereinigten Staaten von Amerika, Recklinghausen 1971, S. 73.

einfachen, biederen, ehrenhaften Deutschen und Iren in diesen Strudel des amerikanischen Lebens zu führen, zu diesen Menschen, die der Welt verhaftet sind, die auf Reichtümer starren, auf politisches Prestige, wobei die Gewissen erstarren und die edleren Gefühle mit Füßen getreten werden? Man wird entgegnen, die Religion wird sie davor bewahren, so zu enden, und wird sie auf dem Pfad der Tugend und Redlichkeit halten. Unsinn! Denationalisierung ist Demoralisierung. Sie degradiert und entwurzelt die menschliche Natur. Ein Ausländer, der seine Nationalität verliert, ist in Gefahr, seinen Glauben und seinen Charakter zu verlieren. Wenn der deutsche Einwanderer bei der Ankunft in diesem Land seine Nationalität beiseite zu werfen sucht, um 'quite English, you know' zu werden, ist das erste Wort, das er meistens lernt, ein Fluch, und seine Rüpelhaftigkeit führt ihn leicht zu dem Materialismus der Puritaner. Ein Deutscher, der amerikanische Sitten und amerikanisches Gehabe nachäfft, wird durch seinen Gang, sein Sprechen und sein Aussehen häufig Gegenstand der Lächerlichkeit und Verachtung. So wie die Indianer im Kontakt mit den Weißen eher die Laster annahmen als die Tugenden, so wird das Streben, die Fremden zu amerikanisieren, sich als verderblich erweisen." [37] Dabei hatten es die Deutschen, auch die Katholiken unter ihnen, in den Vereinigten Staaten damals leichter als Ausländer in der Bundesrepublik heute, denn sie kamen in ein echtes Einwanderungsland, dessen Gesellschaft und Kultur sich im Einwanderungsprozeß noch formten und in diesem Prozeß von Millionen Deutschen mitgeprägt wurden [38].

Zu Ende des 19. und im frühen 20. Jahrhundert aber traten selbst innerhalb der deutschen Überseeauswanderung zunehmend Formen der ökonomisch-spekulativen transatlantischen Arbeitswanderung auf Zeit hervor — nicht zu verwechseln mit der häufig zu belegenden Vorauswanderung des Haupterwerbstätigen, der später mit dem berühmten "prepaid ticket" die ganze Familie nachholte: Die erst neuerdings näher untersuchte, beträchtliche deutsch-amerikanische Rückwanderung [39] bestand durchaus nicht etwa nur aus Transatlantikreisenden oder im Einwanderungsprozeß Gescheiterten, sondern in erheblichem Umfang auch aus solchen transatlantischen Arbeitswanderern, von denen nicht wenige auf ihren Arbeitswanderungen den Atlantik mehrfach überquerten, mithin mehrfach

37) A. H. Walburg, The Question of Nationality and Its Relation to the Catholic Church in the United States, 1889, S. 44 f., zit. ebenda, S. 120 f.

38) Hierzu als knappe Gesamtdarstellung auf neuestem Forschungsstand: K. Neils Conzen, Art. "Germans" (s. o. Anm. 20); vgl. R. R. Doerries, The Americanizing of the German Immigrant: A Chapter from U. S. Social History, in: Amst 23. 1978; als Überblick aus Anlaß der 300-Jahrfeier der Auswanderung aus Krefeld 1683: W. D. Kamphoefner, Dreihundert Jahre Deutsche in den USA, in: Geographische Rundschau, 35. 1983, H. 4, S. 169-173.

39) Grundlegend wichtig hierzu, neben der älteren Studie von A. Vagts, Deutsch-amerikanische Rückwanderung. Probleme — Statistik — Politik — Soziologie — Biographie, Heidelberg 1960, jetzt: G. Moltmann, American-German Return Migration in the Nineteenth and Early Twentieth Centuries, in: CEH, 13.1980, S. 378-392 (vgl. dazu u. Kap. 3. 3).

"auswanderten", um dann schließlich doch zurückzukehren. Häufig freilich gingen auch solche, zunächst als mehr oder minder befristete Auslandsaufenthalte geplanten transatlantischen Arbeitswanderungen bei wachsendem Aufenthalt schrittweise in echte Auswanderung über. Zuweilen auch wurde von armen deutschen Familien, deren Ersparnisse zur Auswanderung "nach Amerika" im Familienverband und zur Begründung einer neuen Existenz in den Vereinigten Staaten nicht ausreichten, Geld zusammengelegt, um wenigstens ein Familienmitglied zum "Geldverdienen" in die Neue Welt schicken zu können, häufig in der nicht immer in Erfüllung gehenden Hoffnung, der Vorausgewanderte werde schließlich imstande sein, weitere Familienmitglieder oder gar die ganze Familie nachzuziehen 40). Erst die in den letzten Jahren aufgenommene systematische Sammlung und Sicherstellung von Auswandererbriefen 41) wird mehr Licht in das auf dem hohen Abstraktionsniveau der Sozialhistorischen Migrationsforschung nur ansatzweise erschließbare vielgestaltige Feld des individuellen Wanderungsverhaltens werfen 42).

Aber der Vergleich zwischen dem transatlantischen Wanderungsgeschehen der Geschichte und dem kontinentalen der Gegenwart bleibt schon deswegen problematisch, weil, wie erwähnt, die Überseeauswanderung seinerzeit für viele schon aus finanziellen Gründen ein Abschied auf Dauer war. Vergleicht man hingegen das — in der deutschen Auswanderungsgeschichte weniger stark ausgeprägte — kontinentale Wanderungsgeschehen des 19. Jahrhunderts mit demjenigen der Gegenwart, dann sind sie rasch zu finden: "echte" deutsche "Gastarbeiter" im 19. Jahrhundert, mit Beschäftigungsbereichen, Soziallagen und Problemen, die in einigen Zügen denjenigen der "Gastarbeiter" in der Bundesrepublik durchaus verwandt erscheinen. Das galt vor allem für die "deutschen Gastarbeiter" in Frankreich und besonders im Paris des 19. Jahrhunderts, die — im Gegensatz etwa zum früher höfischen und später bürgerlich-intellektuellen deutsch-französischen Milieu oder auch zu den häufig hochspezialisierten deutschen Möbelhandwerkern im Paris des 18. Jahrhunderts 43) — in der Tat als "das deutsche

40) Bericht Prof. Dr. A. H. Bornemann (Englewood, N. J.) an Verf., 9. 7. 1983 (vgl. u. Anm. 41).

41) Solche Sammlungen laufen derzeit u. a. für Hessen: Prof. Dr. P. Assion (Universität Marburg); für die Pfalz: K. Scherer (Heimatstelle Pfalz, Benzinoring); überregional jetzt: Prof. Dr. W. J. Helbich (Universität Bochum). Prof. Dr. A. H. Bornemann (s. o. Anm. 40) arbeitet an der Übersetzung und Edition einer Sammlung von deutschen Briefen an in die USA Ausgewanderte von 1904 bis in die 1960er Jahre.

42) Zum gegenwärtigen Forschungsstand: K. D. Sievers (Hg.), Die deutsche und skandinavische Amerikaauswanderung im 19. und 20. Jahrhundert, Neumünster 1981.

43) Hierzu: M. Stürmer, Handwerk und höfische Kultur. Europäische Möbelkunst im 18. Jahrhundert, München 1982, bes. S. 135-164; vgl. a. K. J. Bade, Altes Handwerk, Wanderzwang und Gute Policey: Gesellenwanderung zwischen Zunftökonomie und Gewerbereform, in: VSWG, 69. 1982, H. 1, S. 1-37.

Subproletariat in Paris" bezeichnet werden können 44). Ihre Geschichte sei hier kurz im Spiegel zeitgenössicher Berichte gestreift, weil sie in diesem Band keine Berücksichtigung finden konnte:

Sie waren schon in der Restaurationszeit zugewandert. Um 1825 gab es nach Schätzungen rund 50.000 Deutsche in Paris. 1849 betrug ihre Zahl nach amtlicher Zählung 86.509. "Die Zahl der Deutschen in Paris beträgt über 100.000", berichtete gar 1851 Abbé Cuny. Es ging dem Abbé um eine ganz bestimmte Schicht unter diesen Deutschen in Paris: "Jene Deutschen nun, zumeist aus dem mittleren und südlichen Deutschland gebürtig, und deshalb der großen Mehrzahl nach katholisch, gehören fast sämtlich dem Handwerker- und Arbeiterstand an ... ihre religiöse, wie nicht minder moralische und soziale Lage ist bis dahin, und es ist zum Teil noch, eine jämmerliche und trostlose gewesen." 45) Nicht ohne Grund war die von französischen Patres und Schwestern geführte "Mission Allemande à Paris", von deren Begründung und Wirkung der Abbé sprach, ein besonderes Kapitel in der Geschichte der katholischen Armenschulen in der französischen Hauptstadt 46).

F. v. Bodelschwingh, der später durch die Begründung der Bethelschen Anstalten hervortrat, wurde 1857 von evangelischer Seite mit der geistlichen Betreuung der Deutschen in den nördlichen und nordöstlichen Stadtbezirken von Paris beauftragt 47). Er berichtete in seinen Erinnerungen von den Beschäftigungsebenen und Soziallagen derjenigen, die wir heute "deutsche Gastarbeiter" nennen könnten, und von sozialen Problemen im Wandel vom Arbeitsaufenthalt zur Einwanderungssituation, die uns ebenfalls aus der Lage vieler Ausländerfamilien in der Bundesrepublik bekannt sind: "Seit 40 Jahren hatte sich ein ziemlich breiter Strom deutscher Einwanderer dorthin begeben, zum weitaus größten Teil ganz arme Leute, für welche das deutsche Vaterland keinen Raum mehr hatte und die doch nicht die Mittel besaßen, über das Meer nach Amerika hinüberzuziehen. Sehr viele von diesen Einwanderern kamen aus Hessen, und zwar aus dem Großherzogtum Hessen-Darmstadt. Diese hatten insonderheit die Arbeit des Gassen-

44) W. Pabst, 120 Jahre deutsche Schule(n) in Paris, Gütersloh 1980, S. 1; zur deutschen Auswanderung bzw. Arbeitswanderung nach Frankreich in der ersten Hälfte des 19. Jahrhunderts: J. Grandjonc, La Presse de l'Emigration Allemande en France (1795-1848) et en Europe (1830-1848), in: AfS, 10. 1970, S. 95-152; ders., Etat sommaire des dépôts d'archives françaises sur le mouvement ouvrier et les émigrés allemands de 1830 à 1851/52, in: AfS, 12. 1972, S. 487-531; ders., Eléments statistiques pour une étude de l'immigration étrangère en France de 1830 à 1851, in: AfS, 15. 1975, S. 211-300.

45) Zit. bei Pabst, 120 Jahre, S. 1.

46) Ebenda; vgl. F. Stock (Hg.), 100 Jahre deutsche Seelsorge in Paris 1837-1937, Paris 1937.

47) Zur evangelisch-deutschen Auswanderermission in Paris: W. Pabst, Die evangelische Mission unter den Deutschen in Paris (1840-1870), in: Dokumente: Zeitschrift für den deutsch-französischen Dialog und übernationale Zusammenarbeit, 37. 1981, H. 2, S. 151-158; zur deutschen Auswanderermission allg. s. u. Anm. 111.

kehrens erwählt und wurden auch hierzu ganz besonders gern von der Pariser Stadtbehörde angestellt. Der zweite Hauptstrom kam aus der Pfalz. Doch dienten die Pfälzer vornehmlich als Erdarbeiter, Fabrikarbeiter und ergriffen . . . auch das Handwerk des Lumpensammelns. Es kam hinzu eine große Zahl deutscher und elsässischer Dienstmägde . . . . Da die Auswanderer selbst kein Französich sprachen, sie auch nach Deutschland zurückzukehren gedachten, wenn sie sich einige Hundert Mark erspart hätten, so war es ihnen schwer, daß ihre Kinder in den französischen Regierungsschulen sehr schnell Französisch, ja, wenn sie klein waren, nur Französisch lernten und die Eltern oft kaum noch verstanden. Darum war eine deutsche Schule für sie der Gegenstand ihrer dringendsten Wünsche, und wo solch eine Schule aufgerichtet wurde, da sammelten sich auch die armen deutschen Einwanderer von Paris, indem sie in die Nähe der Schule zogen." 48) Das gleiche bestätigte auf katholischer Seite Pater Modeste 1862: "Ich habe oft Eltern gesehen, die nicht mehr mit ihren eigenen Kindern sprechen konnten. Die Mutter sprach deutsch, das Kind französisch. Dadurch wird das Band der Familientradition zerrissen, weil die Eltern, die meist im erwachsenen Alter ihre Heimat verlassen, nicht im Stande sind, ein fremdes Idiom zu lernen." 49)

Der erste, politisch bedingte Zusammenbruch dieser deutsch-französischen Arbeiterkultur kam mit dem deutsch-französischen Krieg 1870/71. Nach der Schlacht von Sedan hatten viele Deutsche Paris binnen weniger Tage zu verlassen und kehrten, wie z. B. die hessischen Arbeiterfamilien, erst zögernd Mitte der 1870er Jahre zurück in ihre Arbeitsbereiche und Quartiere. Bis Mitte der 1880er Jahre waren die "deutschen Gastarbeiter" in Paris noch in starkem Maße in ihren herkömmlichen, beruflich-sozial niedrig stehenden Arbeitsbereichen, besonders in den städtischen Reinigungsdiensten, beschäftigt. Dann wurden sie, aus wirtschaftlichen Gründen abgedrängt, Opfer ihrer Pufferfunktionen auf dem Arbeitsmarkt: "Infolge einer schweren Wirtschaftskrise setzte 1884 ein plötzlicher Rückgang der deutschen Bevölkerung in Paris ein. Französische Straßenkehrer erhielten gegenüber den deutschen den Vorzug; wenige Jahre später wurden nur noch Franzosen in städtische Dienste zugelassen. Die Mehrzahl der hessischen Straßenkehrerfamilien zog sich daher (1886 auch wegen der latenten Kriegsgefahr) in die Heimat zurück, wo sich durch den allgemeinen wirtschaftlichen Aufschwung in Deutschland bessere Arbeitsmöglichkeiten boten." 50)

Falsch ist also die Vorstellung, daß es in der Geschichte der deutschen Auswanderung nur von Anbeginn an definitive, "echte" Auswanderungen bzw. Einwanderungen gegeben habe. Es gab ebenso, wenn auch in sehr viel geringerem Umfang, "echte" deutsche "Gastarbeiterwanderungen", ganz abgesehen von

48) Zit. bei Pabst, 120 Jahre, S. 9.
49) Zit. ebenda, S. 4.
50) Ebenda, S. 14 f.

zahlreichen anderen grenzüberschreitenden Arbeitswanderungen ohne jahr-
zehntelangen Auslandsaufenthalt — von ortlosen Wanderarbeitern über Saisonarbeiter bis zu hochspezialisierten Arbeitswanderern, von den "Hollandgängern"
im Grenzgebiet bis zu den traditionsreichen Wanderzügen der "Lippeschen
Ziegler" 51). Und es gab das Einmünden von Arbeitswanderungen auf Zeit in
eine echte Einwanderungssituation mit ihren spezifischen, insbesondere intergenerativen Problemen im europäischen und im überseeischen Ausland. Nicht
minder falsch ist die erwähnte Vorstellung, daß es sich bei der Ausländerbevölkerung in der Bundesrepublik, soweit sie aus den ehemaligen "Anwerbeländern"
stammt, heute nach wie vor "nur" um eine "Gastarbeiterbevölkerung" mit
ökonomisch-spekulativer, aus eigenem Entschluß begrenzter Aufenthaltsper-
spektive handelt. Auch hier ist die Grenze zwischen zunächst mehr oder minder
befristetem Aufenthalt und echter Einwanderungssituation fließend geworden.

1. 7 Die "Gastarbeiterbevölkerung" in der Bundesrepublik — zwischen Arbeitsaufenthalt und Einwanderungssituation

Aus- und Einwanderung sind nicht punktuelle Ereignisse, die mit dem Verlassen
des Auswanderungslandes und dem Betreten des Einwanderungslandes in eins gesetzt werden könnten. Beides sind mittel- bis langfristige Entscheidungs-, Hand-
lungs- und Geschehensabläufe mit fließenden Grenzen, in denen der einzelne
nicht selten mehr Betroffener als Handelnder ist. Die verschiedensten Bestimmungsfaktoren des Wanderungsverhaltens im Auswanderungsland ("Schub-
kräfte") und im Einwanderungsland ("Anziehungskräfte") wirken dabei zusammen. Am Anfang kann eine aus den verschiedensten, dem einzelnen häufig nur
teilweise bewußten Motiven gespeiste, latente Auswanderungsbereitschaft stehen, die sich schließlich, häufig ereignisbedingt, zum definitiven Auswanderungsentschluß verdichtet. Das Zwischenstadium zwischen latenter Auswanderungsbereitschaft und definitivem Auswanderungsentschluß ist jene Phase, in der sich
z. B. die meisten Auswanderungswilligen in der Bundesrepublik bei den entsprechenden in- und ausländischen Stellen beraten lassen.
Findet die Tragfähigkeit des Auswanderungsentschlusses Bestätigung in der
harten Konfrontation mit den persönlichen Risiken eines Auswanderungsvor-
habens, ist die Chance zur Einwanderung im entsprechenden Land tatsächlich
gegeben und wird deshalb am Auswanderungsentschluß festgehalten, dann
bricht, noch immer im Auswanderungsland, eine nächste Phase an, in der sich
Aus- und Einwanderungsprozeß zu überschneiden beginnen: von den gesetzlichen, beruflichen und persönlichen Vorbereitungen im weitesten Sinne über
die Reisevorbereitung im engeren Sinne bis zum Verlassen des Auswanderungs-

---

51) Zu den wichtigen Unterscheidungen zwischen der Bewegung ortloser Wanderarbeiter
und temporärer Arbeitswanderungen s. Bade, Massenwanderung, S. 274, Anm. 18; vgl.
S. 314, Anm. 115.

landes, dem Betreten des Einwanderungslandes und jener ersten Zeit des Neubeginns im Einwanderungsland, in der die Tragfähigkeit des Auswanderungsentschlusses aufs neue einer Bewährungsprobe unterworfen wird, weil der Neuankömmling in dieser ersten Zeit noch allemal mehr Auswanderer als Einwanderer ist.

Geht es gut fort, dann wird im Verlauf der geglückten beruflich-sozialen *Integration* die Auswanderung immer weiter hinter die Einwanderung zurücktreten, bis schließlich dieser Integrationsprozeß nach einer der jeweiligen Gesetzgebung entsprechenden Frist mit der Einbürgerung seinen Abschluß findet — wenn der Ausgewanderte nicht, wie häufig, diesen entscheidenden Schritt hinauszögert und in jenem Zwischenstadium zwischen beruflich-sozialer und rechtlicher Integration verharrt, das seine eigenen Spannungen und Probleme hat. Die *Einbürgerung* markiert eine feste Zäsur im Einwanderungsprozeß. Sie schließt aber nur den Integrationsprozeß ab und nicht den Prozeß von *Akkulturation* bzw. *Assimilation*, d. h. die im weitesten Sinne soziokulturelle und mentale Eingliederung in Wertesystem, materielle Kultur und Lebensformen im Einwanderungsland. Akkulturation und Assimilation sind, das lehrt die Geschichte der Einwanderungen, häufig Generationen übergreifende Prozesse, abhängig von der soziokulturellen Distanz zwischen Aus- und Einwanderungsland, von Assimilationsbereitschaft und Assimilationsvermögen der beruflich-sozial und rechtlich längst integrierten Einwanderer und nicht zuletzt auch von der Aufnahmebereitschaft der Gesellschaft des Einwanderungslandes selbst. Solange dieser für den Einwanderer häufig mit einer tiefgreifenden kulturellen Identitätskrise verbundene Akkulturations- bzw. Assimilationsprozeß nicht abgeschlossen ist, ist auch der Einwanderungsprozeß noch nicht abgeschlossen, steht der u. U. längst eingebürgerte Einwanderer nach seiner Selbsteinschätzung bzw. nach seiner Einschätzung durch die Aufnahmegesellschaft noch immer zwischen Kultur, Mentalitäten und Lebensformen von Aus- und Einwanderungsland.

Transnationale Arbeitswanderungen auf Zeit einerseits und definitive Aus- bzw. Einwanderung andererseits lassen sich abstrakt gut auseinanderheben, haben aber in der vielgestaltigen Wirklichkeit des individuellen Wanderungsverhaltens häufig fließende Grenzen. Einwanderung ist zwar, wie eingangs zitiert, ein langfristiger, stufenweiser Prozeß mit fließendem Eingang (ökonomische und soziale Integration) und fließendem, nicht selten Generationen übergreifendem Abschluß (Akkulturation, Assimilation), innerhalb dessen im Grunde nur die Einbürgerung im Aufnahmeland eine feste äußere Wegmarke bildet. Am Anfang aber kann durchaus der Entschluß zu einer mehr oder minder befristeten transnationalen Arbeitswanderung gestanden haben. Bei zunehmender Aufenthaltsdauer und immer wieder zurückgestelltem Rückwanderungsentschluß kann die Zeitperspektive schließlich soweit zurücktreten, daß Aufenthalte im Herkunftsland nurmehr als Unterbrechungen des Auslandsaufenthaltes verstanden werden. Der dauerhafte Auslandsaufenthalt selbst mündet unterdessen schrittweise in einen echten Einwanderungsprozeß ein, ohne daß, im glücklichsten Fall, dem ehemaligen Arbeitswanderer dieser – nicht selten durch jene schwere Identitätskrise belastete – Übergangsprozeß in all seinen Stufen zureichend deutlich geworden wäre.

Allen einschlägigen, historischen Einwanderungsprozessen abgewonnenen Kriterien nach zu urteilen, befindet sich – wie zuletzt der Soziologe F. Heckmann [52] unter Berücksichtigung der Ergebnisse Sozialhistorischer Migrationsforschung gezeigt hat – ein großer Teil der "Gastarbeiterbevölkerung" in der Bundesrepublik heute längst jenseits der Schwelle zwischen Arbeitswanderung auf Zeit und Einwanderungsprozeß in einer echten Einwanderungssituation. Das soll im folgenden nur an einigen Beispielen demonstriert werden:

Transnationale Arbeitswanderer gehen, wenn sie nicht durch Arbeitslosigkeit im Herkunftsland dazu genötigt werden, in der Regel deshalb auf Zeit ins Ausland, um mit den dort unter besseren Lohnbedingungen gemachten Ersparnissen die herkömmliche Existenzgrundlage im Herkunftsland zu verbessern bzw. dort eine andere aufzubauen. Die aus ökonomisch-spekulativen Gründen mit fester Rückkehrabsicht begonnene Arbeitnahme im Ausland wird beendet, sobald das angesparte Kapital zur Realisierung der im Herkunftsland erstrebten Zwecke auszureichen scheint, wobei bei den "Gastarbeitern" in der Bundesrepublik häufig an die Begründung einer kleinbürgerlich-selbständigen Existenz gedacht wird.

Um ein möglichst hohes Lohnniveau zu erreichen, akzeptieren Arbeitswanderer häufig auch härteste Arbeitsbedingungen und leisten Konsumverzicht, um einen möglichst hohen Lohnanteil ins Herkunftsland zurücktransferieren zu können. Um die in der Regel höheren Lebenshaltungskosten im Aufnahmeland zu drosseln, kommen in der Regel nicht Arbeiterfamilien, sondern vorwiegend männliche Einzelwanderer im besten Erwerbsalter von 20-40 Jahren. Deshalb auch liegt die Erwerbsquote der Arbeitswanderer (Anteil der Erwerbstätigen an der zugewanderten Bevölkerung) im Vergleich zu derjenigen der Aufnahmegesellschaft extrem hoch.

Konsumverzicht spricht bei den Arbeitswanderern auch aus Siedlungsweise und Wohnkultur. Sie ziehen zumeist billige Gemeinschaftsunterkünfte den teuren Einzelwohnungen vor. Sie leben nicht im Familienverband in jenen aus dem Einwanderungsprozeß in amerikanischen Großstädten ("Little Italy", früher auch

---

52) F. Heckmann (s. o. Anm. 6); meine im WS 1978/1979 an der Philosophischen Fakultät der Universität Erlangen-Nürnberg vorgelegte Habilitationsschrift (Transnationale Migration und Arbeitsmarkt in Deutschland 1879-1929, Erlangen 1978, Ms., demn. u. d. Titel: Land oder Arbeit, Massenwanderung und Arbeitsmarkt im Deutschen Kaiserreich) trifft sich in einer ganzen Reihe von wirtschafts-, sozialgeschichtlichen und sozialpsychologischen Interpretationslinien mit dieser völlig unabhängig davon entstandenen und ein Jahr später an der Sozial- und Wirtschaftswissenschaftlichen Fakultät der Universität Bamberg vorgelegten Habilitationsschrift von F. Heckmann (vgl. dazu Heckmann, S. 149, Anm. 17).

"Little Germany") 53) ebenso wie aus der Siedlungsweise nationaler Minderheiten in Deutschland selbst bekannten Siedlungskolonien ("Polenkolonien" im Ruhrgebiet) 54), die die kulturelle Identität im Einwanderungsprozeß stützen und zugleich auf das Vorliegen eines solchen Prozesses hinweisen. Sie bleiben mithin als transnationale Arbeitswanderer eine fremdbestimmte Gruppe in der Aufnahmegesellschaft, an die sie nur das Arbeitsverhältnis bindet. Es soll Mittel für Zwecke im Herkunftsland erbringen und wird beendet, sobald das im Aufnahmeland gesparte Kapital den im Herkunftsland erstrebten Zwecken zu genügen scheint.

Was einmal für die meisten jener "Gastarbeiter" galt, die seit Mitte der 1950er und besonders seit Beginn der 1960er Jahre noch vorwiegend als Einzelwanderer in die Bundesrepublik kamen, gilt heute weithin nurmehr bedingt 55):

1. Arbeitsnorm und Konsumverhalten: Die "Gastarbeiter" halten zwar auf dem Arbeitsmarkt in der Bundesrepublik nach wie vor vielfach besonders unbeliebte Arbeitsplätze unter vergleichsweise harten Arbeitsbedingungen und leisten bis heute erheblich mehr Überstunden als deutsche Arbeitskräfte. Ihre Konsumnorm aber ist auf Kosten der einseitigen Sparorientierung deutlich gestiegen, vor allem deswegen, weil sich das Verhältnis von Arbeitskräften und nichterwerbstätigen Familienmitgliedern innerhalb der Gastarbeiterbevölkerung merklich verschoben hat.

2. Bevölkerungsstruktur und Erwerbsquote: In Geschlechts-, Altersstruktur und Erwerbsquote nähert sich die Ausländerbevölkerung tendenziell der Aufnahmegesellschaft an. Das hat seinen Grund im verstärkten Nachrücken nichterwerbstätiger Familienmitglieder (Ehefrauen, im Ausland geborene Kinder und Jugendliche) und im Zuwachs an in der Bundesrepublik geborenen "Gastarbeiterkindern". Aber nicht nur die Familienzusammenführung selbst ist ein Indiz für den Übergang zum Einwanderungsprozeß. Auch die inneren Spannungslagen, in denen sich viele dieser "Gastarbeiterfamilien" heute befinden, weisen auf das Vorliegen einer echten Einwanderungssituation hin 56).

3. Familienspannung im Einwanderungsprozeß: Viele "Gastarbeiterfamilien" in der Bundesrepublik stehen heute vor einem für eine Einwanderungssituation geradezu klassischen Kulturkonflikt zwischen der noch stark durch Normengefüge und Lebensformen der Herkunftsgesellschaft bestimmten Ersten Genera-

53) Hierzu jetzt vor allem die Fallstudie von A. Bretting (s. o. Anm. 32) sowie K. Neils Conzen, Immigrants, Immigrant Neighborhoods, and Ethnic Identity: Historical Issues, in: Journal of American History, 66. 1979, S. 603-615; vgl. N. G. Eisenstadt, W. Kaltefleiter (Hg.), Minoritäten in Ballungsräumen. Ein deutsch-amerikanischer Vergleich, Bonn 1975.

54) Vgl. o. Anm. 30.

55) Hierzu und zum Folgenden: Heckmann, S. 183-222, 241-248; vgl. Bade, Vom Auswanderungsland zum Einwanderungsland?, S. 85-95.

56) Vgl. hierzu: A. Münscher, Ausländische Familien in der Bundesrepublik Deutschland. Familiennachzug und generatives Verhalten. Materialien zum dritten Familienbericht der Bundesregierung, München 1979.

tion (Eltern) und der in der Regel zweisprachigen, in weit höherem Maße nicht nur assimilationsbereiten, sondern auch assimilationsfähigen bzw. schon weitgehend assimilierten Zweiten Generation jener "Gastarbeiterkinder", die das Herkunftsland ihrer Eltern nurmehr als "Touristen" kennen und dem Aufnahmeland mental wesentlich näher stehen. Rückkehrabsichten der Eltern verdichten den intergenerativen Kulturkonflikt zur familiären Zerreißprobe, zumal dann, wenn die im Aufnahmeland aufgewachsenen "Gastarbeiterkinder" schon fast erwachsen sind 57).

4. Siedlungsweise in der Einwanderungssituation: Die billigen Massenquartiere der "Gastarbeiter" gehören in der Bundesrepublik heute meist der Vergangenheit an. In großstädtischen wirtschaftlichen Verdichtungsräumen mit starker Ausländerbevölkerung haben sich Siedlungskolonien herausgebildet. Die Ausländerfamilien leben darin teils zusammengeballt, teils über einzelne Häuser und Wohnungen verstreut und werden durch festgefügte Kommunikationskreise beieinander gehalten, die sie von der deutschen Umwelt abgrenzen und, bei wachsendem Zuzug ausländischer und zunehmendem Fortzug einheimischer Wohnbevölkerung, zur räumlichen Verdichtung der Kolonie beitragen. Die Kolonie ist dabei aber nicht eine bloße Verpflanzung heimatlicher Lebensformen, sondern als "Einwanderungsgesellschaft" (Heckmann) eine Art Kulturschleuse zwischen Herkunfts- und Aufnahmegesellschaft. Je größer die soziokulturelle Distanz zwischen Herkunfts- und Aufnahmegesellschaft, desto wichtiger diese Kulturschleuse. Sie wird, auch das ist eine klassische Konfliktkonstellation im Einwanderungsprozeß, von der Aufnahmegesellschaft in der Regel als sich bewußt abkapselnder Fremdkörper mißverstanden oder gar beargwöhnt und zumeist nicht als das verstanden, was sie ihrer Funktion nach für die "Einwanderergesellschaft" bedeutet: Zuflucht in der kulturellen Identitätskrise im Einwanderungsprozeß. Sperrt sich die Aufnahmegesellschaft gegenüber der Kolonie ab und zieht sich deshalb die "Einwanderungsgesellschaft" umso mehr auf sich selbst zurück, dann wird der Eingliederungsprozeß durch "Gettobildung" er-

---

57) Vgl. hierzu: S. Andriapoulos, Zur Situation der ausländischen Familien in Deutschland. Am Beispiel der griechischen Familie, in: Archiv 1973, H. 3; A. Kudat, Stabilität und Veränderung der türkischen Familie. Vergleichende Perspektiven, Berlin (IIVG) 1975; H. Holtbrügge, Türkische Familien in der Bundesrepublik. Erziehungsvorstellungen und familiale Rollen- und Autoritätsstruktur, Duisburg 1975; G. Witzsch, Soziale Probleme der ausländischen Arbeitnehmer und ihrer Familien, in: Archiv 1976, H. 2; G. Mertens, U. Akpinar, Türkische Emigrantenfamilien. Familienstrukturen in der Türkei und in der Bundesrepublik. Angleichungsprobleme: Beispiel West-Berlin, in: Mat. d. Arbeitsgemeinschaft kathol. Studenten- und Hochschulgemeinden, Sonderh. 2, Bonn 1977; I. Keim, Gastarbeiterdeutsch. Untersuchungen zum sprachlichen Verhalten türkischer Gastarbeiter, Tübingen 1978; F. Eberhard, Die ausländischen Haushaltsvorstände und ihre Verweil- und Rückkehrabsichten, in: Baden-Württemberg in Wort und Zahl 1979, H. 5; U. Bielefeld u. a., Junge Ausländer im Konflikt. Lebenssituationen und Überlebensformen, München 1982; G. Lojewski (Hg.), Integration der Kinder ausländischer Arbeitnehmer? Probleme und Antworten auf eine Herausforderung, Köln 1982; s. a. o. Anm. 11.

schwert, vor allem für diejenigen, die zu lange im Bannkreis der Kolonie bleiben; denn die häufig Generationen übergreifende Eingliederung in die Aufnahmegesellschaft bedeutet schrittweise Ausgliederung aus der "Einwanderergesellschaft" als Durchgangsstadium im Einwanderungsprozeß. Die Herausbildung einer solchen "Einwanderergesellschaft" aber ist, was von der Aufnahmegesellschaft häufig mißverstanden wird, nicht ein Zeichen für mangelnde Integrations- oder gar Assimilationsbereitschaft im Einwanderungsprozeß, sondern im Gegenteil gerade ein Indiz für das Vorliegen eines solchen echten Einwanderungsprozesses, bei dem sich besonders die aus anderen Kulturkreisen stammenden Einwanderer zuerst in die "Einwanderergesellschaft" und erst dann, von hier aus, in die umschließende Aufnahmegesellschaft eingliedern 58).

5. Selbstverständnis der Ausländerbevölkerung in der Einwanderungssituation: Mit zunehmender Aufenthaltsdauer wächst einerseits die Ausgliederung aus der Gesellschaft des Herkunftslandes und andererseits die arbeits- und aufenthaltsrechtliche Stabilisierung der "Gastarbeiter"-Existenz im Aufnahmeland Bundesrepublik. Die ursprüngliche Rückkehrabsicht beginnt deswegen, aber auch aus anderen Gründen, zurückzutreten: Neben den in der Aufnahmegesellschaft — zur Stimulierung bzw. Stabilisierung von "Rückkehrbereitschaft" — vielzitierten Beispielen erfolgreicher Rückwanderungen stehen die hierzulande seltener zitierten, aber ebenso zahlreichen und den "Gastarbeitern" nicht minder bekannten Beispiele mehr oder minder gescheiterter Rückwanderungen. Sie lehren, daß der häufig erstrebte Aufbau einer kleinbürgerlich-selbständigen Existenz ein schwer realisierbarer Traum ist, daß der im Aufnahmeland zur Norm gewordene Lebensstandard im Herkunftsland zumeist nicht zu halten ist und daß die Hoffnung vieler, als angelernte Industriearbeiter bzw. Facharbeiter zurückzukehren, d. h. im Herkunftsland zu bleiben, was sie im Aufnahmeland geworden sind, zumeist daran scheitert, daß es im Herkunftsland am entsprechenden Arbeitsplatzangebot fehlt. Selbst arbeitslos gewordene Ausländer aus den ehemaligen "Anwerbeländern" bleiben häufig im Aufnahmeland, nicht nur, um ihren aufenthaltsrechtlichen Status nicht zu gefährden oder deswegen, weil die hierzulande unvergleichbar höher liegenden Überlebenshilfen aus Arbeitslosenunterstützung und Sozialhilfe — denen entsprechend höhere Lebenshaltungskosten gegenüberstehen — die Arbeitslosigkeit im Aufnahmeland etwa erträglicher erscheinen ließen als im Herkunftsland. Sie bleiben auch deswegen, weil sie nach zum Teil jahrzehntelangem Auslandsaufenthalt bei fortschreitender Ausgliederung aus der

---

58) Vgl. hierzu neben Heckmann (s. o. Anm. 55): H. Herde, Ghetto oder Integration? Gastarbeiter in den Städten, in: Gegenwartskunde, 1976, H. 2; H. Esser u. a., Arbeitsmigration und Integration. Sozialwissenschaftliche Grundlagen, Königstein/Ts. 1979; ders., Aspekte der Wanderungssoziologie. Assimilation und Integration von Wanderern, ethnischen Gruppen und Minderheiten. Eine handlungstheoretische Analyse, Darmstadt 1980; M. Kremer, H. Spangenberg, Assimilation ausländischer Arbeitnehmer in der Bundesrepublik Deutschland, Königstein/Ts. 1980.

alten und noch unzureichenden Eingliederung in die neue Welt im transnationalen Wanderungsgeschehen zwischen den Grenzen ratlos geworden sind. Hinzu
kommt z. B. bei türkischen Arbeitslosen, daß ihre im Aufnahmeland zur Entlastung der importierten Sozialen Frage durch einen Export von ausländischen
Arbeitslosen befürwortete und neuerdings durch Rückkehrprämien stimulierte
Rückwanderung im Herkunftsland zur Zeit höchst unerwünscht ist; denn die
Abwanderung derjenigen, die heute in der Istanbuler Presse als "Deutschländer"
angesprochen werden, bedeutete für das Herkunftsland seinerzeit ebenfalls eine
Entlastung von sozialen Problemen durch einen Export von Arbeitslosen, der
durch den folgenden Lohngeldtransfer ins Herkunftsland zusätzlich noch eine
gesamtwirtschaftlich beachtenswerte Einnahmequelle erschloß, während ein Reimport von Arbeitslosen mit zum Teil verändertem Normengefüge, "verdeutschten" Lebensformen und gesteigerten Anspruchshaltungen das Herkunftsland vor
außerordentliche neue soziale Probleme stellen, d. h. den durch die Anwerbung
von "Gastarbeitern" in die Bundesrepublik vertraglich geregelten partiellen Export der Sozialen Frage in eine umso schärfere reimportierte Soziale Frage verkehren würde 59).
Umfrageergebnisse demonstrieren den Zusammenhang zwischen Aufenthaltsdauer und Bleibeabsicht: Eine Umfrage der Bundesanstalt für Arbeit unter ausländischen Arbeitnehmern im Jahr des "Anwerbestops" zeigte, daß von den
"Gastarbeitern", die 1973 schon seit 11 Jahren in der Bundesrepublik waren,
fast die Hälfte, von denen mit mehr als 15 Jahren Aufenthalt 83 % auf Dauer
in der Bundesrepublik bleiben wollten. Damals waren Ausländer mit solch
extrem langen Aufenthaltszeiten noch eine Minderheit; denn obgleich es in der
Ausländerpolitik der Bundesrepublik keine "Zwangsrotation" mit befristeten
Aufenthaltsgenehmigungen gab, war bis dahin eine — bei den einzelnen Nationalitätengruppen unterschiedlich ausgeprägte — starke transnationale Fluktuation
der "Gastarbeiter" zu beobachten. Das änderte sich abrupt seit dem "Anwerbestop" von 1973, der mit seinen flankierenden Maßnahmen zwar den weiteren
Arbeitskräftezustrom aus der EG nicht angehörenden "Anwerbeländern"
blockierte, zusammen mit der gegenläufigen Wirkung von Arbeits- und Aufenthaltsrecht bei der schon ansässigen Ausländerbevölkerung aber in der Ausländerpolitik unversehens als Bumerang wirkte: Der "Anwerbestop" geriet zur indirekten Bestrafung von "Gastarbeitern", die — zwar ohne definitive Rückkehrabsicht, aber doch auf längere Zeit — ins Herkunftsland zurückkehren wollten, weil

59) H. - G.Kleff, Vom Bauern zum Industriearbeiter. Bewußtseins- und Verhaltensänderungen türkischer Arbeitsemigranten in der Bundesrepublik Deutschland unter besonderer Berücksichtigung ihrer Herkunftssituation, Diss. Berlin 1981; O. N. Haberl, Die Rückwanderung der jugoslawischen Gastarbeiter während der Krise der 70er Jahre aus Europa,
in: Deutsche Studien, 19. 1981, S. 132-166; S. A. Bostanci, Zum Leben und zu den Rückkehr- bzw. Verbleibabsichten der türkischen Gastarbeiter in Nürnberg. Eine empirische
Untersuchung, Berlin 1982; vgl. N. Grunenberg in: Die Zeit, 29. 7. 1983; s. a. o. Anm.
11, 57.

sie seither damit rechnen mußten, daß aus freiwilliger Rückkehr auf Zeit ein unfreiwilliger Abschied für immer werden könnte. Für "Gastarbeiter" mit langem
und ununterbrochen fortgesetztem Arbeitsaufenthalt hingegen führten Arbeitsund Aufenthaltsrecht zu einer wachsenden rechtlichen Absicherung gegen die
Unwägbarkeiten der "Gastarbeiter"-Existenz in der Bundesrepublik. Seit dem
"Anwerbestop" ist die Zahl der "Gastarbeiter" bzw. "Gastarbeiterfamilien"
mit langen Aufenthaltszeiten stark angestiegen: 66,2 % waren 1980 schon
länger als 6 Jahre, 37,8 % sogar länger als 10 Jahre in der Bundesrepublik; auf
seiten der zumeist zuerst gekommenen männlichen Arbeitswanderer waren 1980
sogar 67,8 % länger als 6 und 40,8 % länger als 10 Jahre in der Bundesrepublik.
Innerhalb der Ausländerbevölkerung insgesamt hatten schließlich fast 47 % einen
Aufenthalt von mindestens zehn Jahren 60). Aus den ausländischen Arbeitswanderern und ihren Familien ist eine Ausländerbevölkerung geworden, die weithin
in einer echten Einwanderungssituation lebt, nach ihrer sozialen Lage zu einem
Großteil objektiv als Einwandererminorität zu verstehen ist und sich, Umfragen
zufolge, subjektiv zum Teil auch als solche versteht.

2. "Zeitbombe Gastarbeiterfrage": Konzepte, Probleme,
   Gestaltungsperspektiven

Daß die "Gastarbeiterbevölkerung" in der Bundesrepublik Deutschland zum Teil
in einer echten Einwanderungssituation lebt, bedeutet nicht, daß sich die Bundesrepublik selbst als "Einwanderungsland" verstünde. Sie könnte es, wie gezeigt, ohnehin nur in eingeschränktem Sinne und nicht etwa im Sinne klassischer
Einwanderungsländer. Über das "Einwanderungsland Bundesrepublik" sprechen,
heißt deshalb in diesem eingeschränkten Sinne:
1. zur Kenntnis nehmen, daß in der Statistik des transnationalen Wanderungsgeschehens die Zuwanderung die Auswanderung weit übersteigt;
2. anerkennen, daß ein Großteil der zugewanderten bzw. hier geborenen und
aufgewachsenen Ausländerbevölkerung in einer echten Einwanderungssituation
lebt;
3. fragen, ob und in welchen Grenzen die Bundesrepublik wirtschafts- bzw. beschäftigungspolitisch genötigt, rechtspolitisch bereit und gesellschaftlich imstande ist, ausländische Arbeitnehmer und deren Familien auf längere Zeit sozial zu
integrieren oder aber Einwanderer auf Dauer aufzunehmen bzw. einzubürgern;
4. fragen, a. ob und inwieweit die im Wandel von der "Gastarbeiterfrage" zur
"Einwanderungsfrage" im fließenden Grenzfeld zwischen Arbeitswanderung und
Einwanderung aufgeworfenen Probleme durch Arbeitsmarktpolitik, Ausländer-

60) Hierzu neben Heckmann (s. o. Anm. 55): Betrifft: Ausländerpolitik, hg. v. Bundesminister des Innern, Bonn 1982, S. 22 (Stand: 30. 9. 1981); 2. überarb. Aufl. 1983, S. 9
(Stand: 30. 9. 1982); vgl. dazu: M. Frey, Ausländer in der Bundesrepublik Deutschland.
Ein statistischer Überblick, in: Das Parlament, Beil. 25/82 (26. 6. 1982), S. 3-16.

recht und Ausländerpolitik allein noch zu bewältigen sind, b. ob nicht Einwanderungsgesetzgebung und Einwanderungspolitik in entsprechender Tiefenstaffelung hinzutreten müssen, und c. wie es um die Haltung der Bundesbürger und der von ihnen gewählten politischen Handlungsträger zu diesen "Gretchenfragen" an die Ausländerpolitik im "De-facto-Einwanderungsland" Bundesrepublik steht.

2. 1 Integration: Provisorium auf Dauer?

1880 begann im Auswanderungsland Deutschland die letzte große Auswanderungswelle des 19. Jahrhunderts, die zu rund 90 % in die Vereinigten Staaten abströmte 61). Ein Jahrhundert später hat die Bundesrepublik Deutschland als "De-facto-Einwanderungsland" wider Willen mit Problemen zu tun, mit denen die Vereinigten Staaten seinerzeit u. a. auch im Blick auf die Einwanderung aus Deutschland zu schaffen hatten, mit einem gravierenden Unterschied: Die Bundesrepublik ist nicht zureichend darauf vorbereitet. Zu lange wurde die Ausländerbeschäftigung vorwiegend als kurz- bis mittelfristiges arbeitsmarktpolitisches Problem betrachtet. Zu spät wurden ihre langfristigen sozialen Folgeprobleme als weit über den Bereich der Arbeitsmarktpolitik hinausgreifende Gestaltungsaufgaben erkannt. Die auf Begrenzung des Zustroms von außen durch "Anwerbestop" bzw. Zuzugsbeschränkungen und auf soziale Integration im Innern abstellende Ausländerpolitik geriet dabei zu dem von Sozialwissenschaftlern und Praktikern der Ausländerarbeit, von Kirchen und Wohlfahrtsorganisationen immer wieder kritisierten Versuch, einer de facto dauerhaften Einwanderungssituation de jure mit Konzepten zu einer Integration auf Zeit zu begegnen 62).

Ende 1978 wurde mit dem früheren Ministerpräsidenten Nordrhein-Westfalens, H. Kühn (SPD), der erste Beauftragte der Bundesregierung für die Integration der ausländischen Arbeitnehmer und ihrer Familienangehörigen berufen. Sein im September 1979 vorgelegtes Memorandum zur Ausländerintegration hielt am "Anwerbestop" von 1973 und seinen flankierenden Maßnahmen fest, entwickelte aber im Blick auf die schon in der Bundesrepublik lebende Ausländerbevölkerung Perspektiven für ein neues Integrationskonzept. Es ging davon aus, daß "eine nicht mehr umkehrbare Entwicklung eingetreten ist, und die Mehrzahl der Betroffenen nicht mehr 'Gastarbeiter', sondern Einwanderer sind, für die eine Rückkehr in ihre Herkunftsländer aus den verschiedensten Gründen nicht wieder in Betracht kommt". Das gelte besonders für die in der Bundes-

---

61) Hierzu in diesem Band der Beitrag von K. J. Bade (3. 2).

62) U. Mehrländer, Bundesrepublik Deutschland, in: E. Gehmacher u. a. (Hg.), Ausländerpolitik im Konflikt. Arbeitskräfte oder Einwanderer? Konzepte der Aufnahme- und Entsendeländer, Bonn-Bad Godesberg 1978, S. 115-137, hier S. 134; zum Folgenden vgl. Dohse, S. 307-358; Bade, Vom Auswanderungsland zum Einwanderungsland?, S. 96-102; s. a. K. Eckstein, "Es sind einfach zu viele . . .". Bemerkungen zur Ausländerpolitik in der Bundesrepublik Deutschland, in: Das Parlament, Beil. 25/82 (26. 6. 1982), S. 17-26.

republik geborene und aufgewachsene bzw. im Kindesalter eingereiste Zweite
Generation. "Die unvermeidliche Anerkennung der faktischen Einwanderungssituation macht eine Abkehr von den Konzeptionen der Integration 'auf Zeit'
erforderlich. An ihre Stelle muß ein Maßnahmenbündel treten, das den Bleibe-
willigen die Chance zu einer vorbehaltlosen und dauerhaften Eingliederung
eröffnet." Das umstrittene Memorandum enthielt zahlreiche Integrationsvor-
schläge — bis hin zum Optionsrecht auf Einbürgerung für in der Bundesrepublik geborene und aufgewachsene Jugendliche und zum kommunalen Wahl-
recht für Ausländer mit langem Inlandsaufenthalt — vor allem aber Anregungen
für eine Integration der jungen Ausländergeneration im Bereich der Vorschule,
Schule und Berufsausbildung, die, gemeinsam mit anderen gleichgerichteten
Vorstößen, in vieler Hinsicht weitertragende Impulse gaben 63). Zündfunken
für die schärfer werdende "Ausländerdiskussion" in der Öffentlichkeit hingegen
blieben die häufig polemisch verzerrten Problemfelder des Optionsrechts und des
kommunalen Wahlrechts: Die Rede ging von der "Einbürgerung per Postkarte",
vom türkischen Bürgermeister in der deutschen Stadt und vom Import kommu-
nistischer und faschistischer Strömungen in den kommunalen Wahlkampf.
Die Wege der Ausländerpolitik in der Bundesrepublik faßte P. Siewert in seiner
Bestandsaufnahme Ende 1980 dahin zusammen, "daß es mit dem Anwerbestop
und flankierenden Maßnahmen zumindest bis jetzt gelang, einer quantitativen
Ausweitung des Gesamtkomplexes Ausländer und speziell 'Gastarbeiter' zu
wehren und den Arbeitsmarkt zu entlasten. Keine Erfolge ließen sich hingegen
bei den mit der Ausländerbeschäftigung 'importierten' Folgeproblemen erzie-
len. Vielmehr gewannen sie zunehmend dadurch an Schärfe, daß Familienzusammenführung und hohe Geburtenüberschüsse zu tiefgreifenden Strukturveränderungen innerhalb einer zahlenmäßig nahezu unveränderten Ausländer-
population führten, die für die Zukunft selbst im Beschäftigungsbereich neue
Belastungen erwarten lassen. Die primär einer arbeitsmarktorientierten Grund-
haltung verhaftete Ausländerpolitik war bisher außerstande, die sozial- und ge-
sellschaftspolitische Herausforderung und Aufgabe, zu der sich die Gastarbeiterfrage als ohnehin schon nicht mehr nur arbeitsmarktpolitische Größe inzwischen
endgültig wandelte, angemessen aufzunehmen und zu bewältigen." 64) Heute
stehen wir vor den Folgen einer in Arbeitsmarkt- und Wanderungsgeschehen
weitgehend unbewältigten jüngsten Vergangenheit als sozialökonomischer
und politischer Zusatzbelastung in der Krisenzeit der Gegenwart und nächsten
Zukunft.

63) H. Kühn, Stand und Weiterentwicklung der Integration der ausländischen Arbeitnehmer und ihrer Familien in der Bundesrepublik Deutschland - Memorandum des Beauftragten der Bundesregierung, Bonn 1979 (auszugsweise in: Frankfurter Rundschau, 18. 3.
1980).
64) P. Siewert, Zur Situation heute, in: R. C. Rist, Die ungewisse Zukunft der Gastarbeiter, Stuttgart 1978, S. 237-248, hier S. 241 f.

2. 2 Konfrontation: Krisenzonen, Schule, Siedlung, Arbeitsmarkt

Umfragen belegen einen dramatischen "Stimmungsumschwung" der einheimischen gegenüber der ausländischen Bevölkerung in der Bundesrepublik, die, trotz "Anwerbestop", bis Ende 1981 innerhalb von drei Jahren durch Familienzusammenführung und Geburtenzuwachs um rund 650.000 auf 4,6 Mio. angestiegen war, seither aber einen stark rückläufigen Zuwachs hat. Die Aufnahmegesellschaft scheint sich in eine Art Abwehrgesellschaft zu verwandeln. Betroffen ist innerhalb der Ausländerbevölkerung vor allem der türkische Bevölkerungsanteil, der den stärksten Zuwachs zu verzeichnen hatte. Die vielbemühte "soziale Integration" droht bei alldem nicht nur zur Leerformel zu erstarren, sondern sogar in ihr Gegenteil, in jene "soziale Segregation" umzuschlagen, die die Spannung stets höher treibt. Das gilt, unter vielen anderen Problemzonen, besonders für die Konfliktbereiche Siedlung, Schule und Arbeitsmarkt 65).

1. Siedlung: Die Ausländerkonzentration in städtischen Siedlungsgebieten mit überlasteter sozialer Infrastruktur hat in den letzten Jahren erheblich zugenommen. Bei dem 1977 aufgegebenen Versuch, dieser fortschreitenden Verdichtung mit einer von bestimmten Quoten ausgehenden Steuerungskonzeption entgegenzuwirken, war als Belastungsgrenze der sozialen Infrastruktur ein Ausländeranteil in Höhe von 12 % gesetzt worden. Im Oktober 1980 bereits lagen von 62 deutschen Städten mit mehr als 100.000 Einwohnern 20 hart an bzw. erheblich über dieser Grenze. Bei wachsendem Familiennachzug hat sich diese Konzentration weiter verdichtet. Wo viele "Gastarbeiter" und insbesondere Türken wohnen, ziehen Deutsche aus. Umso mehr wächst die Gettoisierung der Ausländerviertel. Die daraus resultierende "soziale Segregation", so der Deutsche Städtetag, zerstöre "jeden Integrationsansatz" 66).

2. Schule: Der Wandel im Altersaufbau der Ausländerbevölkerung ließ den Anteil ausländischer Schüler in allgemeinbildenden Schulen von 1973/74 bis 1978/79 um 59 % auf 486.300 ansteigen. 85 % (413.200) davon waren "Gast-

---

65) Hierzu und zum Folgenden s. Bade, Vom Auswanderungsland zum Einwanderungsland?, S. 106-110 (Belege ebenda).

66) Hierzu aus versch. Perspektiven: E. Zieris, So wohnen unsere ausländischen Mitbürger. Bericht zur Wohnsituation ausländischer Arbeitnehmer: Familien in Nordrhein-Westfalen, Düsseldorf 1972; P. Rothammer u. a., Integration ausländischer Arbeitnehmer und ihrer Familien im Städtevergleich, Berlin 1974; A. Schildermeier, Integration und Wohnen. Analyse der Wohnsituation und Empfehlungen zu einer integrationsgerechten Wohnungspolitik für ausländische Arbeitnehmer und ihre Familien, Hamburg 1975; G. Dittrich, SIN-Städtebauinstitut Nürnberg (Hg.), Wohnen ausländischer Arbeiter, Nürnberg 1975; D. Ipsen, Wohnsituation, Wohninteresse und Interessenorganisation ausländischer und deutscher Arbeiter, Inst. f. Sozialwiss. d. Univ. Mannheim 1976; Konrad Adenauer-Stiftung: Institut für Kommunalwissenschaften Bonn (Hg.), Siedlungs-, Wohnungs-, Freizeitwesen. Integration ausländischer Arbeitnehmer, Bonn 1977; J. Hoffmeyer-Zlotnick, Gastarbeiter im Sanierungsgebiet, Hamburg 1977; G. Stüwe, Ausländische Familien kämpfen um bessere Wohnbedingungen, in: Informationsdienst zur Ausländerarbeit (ISS), 1979, H. 2.

arbeiterkinder". Ihr Anteil an der Schülerzahl der Grund- und Hauptschulen lag 1978/79 im Bundesdurchschnitt bei 6,3 %. In wirtschaftlichen Verdichtungsräumen mit hoher Ausländerkonzentration aber waren schon zu dieser Zeit einzelne Klassen und sogar ganze Schulen mit 50 % ausländischen Schülern keine Seltenheit mehr. In den 17 Grundschulen in Berlin-Kreuzberg erreichte der durchschnittliche Anteil ausländischer Schüler 1981 48,2 %, in 7 Schulen mehr als 60 %. In der Spitzengruppe rangierten Schulen mit einem Ausländeranteil von mehr als 70 %. Auch das hatte nicht nur mit starkem Geburtenzuwachs und anhaltendem Zuzug in den Ausländervierteln, sondern auch damit zu tun, daß deutsche Eltern — in der Furcht, in solchen Klassen würden nicht ausländische, sondern deutsche Kinder "integriert" — fortzogen oder aber, wie in Nordrhein-Westfalen, ihre Kinder in privaten Konfessionsschulen anmeldeten, die keine Ausländer aufnehmen. Dies aber verstärkte in den Ausländervierteln auch im Schulbereich nur umso mehr jene Segregationstendenzen, die z. B. durch die frühere Ablehnung von "Nationalklassen" gerade verhindert werden sollten. Deutsche Schulen und ihre Lehrkräfte aber sind bei solchem Ausländerandrang in städtischen Verdichtungsräumen ihrem Auftrag nicht selten ebensowenig gewachsen wie jene ausländischen Schüler den schulischen Anforderungen, zu deren Bewältigung gerade sie einer besonders intensiven, von den Eltern nicht zu leistenden, vorschulischen und begleitenden Betreuung bedürften. Besonders betroffen sind dabei auch hier die türkischen Kinder — wegen der weiten kulturellen Distanz zwischen der von den Eltern zumeist strikt verteidigten Welt der Herkunftsgesellschaft und derjenigen der Aufnahmegesellschaft. Wenn nach wie vor nur rund die Hälfte der Ausländerkinder einen Abschluß erreicht, so gilt auch dies besonders für die türkischen, während die Kinder der vergleichsweise leicht zu integrierenden Portugiesen, Spanier, Italiener oder Jugoslawen, deren Anteil an der Ausländerjugend stark gesunken ist, mittlerweile sogar häufiger auf weiterführende Schulen wechseln als Gleichaltrige aus deutschen Arbeitnehmerfamilien entsprechender Soziallage. Kaum besser steht es, trotz intensiver Bemühungen, mit der beruflichen Ausbildung der Zweiten Ausländergeneration. Die daraus resultierende schwere Benachteiligung der "Gastarbeiterkinder" im Berufsleben zeigt schon heute gefährliche Folgen, die einer sozialen Integration direkt entgegenwirken. Dazu gehört auch das Problem der neuerdings stark wachsenden, sozial bedingten Ausländerkriminalität: "Junge Ausländer, die oft schon lange in Deutschland leben, glauben nicht mehr an die Gerechtigkeit dieser Gesellschaft", urteilte der Mainzer Soziologe F. Hamburger, der für das Bundeskriminalamt die sozialen Bestimmungskräfte asozialen Verhaltens ausländischer Jugendlicher untersuchte. "Für sie ist Kriminalität eine Form der erfolgreichen Anpassung." 1979 hatte H. Kühn gewarnt, was nicht jetzt für die Ausländerintegration aufgewendet würde, müsse in einigen Jahren "für Polizisten und Resozialisierungsmaßnahmen" bereitgestellt werden 67).

3. Arbeitsmarkt: Im Zentrum der aktuellen Diskussion aber steht das Problem der Massenarbeitslosigkeit. Im Frühjahr 1982 charakterisierte der Präsident der Bundesanstalt für Arbeit, J. Stingl, die Lage auf dem Arbeitsmarkt als "nach wie vor katastrophal". Die Gesamtzahl der Arbeitslosen war, trotz saisonbedingter Verbesserung, nur auf 1,8 Mio. gesunken, diejenige der arbeitslosen Ausländer im Vergleich zum Vorjahr um 57 % gestiegen. Für rund eine Viertelmillion ausländischer Arbeitskräfte gab es zu dieser Zeit keine Beschäftigungsmöglichkeit. Seither hat sich die Lage noch verschärft. Auch von der Arbeitslosigkeit sind türkische Arbeitnehmer am härtesten betroffen: Um die Jahreswende 1981/82 stellten sie fast 40 % der arbeitslosen ausländischen Erwerbsbevölkerung. 60 von 100 (Familienangehörige und echte Arbeitslose) lebten vom Einkommen der restlichen 40 oder von staatlicher Sozialhilfe. Daß von den in der Bundesrepublik lebenden Türken ohnehin nur rund ein Drittel arbeitet, kann nicht wundernehmen, da mehr als die Hälfte aller ausländischen Zuwanderer in den letzten Jahren aus der Türkei kam, unter ihnen vorwiegend Frauen und Kinder. In einzelnen Bereichen des Arbeitsmarktes konkurrieren heute Deutsche mit Ausländern um Arbeitsplätze, die Deutschen noch vor wenigen Jahren nicht mehr gut genug waren, während deutsche Gewerkschaftsvertreter, die einst erfolgreich um die Gleichstellung ausländischer mit einheimischen Arbeitnehmervertretern kämpften, heute in den Betriebsräten mit ausländischen Arbeitnehmervertretern in Konflikt geraten, wenn die Frage ansteht, ob ein deutscher oder ein ausländischer Arbeiter entlassen werden soll 68). Das gilt vor allem im Bereich der un-

67) Hierzu aus versch. Perspektiven: Caritasverband, Die verlorene Generation? Ausländische Jugendliche in der Bundesrepublik. Informationen des Deutschen Caritasverbandes, Freiburg 1975; Konrad Adenauer-Stiftung: Institut für Kommunalwissenschaften Bonn (Hg.), Schulbildung ausländischer Kinder. Integration ausländischer Arbeitnehmer, Bonn 1976; U. Mehrländer, Einflußfaktoren auf das Bildungsverhalten ausländischer Jugendlicher. Vergleich italienischer und deutscher auszubildender Jungarbeiter, Bonn 1978; H. D. Walz, Jugendliche Gastarbeiter, Konstanz 1978; W. Luther u. a., Sozialpädagogische und bildungspolitische Maßnahmen für die zweite Ausländergeneration — Bestandsaufnahme und Ausblick, in: Neue Praxis, 1978, H. 3; A. Langenohl-Weyer u. a., Zur Integration der Ausländer im Bildungsbereich. Probleme und Lösungsversuche, München 1979; P.- A. Albrecht, Chr. Pfeiffer, Die Kriminalisierung junger Ausländer. Befunde und Reaktionen sozialer Kontrollinstanzen, München 1979; A. Schrader u. a., Die zweite Generation. Sozialisation und Akkulturation ausländischer Kinder in der Bundesrepublik, 2. Aufl. Kronberg 1979; M. Hohmann (Hg.), Unterricht mit ausländischen Kindern, München 1980; Autorengruppe Ausländerforschung (Hg.), Zwischen Getto und Knast. Jugendliche Ausländer in der Bundesrepublik, Reinbek 1981; K. - H. Dickopp, Gastarbeiterkinder. Integrierte Förderung in Kindergarten und Schule, Leverkusen 1980; ders., Erziehung ausländischer Kinder als pädagogische Herausforderung. Das Krefelder Modell, Düsseldorf 1982.
68) Hierzu aus versch. Perspektiven: C. Gauger, J. Schlosser, Ausländische und deutsche Arbeiter — eine Kampffront. Die ausländischen Arbeiter in der Krise, Frankfurt 1975; D. Ipsen, Die Einstellung ausländischer Arbeiter zur Gewerkschaft, in: Journal G, 7/8. 1976; A. Geiger, Herkunftsbedingungen der türkischen Arbeiter in der Bundesrepublik Deutsch-

bzw. angelernten Arbeiten, in denen es von Anbeginn an jene erwähnte latente Konkurrenzspannung zwischen einheimischen und ausländischen Arbeitskräften gab.

2.3 Aggression: "Ausländerfeindlichkeit" in der Bundesrepublik

Mit Konkurrenzerscheinungen auf den internationalisierten unteren Ebenen doppelter Teilarbeitsmärkte in der Bundesrepublik aber wachsen im Zeichen von Wirtschaftskrise und Massenarbeitslosigkeit soziale Angst, soziale Aggressivität und jene teils ökonomisch begründete, teils nur so verkleidete und in trüben Dunkelzonen wurzelnde "Ausländerfeindlichkeit", für die es im Blick auf die davon am meisten betroffene nationale Gruppe innerhalb der Ausländerbevölkerung in der Bundesrepublik bereits eine neudeutsche Wortschöpfung gibt: "Türkenfeindlichkeit". Noch reagieren die Betroffenen verschreckt und defensiv, durch verstärkten Rückzug ins Milieu der ausländischen Einwandererkolonien oder durch Rückzug aus dem Aufnahmeland. Wie lange freilich gerade die Zweite Generation der Ausländerbevölkerung den durch lang anhaltende Erkenntnisverweigerung, späte Einsichten und mangelnden Grundkonsens in der Gestaltungsfrage verordneten Mangel an Lebensperspektive noch defensiv erträgt, ohne sich zum Kampf um die eigene Zukunft gegen die sperrige Aufnahmegesellschaft zu sammeln, ist vielleicht nurmehr eine Frage der Zeit [69].

"Ein Gespenst geht um in der Bundesrepublik: die Furcht vor Überfremdung und Überfüllung", so begann ein Leitartikel, der am Neujahrstag 1982 unter dem Titel "Die Angst vor den Fremden" eine Bestandsaufnahme der wachsenden "Ausländerfeindlichkeit" in der Bundesrepublik versuchte. Die "Gastarbeiter" werden dabei oft Opfer von Verwechselungen: In den letzten Jahren hat vor allem die Verquickung der "Gastarbeiterfrage" mit dem grundverschiedenen "Asylantenproblem" zu einer bedrohlichen Emotionalisierung der "Ausländerdiskussion" beigetragen. Das verschärft die Brisanz des immer undifferenzierter diskutierten "Ausländerproblems" auf Kosten einer problemgerechten Diskussion der "Gastarbeiterfrage" und des zum Teil dahinterstehenden Einwanderungsproblems. Dadurch verstärkte Abwehrhaltungen gegenüber "den Ausländern"

---

land und ihr gewerkschaftliches Verhalten, Diss. Göttingen 1978; E. Gaugler u. a., Ausländer in deutschen Industriebetrieben. Ergebnisse einer empirischen Untersuchung, Königstein/Ts. 1978; R. Pfriem, betriebliche und gewerkschaftliche Erfahrungen, in: Informationsdienst zur Ausländerarbeit (ISS), 1979, H. 4; M. Budzinski, Gewerkschaftliche und betriebliche Erfahrungen ausländischer Arbeiter, Frankfurt 1979; vgl. o. Anm. 2.

69) Hierzu und zum Folgenden s. Bade, Vom Auswanderungsland zum Einwanderungsland?, S. 110-116 (Belege ebenda); vgl. dazu jetzt: Habbe (s. o. Anm. 13); D. Just, P. C. Mülhens, Ausländerzunahme: objektives Problem oder Einstellungsfrage?, in: Das Parlament, Beil. 25/82 (26. 6. 1982), S. 35-38; G. Tsiakalos, Ausländerfeindlichkeit. Tatsachen und Erklräungsversuche, München 1983.

schlagen um in Aggressionen, besonders gegenüber dem türkischen Bevölkerungsanteil in der Bundesrepublik ("Türken raus!").

Solche Konflikte aber legen sich dem Bemühen um eine Integration der ausländischen Arbeitnehmer und ihrer Familien quer; zumal dann, wenn ihnen als Vorleistung für diese Integration gar jene Akkulturation bzw. Assimilation abverlangt wird, die nicht am Anfang, sondern nur am Ende eines geglückten Einwanderungsprozesses stehen kann ("Türken paßt Euch an!").

Besonders widersprüchlich muß es dabei erscheinen, wenn das, was vielen der großen Integrationsentwürfe der 1970er Jahre zugrunde lag – soziale Integration auf Zeit ohne Nötigung zur kulturellen Assimilation ("Germanisierung") – heute polemisch gegen Ausländergruppen gekehrt wird, die in der Tat genau dies selber wollen: längerfristig als ausländische Arbeitnehmer mit ihren Familien sozial integriert werden, ohne deshalb die eigene kulturelle Identität durch Nötigung zu demonstrativer Assimilationsbereitschaft zu gefährden. Das gilt besonders für die Türken, von denen, Umfragen zufolge, nur ein relativ kleiner Teil die deutsche Staatsbürgerschaft anstrebt. ("Die Türken wollen in der Bundesrepublik leben wie in der Türkei, nur besser!").

Eine stark rechtslastige "Anti-Ausländer-Bewegung" formiert sich mit erheblicher sozialer Tiefenstaffelung, von Argumenten in Aufrufen akademischer Zirkel ("Heidelberger Manifest") bis hin zu solchen, die mit dem Schmierpinsel vertreten werden ("Ausländer raus!"). Ihre Vorstellungen und Forderungen in der zumeist en bloc thematisierten "Ausländerfrage" reichen von der weiteren Verschärfung des Asylrechts, einem generellen Zuwanderungs- sowie Nachzugsverbot und der allgemeinen Einführung jener separaten Schulklassen ("Nationalklassen") für Ausländer, mit denen die kulturelle Segregation anstelle der Integration zum Programm erhoben wird, über sozialbiologistische Argumentationsmuster, kollektive Verdächtigungen "der Ausländer" und den Appell an dunkle Emotionen bis hin zu ideologischen Kampfparolen gegen eine "Unterwanderung" bzw. "Überfremdung" des deutschen "Volkstums" in einer "multirassischen" Gesellschaft und für die "Reinerhaltung der deutschen Rasse" durch "Ausländerbegrenzung".

Repräsentativbefragungen zeigen indes, daß sich seit der Jahrzehntwende die Haltung der Bundesbürger zur "Ausländerfrage" ganz allgemein von Grund auf gewandelt hat: 1978 sprach sich erst eine starke Minderheit von 39 %, Anfang 1982 hingegen eine starke Mehrheit von 68 % bzw. 66 % dagegen aus, daß "Gastarbeiter, die hier bleiben wollen, die Möglichkeit erhalten, für immer hierzubleiben" und dafür, daß sie "wieder in ihr Land zurückkehren". Einer ausgesprochen "ausländerfreundlichen Gruppe" von nurmehr 29 % und einer "ambivalenten Gruppe" mit unterschiedlichen Einstellungen (22 %) stand eine ausgesprochen "ausländerfeindliche Gruppe" in Höhe von 49 % gegenüber.

Bei den Umfrageergebnissen waren deutliche Zusammenhänge zwischen der

Stärke der Abwehrhaltung und dem schulischen bzw. beruflichen Qualifikations-niveau erkennbar. Sie weisen darauf hin, daß die Sorge um den Arbeitsplatz der Tendenz nach umgekehrt proportional zum abnehmenden Qualifikationsniveau anwächst und am stärksten bei jenen Gruppen ist, innerhalb derer die Ausländer-beschäftigung in der Tat als Konkurrenzfaktor erfahren bzw. vermutet werden kann — von der Konkurrenz um den Arbeitsplatz bis zur Konkurrenz um die Sozialwohnung: Für eine Rückkehr aller "Gastarbeiter" in ihre Herkunftsländer votierten Befragte mit Abitur zu 51 %, solche mit mittlerer Schulbildung schon zu 54 %, solche mit Volksschulbildung hingegen zu 71%. Die Ansicht, Ausländer ("schlechte Kollegen") verhielten sich "sehr oft unsolidarisch gegenüber den deutschen Arbeitskollegen, weil sie immer bereit seien, Überstunden am Abend und am Wochenende zu machen", teilten unter den befragten deutschen Arbeit-nehmern Angestellte zu 49 %, Facharbeiter schon zu 61 %, an- und ungelernte Arbeiter aber zu 69 %, wobei Ressentiment und Antipathie ("weniger sympa-tisch") gegenüber den türkischen "Gastarbeitern" als der mit Abstand am wenig-sten geschätzen ausländischen Arbeitnehmergruppe am stärksten waren.

Eingefordert wird, was die Aufnahmegesellschaft selbst fortschreitend aufge-hoben hat: Die Einschränkung der ausländischen Erwerbsbevölkerung auf jene kurzfristigen Pufferfunktionen auf dem Arbeitsmarkt, deren sie durch die kon-tinuierliche Verfestigung ihres arbeits- und aufenthaltsrechtlichen Status bei wachsender Aufenthaltsdauer, insbesondere seit dem "Anwerbestop", weithin enthoben wurde. Aus der verbreiteten Unkenntnis über diese Zusammenhänge resultierende Aggressionen schlagen auf die "Gastarbeiterbevölkerung" zurück. Die Analysen bestätigten die Folgen der unheilvollen Verquickung von "Asylan-tenproblem" und "Gastarbeiterfrage" in der "Ausländerdiskussion". Sie belegten einen tiefgreifenden Mangel an Einsicht in die gesamtwirtschaftliche Bedeutung der Ausländerbeschäftigung. Und sie zeigten, daß blinde Projektionen und Vor-urteile bei alledem eine außergewöhnliche Rolle spielten, denn, so konnte das Resultat im Blick auf die konkreten Erfahrungen der Befragten mit Ausländern zusammengefaßt werden: "je mehr Kontakte, desto positiver die Meinung".

2.4 Gestaltungsprobleme: Ausländerpolitik und Einwanderungspolitik

Solange Wirtschaft, Staat und Gesellschaft in der Bundesrepublik die "Gast-arbeiterfrage" und die zum Teil dahinterstehende Einwanderungsfrage nicht als gesellschaftspolitisches Problem ersten Ranges aufgreifen und mit langfristigen Perspektiven gestalten, bleibt nicht nur die soziale Zukunft der Ausländerbevöl-kerung selbst, sondern in vieler Hinsicht auch diejenige des Aufnahmelandes un-gewiß. Umso brisanter wird der Problemdruck, bei dessen Diskussion neuerdings selbst Vertreter organisierter Interessen auf dem Arbeitsmarkt, "Ausländerex-perten" und politische Handlungsträger in Regierungsverantwortung zuweilen nachgerade von Panik erfaßt scheinen. Eine umfassende Lösung aber ist noch

immer nicht in Sicht, zumal es rasch wirkende, mit dem rechts- und sozialstaat-
lichen Selbstverständnis des Aufnahmelandes vereinbarte Patentrezepte nicht
gibt: Von dem früheren Bundesminister G. Baum (F.D.P.) wurden Ende 1981
die Worte kolportiert, daß "im Kabinett Einvernehmen" darüber bestehe, "daß
die Bundesrepublik für die Ausländer, die seit langem hier sind, und, wenn sie es
auch noch nicht genau wissen, bleiben wollen, ein Einwanderungsland ist",
aber auch das Eingeständnis, "daß wir in unserer Ausländerpolitik an sich noch
keine gesicherte Perspektive haben." 70)
Einerseits gibt es anscheinend nurmehr eine negative Koalition der Einsicht in
die Notwendigkeit einer, wie auch immer vorgestellten, Begrenzung des "Ausländerzustroms". Damit wird nach wie vor eine ausländerpolitische Bannformel
gegen eine angeblich noch immer schrankenlose Dynamik beschworen, die bereits weitgehend gebändigt erscheint: Gründe dafür sind nicht nur in der Wirkung
des "Anwerbestops", seiner flankierenden Maßnahmen und neuer Restriktionen
beim Familiennachzug zu suchen, sondern auch in von einer Mischung aus Einsicht, Resignation und Enttäuschung bestimmten Veränderungen im Wanderungsverhalten; ganz abgesehen davon, daß die bis 1982 auf rund 4,6 Mio.
angewachsene Ausländerbevölkerung in der Bundesrepublik rund 1,2 Mio.
Staatsangehörige aus EG-Mitgliedsstaaten einschloß, für die ohnehin Freizügigkeit gilt, während die in ihren Folgen für den Arbeitsmarkt in der EG und insbesondere in der Bundesrepublik gefürchtete Freizügigkeit zwischen EG und Türkei
nur in sehr eingeschränktem Umfang Wirklichkeit werden durfte.
Andererseits gibt es anscheinend nurmehr Ansätze für einen positiven Fundamentalkonsens gegenüber der anstehenden rechtspolitischen Gestaltungsaufgabe,
die mit den indirekten Steuerungsinstrumentarien der Arbeitsmarktpolitik längst
nicht mehr zu bewältigen ist: "Daß kein neuer Zuzug zu uns herkommen sollte,
versteht sich von selbst", konstatierte der Präsident der Bundesanstalt für Arbeit,
J. Stingl, im Frühjahr 1980. Dies sei jedoch nicht Sache der Arbeitsmarkt-,
sondern der Außen- und Innenpolitik: "Aber hier hat man wohl zu lange ge-
zögert, sich dessen bewußt zu werden." Die Unsicherheit der politischen Handlungsträger hat indes auch mit der Abhängigkeit der politischen Parteien von
jener Wählergunst zu tun, die Integrationskonzepte immer weniger zu honorieren
scheint: Bei CDU/CSU-Wählern standen sich 1982 Befürworter einer devensiv-

---

70) Hierzu und zum Folgenden s. Bade, Vom Auswanderungsland zum Einwanderungsland?, S. 116-124 (Belege ebenda); vgl. ferner: K. Unger, Ausländerpolitik in der Bundesrepublik Deutschland. Parteien, Gewerkschaften, Kirchen, Verbände und Behörden, Saarbrücken 1980; K. - H. Meier-Braun, "Gastarbeiter" oder Einwanderer? Anmerkungen zur
Ausländerpolitik in der Bundesrepublik Deutschland, Berlin 1980; U. O. Sievering (Hg.),
Integration ohne Partizipation? Ausländerwahlrecht in der Bundesrepublik zwischen (ver-
fassungs)rechtlicher Möglichkeit und politischer Notwendigkeit, Frankfurt 1981; N. Zuleeg,
Stand der Entwicklung des Ausländerrechts in der Bundesrepublik Deutschland, in: ZAR,
2. 1982, H. 3, S. 120-127; vgl. u. Anm. 103.

restriktiven und einer liberal-integrativen Ausländerpolitik im Verhältnis von 54 % zu 25 % gegenüber, bei SPD-Wählern im Verhältnis von 47 % zu 29 %, bei FDP-Wählern im Verhältnis von 37 % zu 29 %.

Die gefährliche Neigung wächst, das in Grenzen wirtschaftlich und gesellschaftlich Notwendige für politisch unmöglich zu erklären. Solcher Kreislauf der Argumente könnte für die politischen Parteien in der parlamentarischen Demokratie dieser Republik schwerwiegende Legitimationsprobleme aufwerfen. Nicht minder gefährlich aber ist eine widerwillige Integrationspolitik, deren stärkste Motivation die soziale Angst vor denjenigen ist, die "integriert" werden sollen und die zugleich im politischen Entscheidungsprozeß behindert wird durch jene wachsende "Ausländerfeindlichkeit", die ihrerseits nicht blindwütigem Ausländerhaß entspringt, sondern gerade einer durch krisenbedingte Sozialangst zur Abwehrhaltung gesteigerten Unsicherheit in der "Ausländerfrage", die wiederum nur durch ein zureichendes rechtspolitisches Normen- und Orientierungsgefüge mit langfristigen Perspektiven behoben werden kann . . . — Solange dieser Teufelskreis nicht durchbrochen wird, wächst der Problemdruck unablässig weiter.

Falsch aber wäre es, die Lösung des Problems allein an "die da oben", an die politischen Handlungsträger nämlich, zu delegieren und auf deren begründeten politischen Dissens mit verdrossenen Abwehrhandlungen zu reagieren, die das Problem nur umso mehr verschärfen. Denn auch die in den verschiedensten Grenzen vorgestellte Integration ausländischer Arbeitnehmer und ihrer Familien muß zwar von "oben" ihren rechtspolitischen Rahmen erhalten, in der Praxis aber von "unten" beginnen. Deshalb ist auch die "Gastarbeiterfrage" als Integrations- wie als Einwanderungsproblem eine Aufgabe für jeden Einzelnen, die ihm in der alltäglichen Begegnung mit den "ausländischen Mitbürgern" stets aufs neue vor Augen tritt.

Solche alltägliche Aufnahmebereitschaft oder doch wenigstens Toleranz indes wird, gerade in der Krise, vielen Deutschen nur abzuverlangen sein, wenn nicht nur 1. in der Tat die Grenzen gesetzt werden, innerhalb derer das Problem überhaupt zu bewältigen ist, sondern auch 2. in einem langfristigen Programm mit großen Perspektiven die Wege vorgezeichnet und eröffnet werden, auf denen es in jenen Grenzen bewältigt werden soll. Dabei wird nicht nur, wie im Ausländergesetz von 1965, nach den "Belangen" der Bundesrepublik Deutschland und den Interessen der Deutschen, sondern auch nach den Belangen und Interessen jener "ungeliebten Gäste" zu fragen sein, die die Deutschen seinerzeit selbst ins Land riefen und denen sie bis heute eine klare Antwort auf die Frage nach ihrer gesellschaftlichen Zukunft und individuellen Lebensperspektive in der Bundesrepublik schuldig geblieben sind.

Die umstrittene Frage hingegen, ob das Problem durch *Ausländerrecht* bzw. *Ausländerpolitik* und soziale Integration auf Zeit oder aber durch *Einwanderungsgesetzgebung* bzw. *Einwanderungspolitik* und Einbürgerung auf Dauer zu "lösen" sei, verzerrt die Diskussion durch eine falsche Alternative. Beide Posi-

tionen sind schlüssig, aber für verschiedene Gruppen innerhalb der Ausländerbevölkerung:
Ausländerpolitik allein kann keinen Weg aus der Sackgasse bieten. Sie ist nützlich
gegenüber denjenigen, die in der Tat "Gastarbeiter" bleiben, auf Zeit sozial integriert werden wollen und, ohne sich kulturell assimilieren zu wollen bzw. zu
können, später in ihre Herkunftsländer zurückkehren möchten, was bei der
Ersten Generation noch häufiger der Fall ist. Ausländerpolitik ist unzureichend
gegenüber denjenigen, die nicht nur in der Bundesrepublik bleiben, sondern auch
deutsche Staatsbürger werden wollen, als solche aufgenommen werden können
und bereit sind, sich langfristig dem Assimilationsdruck im Einwanderungsprozeß zu stellen. Das gilt in stärkerem Maße für die Zweite Generation, für jene hier
geborenen oder aufgewachsenen und inzwischen schon fast ober bereits erwachsenen "Gastarbeiterkinder", die dem Aufnahmeland Bundesrepublik häufig
näherstehen als dem Herkunftsland ihrer Eltern und sich selbst vielfach längst
nicht mehr als Fremde mit einer deutschen Aufenthaltsgenehmigung verstehen,
sondern als Deutsche mit einem fremden Paß. Daß indes beide Gruppen, "Gastarbeiter" und "Einwanderer", in Grenzen auch langfristig hierzulande gebraucht
werden, scheint außer Frage zu stehen: auf dem Arbeitsmarkt, wenn die "schwa-
chen Jahrgänge" kommen, ebenso wie im Blick auf "Rentenberg" und "Genera-
tionenvertrag", wenn grundlegende Strukturveränderungen nicht alles anders
kommen lassen.
Nötig für eine solche, wie auch immer begrenzte Zulassung derjenigen, die die
Einbürgerung beantragen, und für ihre Eingliederung als Staatsbürger in die
politische Kultur dieses Landes aber sind nicht die hier zu kurz greifenden
Steuerungsinstrumentarien und Integrationshilfen der Ausländerpolitik, sondern
Einwanderungsgesetzgebung und *Einwanderungspolitik*. Man könnte ebenso
auch von einem "Eingliederungsgesetz" (D. Mertens) [71] sprechen, weil die
Bundesrepublik Deutschland, aus den genannten Gründen, ein echtes "Einwanderungsland" im klassischen Sinne ohnehin weder sein noch werden kann. Daß
dabei nicht etwa allen Anträgen auf Einbürgerung Rechnung getragen werden
kann, gehört zu den Binsenweisheiten der Einwanderungsgeschichte. Die
Chancen und Grenzen eines Einwanderungsprozesses in seinen verschiedenen
Formen und Stufen aber können nicht durch hilflose Defensive, sondern nur
aktiv, durch Einwanderungsgesetzgebung und Einwanderungspolitik gestaltet
und damit für alle erkennbar markiert werden — selbst wenn solche Einwanderungspolitik im äußersten Falle zeitweise die Funktion haben sollte, das zu
blockieren, was zu gestalten ihre Aufgabe ist: die Einwanderung selbst. Auch
dieser, zumeist krisenbedingte und nur scheinbare Widerspruch in sich hat
seine Geschichte: als Einwanderungssperre durch restriktive Einwanderungspolitik.

71) Hierzu in diesem Band der Beitrag von D. Mertens (5. 6).

Die in der Bundesrepublik anhaltende Reserve gegen solche Einwanderungsgesetzgebung und Einwanderungspolitik ist nur mit jener Skepsis Bismarcks
und führender, vor allem agrarisch-konservativer Kreise im Kaiserreich gegen
eine gesetzliche Regelung des Auswanderungswesens zu vergleichen: Bestimmt
durch die Vorstellung, die Auswanderungsgesetzgebung befördere nur die miß-
liebige Auswanderung aus der durch "Leutenot" geplagten Landwirtschaft, trug
diese Skepsis wesentlich dazu bei, daß die Entwürfe für das erste Reichsgesetz
über das Auswanderungswesen liegenblieben, bis es, sieben Jahre nach Bismarcks
Sturz, definitiv zu spät war: Als es 1897 schließlich verabschiedet wurde, gehörte
die deutsche überseeische Massenauswanderung des 19. Jahrhunderts bereits der
Vergangenheit an 72). Die historische Verspätung der Auswanderungsgesetzgebung war für das Auswanderungsland selbst nicht sonderlich von Belang, denn
sie diente vornehmlich dem Schutz der Auswanderer auf ihrem Weg in den Einwanderungsprozeß, und diese Auswanderer waren millionenfach längst Staatsbürger überseeischer Einwanderungsländer geworden. Eine Verspätung von Einwanderungsgesetzgebung aber könnte, von den mit gescheiterten Einwanderungsprozessen verbundenen persönlichen Katastrophen ganz abgesehen, für die
Bundesrepublik als "De-facto-Einwanderungsland" verheerende soziale Folgen
haben, denn: Die "Einwanderer" sind de facto schon da und sie bleiben de jure
"Gesetzlose", solange sie ihre Lebensperspektive nicht an solcher Einwanderungsgesetzgebung ausrichten können.
Die verbreitete Verwechslung von Einwanderungsgesetzgebung und Einwanderungspolitik mit einer schrankenlosen Befürwortung der Einwanderung beruht
auf einem Irrglauben. Wenn es in dieser Hinsicht eine Lehre aus der Geschichte
der Aus- und Einwanderungen gibt, dann diese: Einwanderungspolitik ist keineswegs nur Hilfe für Einwanderungswillige. Sie ist auch Steuerungsinstrument und
damit Selbsthilfe des Aufnahmelandes. Auswanderungswillige Deutsche haben
das in der Geschichte vielfach erfahren und sie erfahren es noch heute. Einwanderungspolitik bietet dem Aufnahmeland einen gewissen Schutz vor unlösbar er-
scheinenden Akkulturations- bzw. Assimilationsproblemen. Einwanderungsgesetzgebung gibt ausländischen Antragstellern, die den Einwanderungsbedin-
gungen nicht entsprechen können oder wollen, von Anbeginn an Klarheit über
die Aussichtslosigkeit ihres Vorhabens. Sie schützt sie damit vor der verhängnis-
vollen Fehleinschätzung ihrer Situation, deren Ergebnis in jener persönlichen
Katastrophe eines gescheiterten Einwanderungsprozesses liegt, die allemal
schwerwiegender ist als die Enttäuschung eines Einwanderungswilligen über die
von Anbeginn an erkennbare Unausführbarkeit seines Vorhabens. Einwanderungsgesetzgebung kann hart sein für Einwanderungswillige, aber sie ist aufrich-
tiger und darum glaubwürdiger als eine Integrationskonzeption, die ungewollt
Einwanderungsambitionen weckt, ohne ihnen letztlich entsprechen zu können.

72) Hierzu: K. J. Bade, Friedrich Fabri und der Imperialismus in der Bismarckzeit: Revolution — Depression — Expansion, Freiburg i. Br. 1975, S. 80-120, 354-360.

Das häufig mit dem *Integrationsproblem* verwechselte *Akkulturations*- bzw. *Assimilationsproblem* indes ist keine vorwiegend rechtliche oder politische Gestaltungsaufgabe. Seine Bewältigung auf dem Weg durch die kulturelle Identitätskrise im Einwanderungsprozeß ist eine persönliche Aufgabe, die die Aufnahmegesellschaft dem Einwanderer nicht abnehmen kann. Aber sie kann ihm den Weg erleichtern, nicht nur durch passive Toleranz, sondern auch durch aktive Aufnahmebereitschaft gegenüber den "Fremden" in der Bundesrepublik. Die Deutschen, deren Vorfahren millionenfach das Schicksal von Aus- und Einwanderungsprozessen teilten, täten dabei gut daran, sich zu erinnern, daß viele ihrer Vorfahren einst andernorts ebenso "Fremde" waren wie heute Ausländer in der Bundesrepublik Deutschland [73].

Vor Illusionen aber sei gewarnt: "Für die Ausländer, die sich für den Verbleib auf Dauer entscheiden, müssen die Integrationsbemühungen verstärkt werden", schrieb Bundesminister G.R. Baum (F.D.P.) im Vorwort zu der im April 1982 vom Bundesministerium des Innern vorgelegten Broschüre "Betrifft: Ausländerpolitik". Notwendiges Pendant zu solchen Integrationsbemühungen, zu "Toleranz und mitmenschlichem Verständnis" auf seiten der Aufnahmegesellschaft aber müsse auf seiten der Ausländerbevölkerung die Bereitschaft sein, "sich so in die hiesigen Verhältnisse einzufügen, daß ein reibungs- und konfliktfreies Zusammenleben in unserer Gesellschaft möglich ist". Dazu gehöre auch "die Bereitschaft, sich nicht abzukapseln" [74]. Im Vorwort zur nach dem Regierungswechsel überarbeiteten Fassung der gleichen Broschüre schrieb G.R. Baums Amtsnachfolger, Bundesinnenminister F. Zimmermann (CSU) im Januar 1983: "Wichtiges Ziel der Ausländerpolitik ist die Integration der hier auf Dauer lebenden Ausländer", denen gegenüber "ein hohes Maß an Toleranz" geboten sei. "Integration" bedeute "nicht Verlust der eigenen kulturellen Identität", setze aber voraus, "daß die Ausländer . . . sich soweit an die hiesigen Verhältnisse anpassen, daß ein reibungsloses Zusammenleben möglich ist". Die zur Erarbeitung von Empfehlungen und Vorschlägen für eine "klare und berechenbare Ausländerpolitik" von der Bundesregierung eingesetzte Kommission solle "vor allem die Erfahrungen der klassischen Einwanderungsländer und der europäischen Demokratien" berücksichtigen [75].

Hinter beiden Erklärungen stehen, trotz verwandter Wortwahl, in vieler Hinsicht tiefgreifende Positionsdifferenzen, obgleich die von der sozial-liberalen Koalition zuletzt ins Auge gefaßte "Begrenzungspolitik" (G.R. Baum) einigen ausländerpolitischen Grundvorstellungen der christlich-liberalen Koalition in mancher Hinsicht durchaus so fern nicht stand, wie dies rückblickend erscheinen mag. Gemeinsam aber scheint beiden Erklärungen zweierlei zu sein: 1. die schon er-

---

73) H. Spaich, Fremde in Deutschland. Unbequeme Kapitel unserer Geschichte, Weinheim 1981.
74) Vorwort G. R. Baum zu: Ausländerpolitik, 1982 (s. o. Anm. 60).
75) Vorwort F. Zimmermann zu: Ausländerpolitik, 1983 (s. o. Anm. 60).

wähnte Neigung, Ausländern, die "auf Dauer" bleiben wollen, als Vorleistung zu ihrer Integration etwas abzuverlangen, das in vieler Hinsicht erst im langfristigen Prozeß von Akkulturation und Assimilation erreicht werden kann; 2. die Vorstellung, daß solche Bereitschaft, sich "ein(zu)fügen" bzw. "an(zu)passen", ein "reibungsloses" bzw. "reibungs- und konfliktfreies Zusammenleben in unserer Gesellschaft" ermöglichen werde.

Ausländerrecht bzw. Ausländerpolitik einerseits *und* Einwanderungsgesetzgebung bzw. Einwanderungspolitik andererseits sollten in der Tat beiden Seiten, Aufnahmegesellschaft und Ausländerbevölkerung, langfristige Perspektiven und damit den Gestaltungsspielraum eröffnen, innerhalb dessen sich im beiderseitigen Interesse Toleranz und Verständnis entfalten können. Sie sollten aber von vornherein allen – gerade den "Erfahrungen der klassischen Einwanderungsländer" vielfach widersprechenden – sozialharmonistischen Illusionen entraten, die verkennen, daß die Grenzfelder von transnationaler Arbeitswanderung und Einwanderung, vor allem aber Einwanderungsprozesse selbst, immer auch Identitätskrisen einschließen, die auf Zeit zur "Abkapselung" führen mögen, und Spannungen, die zu "Reibungen" und "Konflikten" Anlaß geben können. Sozialharmonistische Illusionen könnten in sozialen Frustrationen enden, die, statt zu "Toleranz und mitmenschlichem Verständnis", dann umso mehr zu sozialen Aggressionen der einheimischen gegenüber der ausländischen Bevölkerung führen könnten, wenn die Realisierung solcher Illusionen überdies vorwiegend vom Wohlverhalten der Ausländerbevölkerung abhängig gemacht worden ist. Soziale Reibungsverluste sind bei transnationalen Sozialprozessen nie zu umgehen. Aber sie können auf beiden Seiten erträglicher und begrenzter gehalten werden, wenn das überfällige rechtspolitische Normengefüge für die gemeinsame Zukunft so transparent wie möglich gestaltet und der Blick in diese gemeinsame Zukunft weder durch Illusionen verklärt noch durch Schreckbilder verdüstert wird. Auch dafür bieten die "Erfahrungen der klassischen Einwanderungsländer" ebensoviele orientierende wie abschreckende historische Beispiele.

3. Geschichte und Gegenwart im transnationalen Wanderungsgeschehen: das Symposium und seine Beiträge

Die Geschichte wiederholt sich nicht. Sie ist kein Steinbruch zur Sammlung paßgerechter Lösungsblöcke für offene Fragen der Gegenwart. Aber ihre Kenntnis und die Verdichtung historischer Erfahrung zu historisch-politischem Bewußtsein schärfen den Blick für das Verständnis der Gegenwart und ihrer Probleme, vor allem dort, wo es um Geschichte und Gegenwart überspannende Entwicklungszusammenhänge geht. Dies gilt auch für die Bestimmungsfaktoren und Entwicklungsbedingungen, Begleitumstände und Folgeerscheinungen der langen und in stetem Wechselbezug verwobenen Linien in der Entwicklung von

Bevölkerung, Arbeitsmarkt und Wanderung. Sie erschließen sich nur aus dem Rückblick in die Geschichte, aus der die Gegenwart stammt. Umso wichtiger erscheint in diesem Problemfeld und den darin anstehenden Gestaltungsaufgaben eine enge Verschränkung von aktuellen Erkenntnisinteressen und historischer Perspektive, von praxisbezogenem Erfahrungswissen und sozialhistorischer Tiefenschärfe.

Hierzu wollen die geschichts- und gegenwartsbezogenen Bestandsaufnahmen und Problemanalysen des *Internationalen Wissenschaftlichen Symposiums "Vom Auswanderungsland zum Einwanderungsland?"* am deutschen Beispiel einen Beitrag leisten. Sie ergänzen die in den letzten Jahren vorwiegend im Blick auf unmittelbar anstehende Fragen forcierte Diskussion sozialökonomischer, wirtschafts- und sozialpolitischer Probleme des transnationalen Wanderungsgeschehens um die historische Dimension und Perspektive: Sie verfolgen den Wandel von der überseeischen Massenauswanderung des 19. Jahrhunderts zur kontinentalen Massenzuwanderung des 20. Jahrhunderts bis zur Gegenwart in Längsschnitten durch die Entwicklung von Bevölkerung, Arbeitsmarkt und Wanderung. Sie untersuchen Bestimmungsfaktoren und Entwicklungsbedingungen des transnationalen Wanderungsgeschehens, seine wirtschaftlichen und gesellschaftlichen Begleitumstände, seine Folgeerscheinungen und deren Sicht in der zeitgenössischen Diskussion; und sie fragen nach Reichweite, Chancen und Grenzen der Versuche, die damit aufgeworfenen Probleme zu bewältigen, die sich für Deutschland im Wandel von der überseeischen Massenauswanderung der Vergangenheit zur kontinentalen Massenzuwanderung der Gegenwart innerhalb eines Jahrhunderts geradewegs umgekehrt haben. Die Gliederung des Bandes nach Sektionen entspricht den Tagungssektionen des Symposiums [76].

3.1 Bevölkerung

Die erste Sektion behandelt langfristige Entwicklungstendenzen der natürlichen Bevölkerungsbewegung, von der Bevölkerungsgeschichte des 19. Jahrhunderts über die Veränderung der generativen Strukturen im Wandel von der Agrar- zur Industriegesellschaft bis zur Gegenwart und ein Stück weit darüber hinaus in die nächste Zukunft, soweit sie im Rahmen der prospektiven Demographie überschaubar erscheint:

Im Mittelpunkt stehen die Längsschnittanalyse und der Forschungsbericht des an verschiedenen Forschungsprojekten beteiligten Bevölkerungshistorikers und

---

76) Den Kurzvorstellungen der Beiträge (s. dazu auch die Einführungen in die einzelnen Sektionen) werden im folgenden einige ausgewählte Literaturhinweise beigegeben, die einige im Bereich der Tagungsschwerpunkte liegende Arbeiten der Autoren nennen, ohne jeden Anspruch auf Vollständigkeit in der Erfassung ihrer — oft auch ganz anderen Themenbereichen geltenden — Schriften.

-soziologen *Peter Marschalck* 77) sowie die demo-ökonomische Interpretation des Bevölkerungsgeschehens durch den zuletzt an der Universität Bielefeld beschäftigten Wirtschafts- und Sozialhistoriker *Gerd Hohorst* 78), dessen Versuch des Entwurfs eines prognosefähigen Simulationsmodells "von den Napoleonischen Kriegen bis in die Zukunft hinein" in Tutzing zu einer von den kontroversen Ansätzen beider Referate ausgehenden, weitgespannten Methodendiskussion Anlaß gab.

3. 2 Arbeitsmarkt

Die zweite Sektion verfolgt in einem parallel zur ersten geführten Längsschnitt die Entwicklung von Arbeitsmarkt und Arbeitsmarktpolitik in Deutschland in Geschichte und Gegenwart:
Der an der Universität Münster arbeitende Wirtschaftshistoriker *Toni Pierenkemper* 79) umreißt Entwicklungslinien der "Vermarktung von Arbeitskraft" in Deutschland seit der Mitte des 19. Jahrhunderts und stellt Probleme der neubegründeten Historischen Arbeitsmarktforschung zur Diskussion. Der Sozialwissenschaftler *Wolfgang Kleber* 80), Mitarbeiter im VASMA-Projekt ("Verglei-

77) W. Köllmann, P. Marschalck (Hg.), Bevölkerungsgeschichte, Köln 1972; dies., German Emigration to the United States, in: Dislocation and Emigration. The Social Background of American Immigration (Perspectives in American History, hg. v. D. Fleming, B. Bailyn, Bd. 7), Cambridge Mass. 1974, S. 499-554; P. Marschalck, Überseeauswanderung (s. o. Anm. 20); ders., Zur Theorie des demographischen Übergangs, in: Ursachen des Geburtenrückgangs — Aussagen, Theorien und Forschungsansätze zum generativen Verhalten. Jahrestagung 1978 der Deutschen Gesellschaft für Bevölkerungswissenschaft (Schriftenreihe des Bundesministers für Jugend, Familie und Gesundheit, Bd. 63), Stuttgart 1979, S. 43-60; s. a. die Beiträge von P. Marschalck in: D. Eversley, W. Köllmann (Hg.), Population Change and Social Planning, London 1982; ders., Aus der Geborgenheit in die Isolation? Die Beurteilung moderner Familienstrukturen aus sozialhistorischer Sicht, in: S. Rupp, K. Schwarz (Hg.), Beiträge aus der bevölkerungswissenschaftlichen Forschung. Festschr. H. Schubnell (1983).
78) G. Hohorst u. a., Sozialgeschichtliches Arbeitsbuch, II: Materialien zur Statistik des Kaiserreichs 1870-1914, München 1975; ders., Wirtschaftswachstum und Bevölkerungsentwicklung in Preußen 1816 bis 1914, New York 1977; ders., Fertilität im Wandel. Ein demographisch-ökonomisches Simulationsmodell für die Entwicklung der Gebürtlichkeit in Deutschland seit dem Ende der Napoleonischen Kriege, Wiesbaden 1982 (Ms.).
79) T. Pierenkemper, Die westfälischen Schwerindustriellen, 1852-1913. Soziale Struktur und unternehmerischer Erfolg, Göttingen 1979; ders., Wirtschaftssoziologie. Eine problemorientierte Einführung, Köln 1980; ders., Allokationsbedingungen im Arbeitsmarkt. Das Beispiel des Arbeitsmarktes für Angestelltenberufe im Kaiserreich, 1880-1913, Opladen 1982; ders., R. Tilly (Hg.), Historische Arbeitsmarktforschung. Entstehung, Entwicklung und Probleme der Vermarktung von Arbeitskraft, Göttingen 1982.
80) W. Kleber, Arbeitsmarkt und Arbeitsmobilität. Versuche zu einer soziologischen Arbeitsmarktperspektive (VASMA, Nr. 2), Mannheim 1979; ders., A. Willms, Datenhandbuch historischer Berufszählungen, Mannheim 1982; ders., Sektorale und sozialrechtliche Umschichtung der Erwerbsstruktur in Deutschland 1882-1970, in: M. Haller, W. Müller (Hg.), Beschäftigungssystem im gesellschaftlichen Wandel, Frankfurt 1983, S. 24-75.

chende Analysen der Sozialstruktur mit Massendaten") am Institut für Sozial-
wissenschaften der Universität Mannheim, gibt eine Längsschnittanalyse des
sektoralen und sozialen Wandels der Beschäftigungsstruktur in Deutschland
während der letzten hundert Jahre und beschreitet dabei methodisch Neuland
durch seine Analyse aus der Perspektive des Lebensverlaufs, in der es nicht um
den Makrokosmos des Arbeitsmarkts, sondern um den Mikrokosmos der individuellen Berufskarriere geht. Einen dritten Längsschnitt aus ganz anderer historischer Perspektive bietet der am Nordrhein-Westfälischen Hauptstaatsarchiv
in Düsseldorf beschäftigte Historiker *Anselm Faust* 81): Sein Beitrag zur Geschichte der Arbeitsmarktpolitik im Deutschland des 19. und insbesondere des
20. Jahrhunderts behandelt, unter besonderer Berücksichtigung der Arbeitsvermittlung, den Wandel in den Strategien staatlicher Arbeitsmarktpolitik sowie
die Herausbildung und Entwicklung des institutionellen und gesetzlichen Bedingungsgefüges der staatlichen Arbeitsverwaltung.

3. 3 Auswanderung

Die dritte Sektion gilt der deutschen überseeischen Massenauswanderung im
19. und frühen 20. Jahrhundert und der zeitgleichen Einwanderungsgeschichte
der Vereinigten Staaten, des überseeischen Haupteinwanderungslandes der
Deutschen, das 1816-1914 rund 5,5 Mio. und seither nochmals rund 1,5 Mio.
deutsche Einwanderer aufnahm und in dem heute rund 26 % aller Amerikaner
zumindest teilweise deutsche Vorfahren haben, so daß mehr Amerikaner die
Spuren ihrer Vorfahren nach Deutschland zurückverfolgen können als nach
irgendeinem anderen Land:
Der bis 1982 an der Universität Erlangen-Nürnberg und jetzt an der Universität
Osnabrück lehrende Historiker *Klaus J. Bade* 82) überblickt die Geschichte der
deutschen überseeischen Massenauswanderung und deren Strukturwandel im
19. und frühen 20. Jahrhundert. Sie trug im Zeitalter des krisenhaften Übergangs
von der Agrar- zur Industriegesellschaft deutliche Züge eines partiellen Exports
der Sozialen Frage. Der gewaltige Wirtschaftsaufschwung in der Hochindustrialisierungsperiode vor dem Ersten Weltkrieg fing ihre wichtigste Schubkraft, das

81) D. Petzina, W. Abelshauser, A. Faust, Sozialgeschichtliches Arbeitsbuch III: Materialien zur Statistik des Deutschen Reiches 1914-1945, München 1978; A. Faust, Konjunktur, Arbeitsmarkt- und Arbeitslosenpolitik im Deutschen Kaiserreich, in: D. Petzina, G. v.
Roon (Hg.), Konjunktur, Krise, Gesellschaft. Wirtschaftliche Wechsellagen und soziale
Entwicklungen im 19. und 20. Jahrhundert, Stuttgart 1981, S. 235-255; ders., Funktion
und soziale Bedeutung des gewerkschaftlichen Unterstützungswesens: Die Arbeitslosenunterstützung der Freien Gewerkschaften im Deutschen Kaiserreich, in: H. Mommsen, W. Schulze
(Hg.), Vom Elend der Handarbeit. Probleme historischer Unterschichtenforschung, Stuttgart
1981, S. 395-417; ders., Arbeitsmarktpolitik in Deutschland: Die Entstehung der öffentlichen Arbeitsvermittlung 1890-1927, in: Pierenkemper/Tilly, S. 253-273.
82) Für Literaturhinweise s. Anm. 1, 4, 6, 12, 27, 43, 52, 72, 96, 98, 108.

Mißverhältnis im Wachstum von Bevölkerung und Erwerbsangebot, durch ein
sprunghaft steigendes Arbeitsplatzangebot auf und die transatlantische soziale
Massenbewegung mündete ein in jene vielfältigen Formen der Binnenwanderung
aus ländlichen in städtisch-industrielle Arbeits- und Lebensbereiche, die gleichbedeutend war mit einer massenweisen Umschichtung vom Land- ins Industrieproletariat. Der Beitrag konturiert zugleich die wichtigsten Positionen in der zeitgenössischen Diskussion der "Auswanderungsfrage" in Deutschland und die Entwicklung der deutschen Auswanderungsgesetzgebung, die auf Reichsebene 1897
erst Wirklichkeit wurde, als die Massenauswanderung bereits der Vergangenheit
angehörte, so daß die deutsche Überseeauswanderung zur Zeit ihrer Hochflut
eine weitgehend dem freien Spiel von vorwiegend sozialökonomischen Schub-
und Anziehungskräften überlassene Massenbewegung blieb.
Der am John F. Kennedy-Institut für Nordamerikastudien der Freien Universität
Berlin lehrende Historiker *Willi Paul Adams* 83) verfolgt die Diskussion um die
"Assimilationsfrage" im überseeischen Haupteinwanderungsland USA und beleuchtet die Entwicklung der amerikanischen Einwanderungsdiskussion 1890-
1930 in ihrer Bandbreite zwischen der Forderung nach vollkommener "Ameri-
kanisierung" und Konzepten eines kulturellen Pluralismus vor dem Hintergrund
der Herausbildung des amerikanischen Selbstverständnisses in der Spannung
zwischen kosmopolitischen Idealen und nationaler Identität. Die auf vergleichenden regionalhistorischen Untersuchungen in Deutschland und den USA beruhen-
de, in der Auswertung auf quantitative Analysen gestützte Fallstudie des amerikanischen Historikers *Walter D. Kamphoefner* 84) (California Institute of Tech-
nology, Pasadena) fragt nach transatlantischen Wanderungtraditionen ("Kettenwanderung") zwischen bestimmten deutschen Auswanderungsgebieten und
deutschen Siedlungsdistrikten in den USA, nach Implantation und Fortbestand
von aus der Alten in die Neue Welt überbrachten Kulturtraditionen, Lebensformen und Verhaltensmustern und stellt in diesem Zusammenhang der in der Forschung seit O. Handlin 85) geläufigen These von der "Entwurzelung" im Einwanderungsprozeß seine These von der transatlantischen "Verpflanzung" entgegen.
In den beiden folgenden Beiträgen geht es um die Wirtschafts-, Sozial- und
Kulturgeschichte der deutschen Einwanderung im ländlichen und städtisch-in-

83) W. P. Adams (Hg.), Die Vereinigten Staaten von Amerika, Frankfurt 1977; ders.
(Hg.), Die deutschsprachige Auswanderung in die Vereinigten Staaten: Berichte über For-
schungsstand und Quellenbestände, Berlin 1980; ders., The Colonial German-language
Press and the American Revolution, in: B. Bailyn, J. B. Hench (Hg.), The Press and the
American Revolution, Worcester Mass. 1980, S. 151-228.
84) Für Literaturhinweise s. o. Anm. 20, 38; vgl. ferner: W. D. Kamphoefner, The Social
Consequences of Rural-Urban Migration in Imperial Germany. The "Floating Proletariat"
Thesis Reconsidered, demn. in: Journal of Urban History.
85) O. Handlin, The Uprooted. The Epic Study of the Great Migration that Made the
American People, New York 1951, (2. erw. Aufl. Boston 1973).

dustriellen Amerika: Die amerikanische Sozialhistorikerin *Kathleen Neils Conzen* (University of Chicago), die mit zahlreichen Studien zur Wirtschafts-, Sozial- und Kulturgeschichte der deutschen Einwanderung in die Vereinigten Staaten hervorgetreten ist 86) und derzeit zusammen mit W. P. Adams ein Forschungsprojekt zur "Assimilation der Deutsch-Amerikaner" betreibt, konzentriert sich auf Herausbildung und Fortentwicklung, Stabilität und Krise ländlicher Lebensformen in der deutsch-amerikanischen Kultur, besonders im ländlichen Mittelwesten der USA. Der Amerikanist *Hartmut Keil* 87), leitender Mitarbeiter des Forschungsprojekts zur Sozialgeschichte deutscher Arbeiter in Chicago von 1850 bis zum Ersten Weltkrieg ("Chicago-Projekt") am Amerika-Institut der Universität München, fragt in seiner Fallstudie über Chicago 1880-1910 nach der Geschichte der deutschen Amerikaeinwanderung im städtisch-industriellen Kontext. Es geht um eine exemplarische Analyse von Soziallagen, Berufsstruktur und Lebensformen deutscher Amerikaeinwanderer aus jener letzten großen deutschen Auswanderungswelle des 19. Jahrhunderts (1880-93), die zum größten Teil nicht mehr in ländliche, sondern in städtische Lebens- und Erwerbsbereiche einmündete.

Der abschließende Beitrag des an der Universität Bremen lehrenden Amerikanisten *Dirk Hoerder* 88), der ein Forschungsprojekt zur Geschichte der "Arbeits-

---

86) Für Literaturhinweise s. o. Anm. 20, 53; vgl. ferner: K. Neils Conzen, Die Assimilation der Deutschen in Amerika: Zum Stand der Forschung in den Vereinigten Staaten, in: Adams, Auswanderung, S. 33-64; dies., The Writing of German-American History, in: The Immigration History Newsletter, 12. 1980, H. 2, S. 1-23; dies., Community Studies, Urban History, and American Local History, in: M. Kammen (Hg.), The Past Before Us. Contemporary Historical Writing in the United States, Ithaca N.Y. 1980, S. 270-291; dies., Country Cousins: German-American Farmers and Cultural Change. Vortrag auf der Tagung des Chicago-Projekts (s. u. H. Keil), München 18. - 21. 6. 1980 (Ms.).

87) H. Keil, H. Ickstadt, Elemente einer deutschen Arbeiterkultur in Chicago zwischen 1880 und 1890, in: GG, 5. 1979, S. 103-124; H. Keil, J. Jentz, German Workers in Industrial Chicago: The Transformation of Industries and Neighborhoods in the Late Nineteenth Century. Vortrag auf der Jahreskonferenz der Organization of American Historians, Detroit 2. 4. 1981 (Ms.); dies., German Working-Class Culture in Chicago: A Problem of Definition, Method, and Analysis, in: Gulliver, 9. 1981, S. 128-147; H. Keil, The Knights of Labor, the Trade Unions, and German Socialists in Chicago, 1875-1890, in: M. Chénetier, R. Kroes (Hg.), Impressions of a Guilded Age. The American Fin de Siècle, Amsterdam 1983, S. 301-321; ders., The German Immigrant Working Class of Chicago, 1875-1890: Workers, Leaders, and the Labor Movement, in: Hoerder, American Labor (s. u. Anm. 88); ders., J. B. Jentz (Hg.), German Workers in Industrial Chicago, 1850-1910. A Comparative Perspective, De Kalb, Ill. 1983.

88) D. Hoerder, Migration in the European and American Economies, Vortrag Nov. 1981 (Ms.); ders., Migration and Class Consciousness in the Atlantic Economies: Contours of a New Frame of Reference, Bremen, Sept. 1981 (Ms.); ders. (Hg.), Plutokraten und Sozialisten. Berichte deutscher Diplomaten und Agenten über die amerikanische Arbeiterbewegung, München 1981; ders. (Hg.), American Labor and Immigration History, 1877-1920s:

migration in die USA 1865 - 1929" betreibt, gilt der Struktur der vorwiegend süd- und osteuropäischen "Neuen Einwanderung", die in der Einwanderungs-geschichte und -diskussion der Vereinigten Staaten im späten 19. und frühen 20. Jahrhundert in den Vordergrund trat. Sie trug zum Teil deutliche Züge transatlantischer Arbeitswanderung auf Zeit und kann insofern umso mehr An-laß geben zu Vergleichen zwischen dem transnationalen Wanderungsgeschehen in Geschichte und Gegenwart und zu einem entsprechenden Austausch von Fragestellungen und Interpretationsansätzen zwischen historischer und gegen-wartsbezogener Migrationsforschung. Der an der Universität Hamburg lehrende Historiker *Günter Moltmann* 89) — Leiter des Forschungsprojekts "Deutsch-amerikanische Wanderungen des 19. und 20. Jahrhunderts im Kontext der Sozialgeschichte beider Länder", aus dem inzwischen zahlreiche Studien zur Aus- und Einwanderungsgeschichte hervorgegangen sind — hatte für die Tagung einen Beitrag zu der erst neuerdings näher erschlossenen Geschichte der deutsch-amerikanischen Rückwanderung 90) in Aussicht gestellt. Der Beitrag konnte aus Termingründen leider nicht mehr einbezogen werden, so daß dieser gerade für die Geschichte der deutschen transatlantischen Arbeitswanderung wichtige Aspekt hier unberücksichtigt bleiben mußte.

3. 4 Ausländer und nationale Minderheiten in Deutschland bis 1945

Die vierte Sektion gilt der Geschichte der kontinentalen Arbeitswanderung nach Deutschland, der Lage ausländischer Arbeitskräfte und nationaler Minderheiten sowie der zeitgenössischen Diskussion und Politik in der "Wanderarbeiter-" bzw. "Fremdarbeiterfrage" in Deutschland vom Kaiserreich bis zum Ende des Zweiten Weltkriegs:

Klaus J. Bade schildert den Umbruch des transnationalen Wanderungsgesche-hens im Wandel Deutschlands vom Agrarstaat mit starker Industrie zum In-dustriestaat mit starker agrarischer Basis. Im Zeichen des von industrieller Hoch-

---

Recent European Research, Urbana Ill. 1983; s. a. den Diskussionsbeitrag von D. Hoerder in diesem Band (7. 8).

89) Für Literaturhinweise s. o. Anm. 7, 20, 39; s. ferner: G. Moltmann, Atlantische Blockpolitik im 19. Jahrhundert. Die Vereinigten Staaten und der deutsche Liberalismus während der Revolution von 1848/49, Düsseldorf 1973; ders. (Hg.), " . . . nach Amerika!" — Auswanderung in die Vereinigten Staaten (Aus den Schausammlungen des Museums für Hamburgische Geschichte, H. 5), Hamburg 1976; ders., Nordamerikanische "Frontier" und deutsche Auswanderung — soziale "Sicherheitsventile" im 19. Jahrhundert?, in: In-dustrielle Gesellschaft und politisches System. Festsch. F. Fischer, Bonn 1978, S. 279-296; ders., Stand und zukünftige Aufgaben der deutschen Überseewanderungsforschung mit besonderer Berücksichtigung Hamburgs, in: Sievers, Amerikaauswanderung, S. 15-34; ders. (Hg.), Zur Sozialisation europäischer Einwanderer in den Vereinigten Staaten im 19. und frühen 20. Jahrhundert (Amst. 27. 1982, H. 3).

90) Hierzu o. Anm. 39.

konjunktur und langer Agrarkonjunktur vor dem Ersten Weltkrieg getragenen, gewaltigen Wirtschaftsaufschwungs trat Arbeitskräftemangel in Industrie und Landwirtschaft an die Stelle des herkömmlichen Überangebots an Arbeitskraft und baute jenen säkularen Bevölkerungsdruck ab, der bis dahin die Haupttriebkraft der deutschen überseeischen Massenauswanderung gewesen war. Bei stark rückläufiger Überseeauswanderung und zur Massenbewegung aufsteigender kontinentaler Zuwanderung nach Deutschland und insbesondere nach Preußen schien sich das Reich, im Sinne der Statistik, vom Auswanderungsland zum Einwanderungsland zu verwandeln. Das in Preußen, dem Bundesland mit der höchsten Ausländerbeschäftigung, entwickelte System der Zwangsrotation blockierte diese Entwicklung und hielt die kontinentale Zuwanderung, deren stärkste Kontingente in Preußen aus dem östlichen Ausland stammten, in den Bahnen der transnationalen Arbeitswanderung auf Zeit. Der Beitrag analysiert die Herausbildung dieses restriktiven Systems in Arbeitsmarktpolitik und Ausländerrecht, verfolgt die Wege von Auslandsrekrutierung und Inlandsvermittlung ausländischer Arbeitskräfte, schildert die öffentliche Diskussion der "Wanderarbeiterfrage" im Konfliktfeld ökonomischer und politischer Interessen vom Kaiserreich bis zur Weimarer Republik und fragt nach Protektion und Restriktion in jener Kipplage Deutschlands zwischen Auswanderungsland mit abnehmender Auswanderung und "Arbeitseinfuhrland" mit stark wachsender Zuwanderung, in der es um Schutz für die überseeische Auswanderung und um Schutz gegen eine kontinentale Einwanderung ging.

Der Bielefelder Historiker *Christoph Kleßmann* 91) schildert am Beispiel der "Ruhrpolen", die polnischer Sprache und Nationalkultur, aber preußisch-deutscher Staatsangehörigkeit waren, soziale Integration und nationale Subkultur einer Minderheit in der deutschen Industriegesellschaft 1870-1939. Die "Ruhrpolen" aus den ehemals polnischen preußischen Ostprovinzen bildeten eine Sondergruppe im Problemfeld jener großen Ost-West-Wanderung aus den deutschen Nordostgebieten in die industriellen Ballungsräume Mittel- und insbesondere Westdeutschlands, die seit den 1880er und vor allem seit den 1890er Jahren bestimmt war durch die Fernwanderung aus dem preußischen Osten in den preußischen Westen und insbesondere ins Ruhrgebiet. Sie markierte die

91) Für Literaturhinweise s. o. Anm. 30; vgl. ferner: Chr. Kleßmann, Klassensolidarität und nationales Bewußtsein. Das Verhältnis zwischen der Polnischen Berufsvereinigung (ZZP) und den deutschen Bergarbeitergewerkschaften im Ruhrgebiet 1902-1923, in: Internationale Wiss. Korr. zur Gesch. der Deutschen Arbeiterbewegung, 10. 1974, S. 149-178; ders., Die deutsche Volksdemokratie, in: Deutschland Archiv, 8. 1975, S. 375 ff.; ders., P. Friedemann, Streiks und Hungermärsche im Ruhrgebiet 1946-1948, Frankfurt 1977; ders., Die doppelte Staatsgründung. Deutsche Geschichte 1945-1955, Göttingen 1982; ders., Betriebsparteigruppen und Einheitsgewerkschaft. Zur betrieblichen Arbeit der politischen Parteien in der Frühphase der westdeutschen Arbeiterbewegung, in: Vierteljahrsh. f. Zeitgeschichte, 31. 1983, H. 2, S. 272-307; s. a. den Diskussionsbeitrag von Chr. Kleßmann in diesem Band (7. 2).

schärfste sozialgeschichtliche Bruchlinie im Wandel der Lebensformen von der
Agrar- und zur Industriegesellschaft. Die Geschichte der "Ruhrpolen" trug, ob-
wohl sie nur Binnenwanderung war, in vieler Hinsicht Züge eines echten Einwanderungsprozesses mit all den dazugehörenden Problemen und stand, so betrachtet, der Sozialgeschichte der transnationalen Migration näher als derjenigen
anderer Binnenwanderungsbewegungen im Deutschland der Hochindustrialisierungsperiode 92). Zusammenhänge zwischen transnationaler Arbeitswanderung
und Technologietransfer ins Herkunftsland durch hochspezialisierte Arbeitskräfte behandelt der in Schweden lebende deutsche Historiker *Claudius H.*
Riegler 93) am Beispiel von Zeitwanderungen schwedischer Techniker und
Ingenieure nach Deutschland vor dem Ersten Weltkrieg, die teils in den Bereich
staatlich geförderter Ausbildungsmigration gehören, teils in das auch aus der
deutschen Wirtschafts- und Unternehmensgeschichte (England) bekannte Grenzfeld zwischen unfreiwilliger industrieller Entwicklungshilfe und getarnter Industriespionage.
Die beiden folgenden Beiträge der Historiker *Lothar Elsner* 94) und *Jochen*
Lehmann 95) von der Universität Rostock behandeln aus der Sicht der

92) Vgl. dazu in diesem Band den Beitrag 3. 2, Kap. 4.

93) C. H. Riegler, Emigrationsphasen, Akkulturation und Widerstandsstrategien. Zu einigen Beziehungen der Arbeitsemigration von und nach Schweden, 1850-1930, in: H. Elsen-
hans (Hg.), Migration und Wirtschaftsentwicklung, Frankfurt 1978, S. 31-69; ders., Die
"deutsche Krankheit": Emigration und Arbeitswanderungen aus Schweden nach Deutschland, 1868-1914, Diss. Erlangen 1981 (Ms.); ders., Arbeitskräfterekrutierung für die deutsche Kriegswirtschaft in neutralen Ländern unter besonderer Berücksichtigung Schwedens
1915-1919, in: Fremdarbeiterpolitik des Imperialismus, H. 10, Rostock 1981, S. 63-81.

94) Für Literaturhinweise s. o. Anm. 17, 21; vgl. ferner: L. Elsner, Zu den Auseinandersetzungen zwischen Deutschland und Österreich-Ungarn über die Saisonarbeiterfrage während des ersten Weltkrieges, in: Wiss. Zeitschr. d. Univ. Rostock, Gesellschafts- u. sprachwiss. Reihe, Jg. 1969, H. 1, S. 101 ff.; ders., Zur Haltung der rechten SPD- und Gewerk-
schaftsführer in der Einwanderungsfrage waährend des ersten Weltkriegs, ebenda, Jg. 1976,
H. 9, S. 687 ff.; ders., Der Aufschwung des Kampfes der in Deutschland befindlichen
polnischen Arbeiter gegen die Großgrundbesitzer nach der Großen Sozialistischen Oktober-
revolution, ebenda, Jg. 1977, H. 2, S. 215 ff.; ders., Sicherung der Ausbeutung ausländischer
Arbeitskräfte. Ein Kriegsziel des deutschen Imperialismus im ersten Weltkrieg, in: Zeitschrift für Geschichtswissenschaft (ZfG), 24. 1976, H. 5, S. 530 ff.; ders., Belgische Zwangsarbeiter in Deutschland während des ersten Weltkrieges, in: ZfG, 24. 1976, H. 11, S. 1256 ff.;
ders., Liberale Arbeiterpolitik oder Modifizierung der Zwangsarbeitspolitik? Zur Diskussion
und zu den Erlassen über die Behandlung polnischer Landarbeiter in Deutschland 1916/17,
in: Jahrb. für Geschichte der sozialistischen Länder Europas, 22. 1978, H. 2, S. 85 ff.; s. a.
die Beiträge von L. Elsner in: Fremdarbeiterpolitik des Imperialismus (s. u. Anm. 96).

95) J. Lehmann, Zum Einsatz ausländischer Zwangsarbeiter in der deutschen Landwirtschaft während des zweiten Weltkrieges, in: Fremdarbeiterpolitik des Imperialismus, 1.
1974, S. 133 ff.; ders., Zum Verhältnis des Einsatzes von Kriegsgefangenen und ausländischen Zwangsarbeitern in der Gesamtwirtschaft und Landwirtschaft des faschistischen
Deutschland während des zweiten Weltkrieges, ebenda, 2. 1977, S. 101 ff.; ders., Bemerkungen zur Beschäftigung ausländischer Arbeitskräfte in Deutschland während der ersten

marxistisch-leninistischen Historiographie zwei besondere Abschnitte in der Geschichte der Ausländerbeschäftigung in Deutschland, die nur sehr bedingt mit derjenigen im Kaiserreich, in der Weimarer Republik oder gar in der Bundesrepublik zu vergleichen sind, weil es sich im Ersten Weltkrieg (L. Elsner) vielfach um den Arbeitszwang von an der Rückkehr ins nunmehr feindliche Ausland gehinderten Arbeitskräften oder gar um deren Zwangsrekrutierung in bzw. ihre Deportation aus von Deutschland während des Krieges besetzten Gebieten handelte, was im extremen Ausmaß dann vor allem für die "Fremdarbeiterpolitik" (J. Lehmann) im nationalsozialistischen Deutschland während des Zweiten Weltkriegs und im von Deutschland im Krieg besetzten Mittel- und Osteuropa galt. Die ganz aus den heute in Archiven der DDR aufbewahrten Akten erarbeiteten Beiträge erschließen Materialien, die Historikern aus dem westlichen Ausland nicht immer zugänglich sind. Sie sehen im Sinne des die Interpretation tragenden Geschichtsverständnisses — über in der Tat vergleichbare ökonomische Funktionen der Ausländerbeschäftigung hinaus — indes eine Kontinuität von Ausländerpolitik und Ausländerbeschäftigung vom Kaiserreich bis zur Bundesrepublik Deutschland, die von Historikern in der Bundesrepublik, nicht zuletzt auch vom Tagungsleiter und Herausgeber dieses Bandes 96), gerade im Blick auf die in diesen beiden Beiträgen behandelten Perioden in vieler Hinsicht bestritten wird. Die beiden Beiträge lösten deshalb in Tutzing eine ebenso harte wie sachliche Kontroverse über jene Kontinuitätsprobleme in der deutschen Geschichte aus 97), deren Diskussion im geschichtswissenschaftlichen Dialog zwischen den

Jahre der faschistischen Diktatur, ebenda, 7. 1980, S. 82 ff.; ders., Ausländische Arbeitskräfte in Deutschland 1933-1935. Zum Umfang, zur Entwicklung und Struktur ihrer Beschäftigung, ebenda, 8. 1980, S. 5 ff.; ders., Ausländerbeschäftigung — Ja oder Nein? Anmerkungen zu differenzierten Positionen im faschistischen Deutschland in der Fremdarbeiterfrage, ebenda, 11. 1981, S. 39 ff.; ders., Das Vorgehen gegen die Vereinigung "Arbeitereinigkeit" polnischer Werktätiger in Deutschland im Jahre 1933, ebenda, 13. 1982; i. Vorb.: ders., Ausländerbeschäftigung und Fremdarbeiterpolitik im faschistischen Deutschland 1933- 1939.

96) Vgl. z. B. die Kritik in J. Lehmanns Beitrag (bes. Anm. 103); hierzu allgemein die Positionen in zahlreichen Beiträgen der von L. Elsner hg. Schriftenreihe "Fremdarbeiterpolitik im Imperialismus", H. 1 - 14, Rostock 1974-1983 (bes. H. 1. 1974: Wesen und Kontinuität der Fremdarbeiterpolitik des deutschen Imperialismus); zuletzt hierzu: L. Elsner, "Integration" sozialer Unterschichten statt Klassen und Klassenkampf? Zu einigen Tendenzen in der bürgerlichen Geschichtsschreibung über importiertes Proletariat im Imperialismus, in: Wiss. Zeitschr. d. Univ. Rostock, Gesellschafts- u. sprachwiss. Reihe, 32. 1983, S. 67-71; vgl. dagegen die Beiträge von K. J. Bade zu Sektion 4 dieses Bandes (4. 1, 4. 2) sowie ders., Vom Auswanderungsland zum Einwanderungsland?, S. 52-58, 73 f.; ders., Gastarbeiter zwischen Arbeitswanderung und Einwanderung, S. 19-22, 28 f.; zur Kontroverse um die Ausländerbeschäftigung während des Ersten Weltkriegs s. den Beitrag von K. J. Bade (4. 2, Anm. 77).

97) Zu dieser Diskussion s. in diesem Band den Beitrag von K. Tenfelde (7. 3); vgl. hierzu allg.: G. Heydemann, Geschichtswissenschaft im geteilten Deutschland. Entwicklungsgeschichte, Organisationsstruktur, Funktionen, Theorie- und Methodenprobleme in der

beiden deutschen Staaten inzwischen bereits ihre eigene Geschichte und Kontinuität hat. Ein im Gegensatz zu der Gesamtdarstellung von J. Lehmann regional begrenztes Beobachtungsfeld in der Geschichte der "Fremdarbeiterpolitik" im Deutschland des Zweiten Weltkriegs überblickt der zuletzt am Münchener Institut für Zeitgeschichte beschäftigte Historiker *Anton Großmann* 98) in seiner Fallstudie zur Sozialgeschichte des Alltags von Fremd- und Zwangsarbeitern in Bayern 1939-45.

3. 5 Die Ausländerbeschäftigung in der Bundesrepublik zwischen Arbeitswanderung und Einwanderung

In der fünften Sektion geht es um Entwicklungslinien im ökonomischen und sozialen Bedingungsgefüge der Ausländerbeschäftigung in der Bundesrepublik Deutschland, um arbeits-, sozial- und ausländerrechtliche Probleme der "Gastarbeiterfrage" im Grenzfeld zwischen Arbeitsaufenthalt und Einwanderungssituation, um Spannungslagen zwischen Aufnahmegesellschaft und Ausländerbevölkerung sowie um Perspektiven für die Entwicklung von Arbeitsmarkt und Ausländerbeschäftigung bis zum Ende dieses Jahrhunderts und darüber hinaus: Der an der Gesamthochschule Wuppertal lehrende Wirtschaftswissenschaftler *Günter Schilling* 99) fragt in seinem Beitrag — aufgenommen anstelle eines von dem früheren Direktor des Arbeitsamtes Stuttgart, *Otto Uhlig* 100), für die Tagung erarbeiteten Beitrags, der andernorts erscheinen wird — einerseits nach der Bedeutung der Ausländerbeschäftigung für die Wirtschaft, andererseits nach der Bedeutung der Wirtschaftsentwicklung für die Zukunft der Ausländerbeschäftigung und kommt in seinen "unbequemen Schlußfolgerungen" zu kritischen Fragen an die Zukunft der nationalkulturellen Identität in der Bundesrepublik Deutschland. Der an der Hochschule für Wirtschaft und Politik Hamburg lehrende Soziologe *Friedrich Heckmann*, der zuletzt mit einer die Ergebnisse sozial-

Bundesrepublik Deutschland und in der DDR, Frankfurt 1980.

98) M. Broszat, E. Fröhlich, A. Großmann (Hg.), Bayern in der NS-Zeit, Bd. 3, 4: Herrschaft und Gesellschaft im Konflikt, München 1981 (vgl. dazu: K. J. Bade, Vom Mythos zum Alltag. Widerstand in der NS-Zeit — ein Geschichtsbild wandelt sich, in: Die Zeit, 11. 12. 1981); A. Großmann, Milieubedingungen von Verfolgung und Widerstand. Am Beispiel ausgewählter Ortsverbände der SPD, demn. in: M. Broszat, H. Mehringer (Hg.), Bayern in der NS-Zeit, Bd. 5, München 1983.

99) G. Schiller, Auswirkungen der Arbeitskräftewanderungen in den Herkunftsländern, in: Lohrmann/Manfrass, S. 143-169; ders., Arbeitskräftewanderungen als Herausforderung an Wirtschaftstheorie und Wirtschaftspolitik, in: Beiträge zur Arbeitsmarkt- und Berufsforschung, Nr. 1, Nürnberg 1976, S. 1-21; ders., Europäische Arbeitskräftemobilität und wirtschaftliche Entwicklung der Mittelmeerländer. Eine empirische Untersuchung über die Wirkungen der Gastarbeiterwanderungen auf die Abgabeländer, Darmstadt 1977.

100) O. Uhlig, Die ungeliebten Gäste (s. o. Anm. 3); ders., Die Schwabenkinder aus Tirol und Vorarlberg, Stuttgart 1978 (2. erw. Aufl. 1983); s. a. den Diskussionsbeitrag von O. Uhlig in diesem Band (7. 1).

historischer Migrationsforschung berücksichtigenden Studie unter dem provozierenden Titel "Die Bundesrepublik: Ein Einwanderungsland?" 101) hervorgetreten ist, behandelt aus der Sicht von Ideologiekritik und Minoritätensoziologie
politische und soziale Dimensionen und Aspekte in der häufig mit dem Wort-
schwamm "Ausländerfeindlichkeit" umschriebenen Abwehrhaltung in der Gesellschaft eines Aufnahmelandes, das sich nicht als "Einwanderungsland" versteht, obgleich in seinen Grenzen eine starke ausländische Minderheit in einer
echten Einwanderungssituation lebt und sich zum Teil auch selbst als uner-
wünschte Einwanderungsminorität versteht.

Knuth Dohse, Mitarbeiter des Berliner Internationalen Institut für Vergleichende Gesellschaftsforschung, der zuletzt eine kritische Gesamtdarstellung der
Geschichte von Ausländerpolitik und Ausländerrecht in Deutschland seit dem
späten 19. Jahrhundert vorgelegt hat 102), überblickt in seinem Beitrag den vom
Umbruch von der langen Periode starken Wirtschaftswachstums zur Trendperiode wirtschaftlicher Wachstumsstörungen bestimmten Wandel in der Sicht
der Ausländerbeschäftigung in der Bundesrepublik: von der Wachstumsper-
spektive der Vergangenheit (Wirtschaftswachstum/Arbeitskräftemangel/Auslän-

101) S. o. Anm. 52; vgl. ferner: F. Heckmann, Minderheiten. Begriffsanalyse und Entwicklung einer historisch-systematischen Typologie, in: Kölner Zeitschr. für Soziologie u.
Sozialpsychologie, 1978, S. 761-779; ders., "Rasse": sozialwissenschaftliche Kategorie
oder politischer Kampfbegriff?, in: Die Dritte Welt, 1979, S. 79-89; ders., Socio-Structural
Analysis of Immigrant Worker Minorities: The Case of West Germany, in: Mid-American
Review of Sociology, 1980, S. 13-30; ders., Einwanderung als Prozeß. Ein Beitrag zur
soziologischen Analyse der Gastarbeiterbevölkerung als Einwandererminorität und zur
Entwicklung eines Konzepts ihrer kulturautonomen Integration, in: J. Blaschke, K. Greus-
sing (Hg.), "Dritte Welt" in Europa. Probleme der Arbeitsimmigration, Frankfurt 1980,
S. 95-124; ders., Ethnischer Pluralismus und "Integration" der Gastarbeiterbevölkerung.
Zur Rekonstruktion, empirischen Erscheinungsform und praktisch-politischen Relevanz
des sozial-räumlichen Konzepts der Einwandererkolonie, in: L. Vaskovics (Hg.), Raumbe-
zogenheit sozialer Probleme, Opladen 1982, S. 159-181; ders., Ethnische Minderheiten und
bikulturelle Sozialisation, in: G. Wurzbacher (Hg.), Soziologie für Erzieher, 7. Aufl. München 1982, S. 108-120.
102) S. o. Anm. 62; vgl. ferner: K. Dohse, Staatliche Disposition über ausländische Arbeiter — Aufrechterhaltung einer gespaltenen Arbeiterschaft, in: Jahrb. für Friedens- und
Konfliktforschung, 6. 1976 (Konflikte in der Arbeitswelt), S. 187-220; ders., Ausländerpolitik der europäischen Gewerkschaften. Eine Analyse der Dritten Konferenz von Gewerkschaften aus Europa und dem Maghreb zu Fragen der Migration, in: Journal G, Nr. 7/8.
1976, S. 16-31; ders., Ökonomische Krise und Ausländerrecht, in: Kritische Justiz, 1976,
H. 3, S. 233-257; ders., Die staatliche Regelung der Ausländerbeschäftigung in der ökonomischen Krise, Berlin (IIVG) 1978; ders., Ausländerjugend, ökonomische Krise und Staat,
in: G. Lenhardt (Hg.), Der hilflose Sozialstaat, Frankfurt 1979, S. 331-359; ders., Ausländerpolitik und Ausländerdiskriminierung, in: Leviathan, 1981, H. 3/4, S. 506 ff.; ders.,
Ausländerpolitik und betriebliche Diskriminierung, Berlin (IIVG) 1982; ders., Zur Lage
der Ausländerbevölkerung und zur Ausländerpolitik in den 70er Jahren in der Bundesrepublik Deutschland und in Westberlin, in: Fremdarbeiterpolitik des Imperialismus, H. 12,
Rostock 1982, S. 45-65.

deranwerbung) zur Krisenperspektive der Gegenwart (Wirtschaftskrise/Massen-
arbeitslosigkeit/Ausländerverdrängung). Er kommt dabei zu einem sicher nicht
minder unbequemen Forderungskatalog, der, über die bislang gültigen Integra-
tionsvorstellungen in der Ausländerpolitik hinaus, auf Konzepte abstellt, die nur
im Rahmen von Einwanderungsgesetzgebung bzw. Einwanderungspolitik reali-
sierbar sein dürften. Der an der Universität Würzburg lehrende Rechtswissen-
schaftler *Michael Wollenschläger* 103) gibt einen Überblick über die für die Ausländerpolitik in der Bundesrepublik zentralen Bereiche des Arbeits-, Sozial- und
Ausländerrechts in der Konfrontation mit jener "Gastarbeiterfrage", die, vor
allem im Blick auf die Zweite und Dritte Generation in der Ausländerbevölkerung, immer deutlichere Züge einer Einwanderungsfrage angenommen hat.
Beim Vergleich von Verfassung und Verfassungswirklichkeit kommt M. Wollenschläger zu der Einschätzung, daß das Ausländergesetz allein den mit dem Wandel von der "Gastarbeiterfrage" zum Einwanderungsproblem aufgeworfenen Gestaltungsaufgaben nicht mehr genügen kann und auch die bislang gültigen Ein-
bürgerungsrichtlinien der gewandelten Situation anzupassen seien. Erheblich
weiter noch geht das schon vorab publizierte, pointierte Votum "Für ein Ein-
wanderungsgesetz" des Direktors des Instituts für Arbeitsmarkt- und Berufsforschung der Bundesanstalt für Arbeit, *Dieter Mertens* 104), der hiermit eine

103) M. Wollenschläger, Das Gesetz über im Rahmen humanitärer Hilfsaktionen aufgenommene Flüchtlinge, in: Bayerische Verwaltungsblätter, 1980, S. 681 ff.; W. Kanein,
M. Wollenschläger, Ausländergesetz mit den übrigen Vorschriften des Fremdenrechts und
dem Ausländerarbeitsrecht, 3. Aufl. München 1980, W. G. Beitz, M. Wollenschläger, Hand-
buch des Asylrechts. Unter Einschluß des Rechts der Kontingentflüchtlinge, 2 Bde., Baden-
Baden 1980/81; M. Wollenschläger, Rechtsfragen der Erwerbstätigkeit von Ausländern, in:
G. Schult (Hg.), Einwanderungsland Bundesrepublik Deutschland, Baden-Baden 1982,
S. 19-29, 39-55; ders., Der Rechtsschutz ausländischer Arbeitnehmer im sozialrechtlichen
Bereich, in: Schriftenreihe des Deutschen Sozialgerichtsverbandes, Bd. 24, Wiesbaden 1983,
S. 94-132; ders., W. Weickhardt, Entscheidungssammlung zum Ausländer- und Asylrecht,
Baden-Baden 1982 ff.; R. Schiedermaier, M. Wollenschläger, Handbuch des Asylrechts,
2. Aufl. 1983 ff.; ders., Zur arbeitsrechtlichen Lage von Asylbewerbern, demn. in: Festschr.
III für G. Küchenhoff (Berlin 1983).
    104) D. Mertens, Die Wandlungen der industriellen Branchenstruktur in der Bundesre-
publik Deutschland 1950-1960, Diss. FU Berlin 1964 (DIW, Sonderh. 68); ders., Rationale
Arbeitsmarktpolitik, in: RKW Schriftenreihe: Technischer Fortschritt und struktureller
Wandel, München 1970; ders., Alternativen der Ausländerbeschäftigung, in: Gewerkschaftliche Monatshefte, 1974, H. 1; ders., Unterqualifikation oder Überqualifikation? – Anmerkungen zum Bedarf an unqualifizierten Arbeitskräften, ebenda, 1976, H. 8; ders.,
Argumente für eine integrations- und solidaritätsorientierte Arbeitpolitik, in: Konjunktur-
politik, Beih. 25. 1978 (Längerfristige Perspektiven für den Arbeitsmarkt in der Bundesrepublik Deutschland); ders., Möglichkeiten und Grenzen der Berufsprognose, in: Schriften
des Vereins für Socialpolitik, NF Bd. 127 (Arbeitsmarkt und Arbeitsmarktpolitik), Berlin
1982; ders., Das Steuerungspotential "alter" und "neuer" Arbeitszeitpolitik, in: C. Offe
u. a. (Hg.), Arbeitszeitpolitik, Frankfurt 1982; ders. (Hg.), Konzepte der Arbeitsmarkt-
und Berufsforschung. Eine Forschungsinventur des IAB, in: Beiträge zur Arbeitsmarkt- und
Berufsforschung, 70. 1982.

persönliche, von seinen Dienstfunktionen abgelöste Stellungnahme zur "rechtspolitischen Behandlung der Ausländerfrage" in der Bundesrepublik abgibt. Sie trifft sich in vieler Hinsicht mit der auch vom Tagungsleiter und Herausgeber dieses Bandes wiederholt vorgetragenen Forderung, unter Berücksichtigung der hier unabdingbar notwendigen Erfahrungen aus der Geschichte von Einwanderungsprozessen, Einwanderungsgesetzgebung und Einwanderungspolitik zu einer für Aufnahmegesellschaft und Ausländerbevölkerung gleichermaßen transparenten rechtspolitischen Unterscheidung von Arbeitsaufenthalten auf Zeit und Einwanderungsprozessen und, im Blick auf die fließende Grenze zwischen beiden, zu einer Verschränkung von Ausländerpolitik und Einwanderungsgesetzgebung bzw. Einwanderungspolitik zu kommen.

Am Ende dieser Sektion über Ausländerbeschäftigung und Ausländerbevölkerung in der Bundesrepublik in jüngster Geschichte und Gegenwart stehen Fragen an die Zukunft aus der Sicht der prospektiven Arbeitsmarktforschung: *Wolfgang Klauder* 105), Leiter des Arbeitsbereichs "Mittel- und langfristige Vorausschau" am Institut für Arbeitsmarkt- und Berufsforschung der Bundesanstalt für Arbeit gibt – ebenfalls in persönlicher Verantwortung und nicht in amtlicher Funktion – Perspektiven für die künftige Entwicklung von Arbeitsmarkt und Ausländerbeschäftigung in der Bundesrepublik bis zum Ende unseres Jahrhunderts und darüber hinaus. Es handelt sich dabei nicht um "Prognosen" im strengen Sinne von Voraussagen, sondern um Vorausschätzungen. Sie basieren auf Modellrechnungen, die ausgehen von der Geschichte über die Gegenwart in die nächste Zukunft verlängerten Entwicklungstendenzen, insbesondere von Wirtschafts- und Beschäftigungsstruktur, natürlicher Bevölkerungsbewegung und Wanderungsgeschehen. W. Klauders Perspektiven waren in Tutzing nicht nur Anlaß zu einer eingehenden Diskussion über die Zukunft von Arbeitsmarktentwicklung und Ausländerbeschäftigung in der Bundesrepublik, sondern auch zu einer Kontroverse über die Funktion solcher Vorausschätzungen, über ihr Mißverständnis als

---

105) W. Klauder u. a., Perspektiven 1980-2000. Neue Alternativrechnungen zur Arbeitsmarktentwicklung, 2. Nachtrag zu QuintAB 1, Nürnberg 1982; ders., Die Bedeutung des Bevölkerungsrückganges für Arbeitsmarkt, Wirtschaft und Politik, in: MittAB 4/80, S. 485-497; ders., Die Bundesrepublik Deutschland ein Einwanderungsland? – Tendenzen und Probleme, in: W. Linke, K. Schwarz (Hg.), Aspekte der räumlichen Bevölkerungsbewegung in der Bundesrepublik Deutschland. Dokumentation der Jahrestagung 1982 der Deutschen Gesellschaft für Bevölkerungswissenschaft e. V., Wiesbaden 1982, S. 89-120 (auszugsw. a. u. d. Titel: Die Brisanz des Ausländerproblems in der Bundesrepublik, in: Wirtschaftsdienst 1982/VI, S. 272-279 u. d. Titel: Tendenzen und Probleme der Ausländerbeschäftigung, in: MatAB 4/1982); ders., Arbeitsmarkttendenzen 1950-2000, demn. in: B. Rebe (Hg.), Arbeitslosigkeit – unser Schicksal?, Schriftenreihe Cloppenburger Wirtschaftsgespräche, Bd. 4 (1983); Mitverf. des Gutachtens für die Bundesregierung: Bericht eines Arbeitskreises der Gesellschaft für Sozialen Fortschritt: Bevölkerungsentwicklung und nachwachsende Generation (Schriftenreihe des Bundesministers für Jugend, Familie und Gesundheit, Bd. 93), Stuttgart 1980.

sich selbst erfüllende Prophezeihungen bzw. über ihren möglichen Mißbrauch in der politischen Debatte über die Zukunft von "Ausländern" in einem Aufnahmeland an der Schwelle zum "Einwanderungsland", aus dessen rechtspolitischen Positionen in der Ausländerpolitik bislang nicht zureichend erkennbar ist, ob ein großer Teil derjenigen, die heute Ausländer mit langem Inlandsaufenthalt sind, in jener Zukunft noch "Ausländer" sein werden. Zwei Beiträge aus dieser Diskussion und eine Replik von W. Klauder finden sich im Diskussionsteil dieses Bandes (7. 7-9).

3. 6 Transnationale Migration im internationalen Vergleich

Während die vorausgegangenen Sektionen, im Sinne des Tagungsschwerpunktes, historische und aktuelle Probleme der Entwicklung von Bevölkerung, Arbeitsmarkt und Wanderung am deutschen Beispiel verfolgten und das transatlantische bzw. kontinentale Wanderungsgeschehen selbst unter den Leitaspekten Deutsche im Ausland bzw. Ausländer in Deutschland behandelten, setzen die beiden ersten Beiträge der sechsten Sektion einige exemplarische Schlaglichter in dem ebenfalls erst in den letzten Jahren erschlossenen Feld des Vergleichs zwischen einzelnen Herkunfts- und Aufnahmeländern im kontinentalen Wanderungsgeschehen von Geschichte und Gegenwart 106):

106) Vgl. hierzu neben den schon erwähnten Arbeiten von Nikolinakos (s. o. Anm. 14), Lohrmann/Manfrass (s. o. Anm. 14), Gehmacher u. a. (s. o. Anm. 62) und Blaschke/Greussing (s. o. Anm. 101) u. a. noch: C. Leggewie, M. Nikolinakos (Hg.), Europäische Peripherie. Zur Frage der Abhängigkeit des Mittelmeerraumes von Westeuropa. Tendenzen und Entwicklungsperspektiven (Die Dritte Welt, Sonderh. 1975), Meisenheim 1975; B. Pfleiderer-Becker, Tunesische Arbeiter in Deutschland. Eine ethnologische Feldstudie über die Beziehungen zwischen sozialem Wandel in Tunesien und der Auslandstätigkeit tunesischer Arbeitnehmer, Saarbrücken 1978; H. Wittmann, Migrationsverhalten und ländliche Entwicklung. Ansätze zur Analyse und Beurteilung, dargestellt am Beispiel türkischer Gastarbeiter ländlicher Herkunft, Saarbrücken 1979; S. Ronanzi, Arbeitskräftewanderung und gesellschaftliche Entwicklung. Erfahrungen in Italien, in der Schweiz und in der Bundesrepublik Deutschland, Königstein/Ts. 1980; Chr. Luetkens, Die unglückliche Rückkehr. Die Remigrationsproblematik griechischer Arbeitsmigranten aus dem Nomos Drama, Frankfurt 1981; M. Bernitt, Die Rückwanderung spanischer Gastarbeiter. Der Fall Andalusien, Königstein/Ts. 1981; F. J. A. Wagenhäuser, Gastarbeiterwanderung und Wandel der Agrarstruktur am Beispiel von drei ost-zentralanatolischen Dörfern, Saarbrücken 1981; B. Ralle, Modernisierung und Migration am Beispiel der Türkei. Empirische Erhebung bei 1023 zurückgekehrten türkischen Arbeitern, Saarbrücken 1981; H. Körner, M. Werth (Hg.), Rückwanderung und Reintegration von ausländischen Arbeitnehmern in Europa. Beiträge zu einem internationalen Symposion mit Berichten über Forschungsarbeiten in Griechenland, Italien, Jugoslawien, Spanien und der Türkei, Saarbrücken 1981; H. J. Hoffmann-Nowotny, K.-O. Hondrich (Hg.), Ausländer in der Bundesrepublik Deutschland und in der Schweiz. Segregation oder Integration: Eine vergleichende Untersuchung, Frankfurt 1981; an der Universität Essen leitet Prof. Dr. H. Esser seit Mai 1983 ein hier wichtiges Forschungsprojekt unter dem Thema "Kulturelle und ethnische Identität bei Arbeitsmigranten im interkontextuellen, intergenerationalen und internationalen Vergleich".

Der in Rom lebende und an der Universität von Urbino lehrende Sozialwissen-schaftler *Peter Kammerer*, der unlängst ein Forschungsprojekt über Probleme der beruflichen Reintegration von Rückwanderern in Apulien abgeschlossen hat 107), umreißt unter historischer und aktueller Perspektive Grundprobleme von überseeischer Auswanderung und kontinentaler Arbeitswanderung für Aus-gangsländer im Mittelmeerraum unter besonderer Berücksichtigung Italiens. Der Beitrag stellt der in der dritten Sektion ausführlich behandelten Geschichte der deutschen überseeischen Massenauswanderung des 19. und frühen 20. Jahrhun-derts Aspekte der italienischen Auswanderungsgeschichte an die Seite und zeigt für die Gegenwart zugleich die Rückwirkungen der kontinentalen Arbeitswan-derung auf jenes "Anwerbeland" im Süden Europas, mit dem die Bundesrepublik, in Gestalt der deutsch-italienischen Vereinbarungen von 1955, den ersten Ver-trag über die Anwerbung der ausländischen Arbeitskräfte schloß, die bald "Gast-arbeiter" genannt werden sollten. Der am Deutschen Historischen Institut in Paris arbeitende Historiker *Klaus Manfrass*, der sich schon frühzeitig mit den internationalen ökonomischen, sozialen und politischen Begleitumständen und Folgeerscheinungen des transnationalen Wanderungsgeschehens in Europa be-schäftigt hat 108), konfrontiert die in der fünften Sektion ausführlicher behan-delten sozialökonomischen und politischen Probleme von Ausländerbeschäfti-gung, Ausländerbevölkerung und Ausländerpolitik in der Bundesrepublik

107) P. Kammerer, Kurzfassg. der Studie "Arbeit gibts immer": Berufliche Reintegration von Arbeitsmigranten in Monopoli, Apulien, Urbino 1982 (hektograph.; Publikation der Studie demn. im Campus Verlag, Frankfurt); vgl. ferner: ders., Sviluppo del capitale ed emigrazione in Europa: La Germania Federale, Mailand 1976; ders., Strategien zur Über-windung der Konfliktsituation ausländischer Arbeiter in Europa, in: Jahrb. f. Friedens-und Konfliktforschung, Bd. 7 (Konflikte in der Arbeitswelt), Waldkirch 1977; ders., Bauern-kämpfe und Landreform 1943-1953 in Süditalien, in: O. Poppinga (Hg.), Produktion und Lebensverhältnisse auf dem Land (Leviathan, Sonderh. 2), Opladen 1979, S. 236-252; ders., Arbeitsimmigration, Zusammensetzung der Arbeiterklasse und sozio-ökonomische Stabili-tät, in: Blaschke/Greussing, S. 86-94; ders., Reintegrationsprobleme von Rückwanderern in Monopoli, in: H. Körner, M. Werth (Hg.), Rückwanderung und Reintegration von auslän-dischen Arbeitnehmern in Europa, Saarbrücken 1981.
  108) Lohrmann/Manfrass (s. o. Anm. 14); darin: K. Manfrass, Entstehung, Ursachen und Antriebskräfte der internationalen Arbeitskräftewanderung, S. 17-42; ders., Die Beziehun-gen zwischen der Bundesrepublik und den einzelnen Herkunftsländern im Zeichen der Arbeitskräftewanderung. Das Entstehen neuer Beziehungsstrukturen im staatlichen und ge-sellschaftlichen Bereich, S. 255-334; ders., K. J. Bade, Arbeitsmarkt und Arbeitskräftewan-derung in Deutschland und Frankreich seit der Mitte des 19. Jahrhunderts. Ein komparati-ver Problemaufriß, in: Sozialwiss. Informationen für Unterricht und Studium, 5. 1976, H. 4; K. Manfrass, Die Politik der Ausländerbeschäftigung in Frankreich seit 1945, in: Doku-mente, 36. 1980, S. 106-127; ders., Kommunalwahlrecht für Ausländer? Stand der politi-schen und verfassungsrechtlichen Diskussion in der Bundesrepublik und in Frankreich. Eine vergleichende Untersuchung, Paris 1982 (Ms.); ders., Ausländerpolitik in Frankreich seit 1980, demn. in: Zeitschr. für Parlamentsfragen, Schwerpunktheft Frankreich (1983); s. a. die Einführung von K. Manfrass zu dieser Sektion (6. 1).

Deutschland mit der Lage in Frankreich und kommt bei diesem Vergleich der
beiden größten Aufnahmeländer Europas zu Interpretationsansätzen, die sich
erst durch die Behandlung des Problems im internationalen Rahmen ergeben.
Victor Mohr 109), Generalsekretär des Raphaels-Werks 'Dienst am Menschen
unterwegs', eines Fachverbandes des Deutschen Caritasverbandes, berichtet in
seinem abschließenden Beitrag ganz aus der praktischen Erfahrung der beraten-
den Betreuung in den vielfältigsten Problemsituationen des transnationalen
Wanderungsgeschehens: von auswanderungswilligen Deutschen über Transit-
wanderer mit längerem Zwischenaufenthalt auf der Suche nach einer neuen
Heimat in einem anderen Land, Flüchtlinge aus dem sozialen Elend der Dritten
Welt und politisch verfolgte Asylbewerber bis hin zu illegal Eingereisten und im
transnationalen Wanderungsgeschehen zwischen den Grenzen ortlos Gewordenen.
V. Mohrs Bericht über die Bundesrepublik als internationale "Drehscheibe" im
Wanderungsgeschehen schließt einen Kreis: Am Beginn der Beschäftigung mit
dem transnationalen Wanderungsgeschehen stand auf der Tutzinger Tagung die
Geschichte der deutschen Überseeauswanderung vor einem Jahrhundert. Am
Ende stand die Frage nach der "neuen Auswanderung" aus der Bundesrepublik
Deutschland, die in der Gegenwart an der Schwelle zur Zukunft eines "Einwanderungslandes" zu stehen scheint, ohne daß die Geschichte des Auswanderungslandes an ihr Ende gekommen wäre. Das Raphaels-Werk hat in seiner mehr als
hundertjährigen Geschichte den Wandel Deutschlands vom Auswanderungsland des 19. Jahrhunderts zum Aufnahmeland der Gegenwart in seiner Auf-
gabenstellung mitvollzogen: Es geht zurück auf den 1872 begründeten St.
Raphaels-Verein zum Schutz deutscher Auswanderer, der unter seinem Generalsekretär P. P. Cahensly 110) mit der Aussendung von Geistlichen — besonders
in die Siedlungen katholischer Einwanderer in den Vereinigten Staaten und in
die europäischen Auswandererhäfen — seinerzeit ähnliche Ziele verfolgte wie auf
evangelischer Seite die von dem Missionsinspektor F. Fabri geleitete, vom
Gustav-Adolf-Verein unterstützte Evangelische Gesellschaft für die protestanti-
schen Deutschen in Amerika, die von Pastor H. Borchard begründete evangelische Diaspora-Konferenz und die von der Inneren Mission in die deutschen

109) V. Mohr, Gedanken zum Auswandererschutzgesetz vom 26. März 1975, in: Caritas
1975/76 — Jb. des Deutschen Caritasverbandes, S. 282 ff.; ders., Wanderungsfreiheit ist
Menschenrecht, in: Menschen unterwegs, Schriftenserie, hg. v. d. Intern. Kathol. Komm. für
Wanderungsfragen (I.C.M.C.), Nr. 2 (1976), S. 13 ff.; ders., Aufgaben und Ziele des Ra-
phael-Werkes, in: Caritas, 2.1983/84, S. 1 ff.; ders., Rückblick nach vorn, in: Offen für heute
— Raphaels-Werk Jb. 1984, S. 10 ff.; ders., Die illegalen Einwanderer, ebenda, S. 34 ff.;
ders., Aufgaben und Ziele des Raphaels-Werkes, ebenda, S. 72 ff.
110) Hierzu: Barry (s. o. Anm. 36); Vgl. R. R. Doerries, Peter Paul Cahensly und der
St. Raphaels-Verein: Die Geschichte eines sozialen Gedankens, in: Menschen unterwegs,
Jg. 1981, H. 2, S. 5-23.

Hafenstädte entsandten Auswanderermissionare 111).

V. Mohrs Bericht erinnert zugleich daran, daß der von der Migrationsforschung erfaßte Makrokosmos des transnationalen Wanderungsgeschehens und der dadurch ausgelösten transnationalen Sozialprozesse aus einem millionenfachen Mikrokosmos von Einzelschicksalen besteht, für die Toleranz und Verständnis, Rat und Hilfe im Alltag der "Fremden" in der Geschichte ebenso entscheidend waren wie sie es in der Gegenwart sind. Hier haben in der Geschichte der Sozialen Frage im Deutschland des 19. Jahrhunderts kirchliche und freie Wohlfahrtsverbände mit ihren praktischen Initiativen vielfach wegweisende und nicht selten provozierende Pionierfunktionen übernommen, ohne freilich mit ihrem in seiner Reichweite immer begrenzten praktischen Engagement den für die Bewältigung des zur Verfassungsfrage aufgestiegenen säkularen Sozialproblems lange fehlenden rechtspolitischen Rahmen ersetzen zu können. Aber sie halfen wo sie konnten, auch bei jener überseeischen Massenauswanderung, die in der zeitgenössischen Diskussion nicht selten im Licht eines Exports der Sozialen Frage aus dem Deutschland des 19. Jahrhunderts erschien. Sie sind, oft nicht minder unbequem in ihren Initiativen, Vorstellungen und Forderungen und ebenso wegweisend in ihren praktischen Hilfprogrammen wie notwendig begrenzt in deren Reichweite, dieser Rolle treu geblieben, auch gegenüber der Herausforderung durch die importierte Soziale Frage in der Bundesrepublik Deutschland.

111) Vgl. hierzu: A. Schröter, Die deutsche Auswanderung. Denkschrift, hg. von dem Central-Ausschuß für die innere Mission der deutschen evangelischen Kirche, Hamburg 1981; ders., Die kirchliche Versorgung der Auswanderer, Gotha 1890, S. 24-37; H. Borchard, Die deutsche evangelische Diaspora, Gotha 1890; Carstens (Hg.), Evangelische Kirche und Auswanderung, München 1932, S. 7-39; H. Wagner, 60 Jahre Evangelisch-lutherische Auswanderermission Hamburg, in: E. Schubert (Hg.), Auslandsdeutschtum und evangelische Kirche, München 1933, S. 76-94; vgl. Bade, Fabri, S. 54 ff.; allg. hierzu: B. Gelberg, Auswanderung nach Übersee. Soziale Probleme der Auswanderungsbeförderung in Hamburg und Bremen von der Mitte des 19. Jahrhunderts bis zum Ersten Weltkrieg, Hamburg 1973.

1. SEKTION: BEVÖLKERUNG

1.1 Einführung

Von Klaus J. Bade

Die Bevölkerungsentwicklung in einem Raum hat zwei Gesichter: die natürliche Bevölkerungsbewegung, d. i. die Entwicklung von Geburt und Tod, und das Wanderungsgeschehen, d. i. die Bewegung der Menschen in diesem Raum und über seine Grenzen. Natürliche Bevölkerungsbewegung und grenzüberschreitendes Wanderungsgeschehen bestimmen gemeinsam die tatsächliche Bevölkerungsentwicklung in einem Raum. Die natürliche Bevölkerungsbewegung steht unter dem Einfluß der verschiedensten materiellen und immateriellen, ökonomischen und außerökonomischen Entwicklungsbedingungen: von den sozialökonomischen Existenzbedingungen über religiöse und im weitesten Sinne soziokulturelle Wertsysteme, kollektive Mentalitäten und Verhaltensmuster bis hin zu Krieg, Hunger und Seuchen.

Das Wanderungsgeschehen war in Deutschland seit der Mitte des 19. Jahrhunderts gekennzeichnet durch Massenbewegungen. Seine wichtigsten Erscheinungsformen waren einerseits die transnationalen Wanderungsbewegungen in Gestalt von deutscher Auswanderung und ausländischer Zuwanderung und andererseits die Binnenwanderungsbewegungen, die eine außerordentliche Formenvielfalt aufwiesen: von kleinräumigen Veränderungen innerhalb des ländlichen und städtischen Lebensbereichs über die Land-Stadt- und Stadt-Stadt-Wanderungen mittlerer Reichweite bis hin zu den Provinzgrenzen überschreitenden Fernwanderungen, unter denen im späten 19. und frühen 20. Jahrhunderts die Ost-West-Fernwanderung die wichtigste war. Hier stehen die transnationalen Wanderungsbewegungen im Vordergrund. Die Binnenwanderungen werden nur soweit einbezogen, als dies für die Interpretation des transnationalen Wanderungsgeschehens unabdingbar ist.

Im transnationalen Wanderungsgeschehen wirken, in steter Spannung von Schubkräften (Ausgangsraum) und Anziehungskräften (Zielraum), die vielfältigsten Bestimmunsgfaktoren des Wanderungsverhaltens neben- und miteinander: von sozialökonomisch, religiös-weltanschaulich oder politisch motivierten Wanderungsbewegungen bis hin zu Ausnahmeerscheinungen räumlicher Bevölkerungsbewegungen, die nicht als Wanderungsbewegungen im engeren Sinne zu verstehen sind, wie z. B. Zwangsumsiedlung, Flucht und Vertreibung. Bei den transnationalen Wanderungsbewegungen der deutschen Geschichte vom frühen 19. bis zum frühen 20. Jahrhundert dominierten, ebenso wie im Wanderungsgeschehen der Bundesrepublik Deutschland, sozialökonomische Bestimmungsfaktoren. Das unterscheidet diese Bewegungen von noch im 18. Jahr-

hundert vorausgegangenen, nicht nur sozialökonomisch, sondern auch religiös-
weltanschaulich bedingten Gruppenauswanderungen, Vertreibungs- und Flucht-
bewegungen. Es unterscheidet sie aber auch von der von politischem bzw. kultu-
rellem Abscheu motivierten oder durch politisch bzw. rassenideologisch bedingten Verfolgung erzwungener Emigration aus dem nationalsozialistischen
Deutschland, von den Zwangs- und Fluchtwanderungen am Ende und im Gefolge
des Zweiten Weltkriegs und von der Geschichte der Integration von Vertriebenen
und Flüchtlingen im westlichen Nachkriegsdeutschland und in der Bundesrepublik Deutschland, die bei dieser Beschäftigung mit dem vorwiegend sozialökonomisch bedingten transnationalen Wanderungsgeschehen in Deutschland
seit der Mitte des 19. Jahrhunderts ausgeklammert bleiben.

Bevölkerungsbewegung, Wirtschaftsentwicklung und Wanderungsgeschehen stehen in ihren langfristigen Entwicklungstendenzen in einem vielfältigen Bezie-
hungsgeflecht, demgegenüber einseitige Ursache-Folge-Erklärungen zu kurz
greifen. Für die großen Entwicklungslinien in diesem wechselseitigen Bedingungs-
und Wirkungsgefüge bedeutet das Zeitalter der Industralisierung eine große Wende. Das gilt 1. für die Wirtschaftsentwicklung selbst, 2. für die natürliche Bevölkerungsbewegung und 3. für das Wanderungsgeschehen.

1. Der Wandel vom Agrarstaat zum Industriestaat war ein langer Entwicklungs-
prozeß mit regional unterschiedlich ausgeprägten wirtschaftlichen Übergangs-
stufen und sozialen Folgeerscheinungen. In den hektisch expandierenden industriellen Metropolen Mittel- und insbesondere Westdeutschlands verlief diese
Entwicklung in der Tat in "revolutionären" Brüchen ("industrielle Revolution"),
während sie sich etwa in Süddeutschland sehr viel langfristiger und evolutionärer
gestaltete und z. B. in Bayern erst nach dem Zweiten Weltkrieg vollends zum
Durchbruch kam. Insgesamt betrachtet indes erreichte diese Entwicklung ihren
Höhe- und Wendepunkt im kaiserlichen Deutschland der Jahrzehnte vor dem
Ersten Weltkrieg, die wirtschaftsgeschichtlich gekennzeichnet waren durch den
Umbruch vom Agrarstaat mit starker Industrie zum Industriestaat mit starker
agrarischer Basis: Ende der 1880er Jahre überflügelte der Sekundärbereich (Bergbau, Industrie, Handwerk) den Primärbereich (Landwirtschaft, Forsten, Fische-
rei) in der Wertschöpfung und im ersten Jahrfünft des 20. Jahrhunderts auch in
der Beschäftigtenzahl (hierzu Sektion 2).

2. Das Wanderungsgeschehen im Industrialisierungsprozeß und vor allem in der
Hochindustrialisierungsperiode war bestimmt durch diesen Strukturwandel auf
dem Arbeitsmarkt und gekennzeichnet durch vorwiegend "proletarische Massenwanderungen" (Ferenczi), die in den Jahrzehnten zwischen Reichsgründung
und Erstem Weltkrieg allesamt ihre Höhepunkte erreichten. Ihre wichtigste Antriebskraft war das Mißverhältnis im Wachstum von Bevölkerung und Erwerbsangebot. Das gilt a) für die Binnenwanderungen aus landwirtschaftlichen in
städtisch-industrielle Arbeits- und Lebensbereiche, die sich um die Jahrhundertwende zur "größten Massenbewegung der deutschen Geschichte" (Köllmann)

verbanden. Es gilt b) für die deutsche Massenauswanderung des 19. Jahrhunderts, die deutliche Züge des Exports der Sozialen Frage trug und 1880-1893 ihr säkulares Maximum erreichte, bis ihr das starke Wachstum des Beschäftigungsangebots im Auswanderungsland selbst die wichtigste sozialökonomische Schubkraft entzog und die Auswanderung einströmen ließ in die vielfältigen Formen der Binnenwanderung (hierzu Sektion 3). Und es gilt c) für den Anstieg des Zustroms "ausländischer Wanderarbeiter" nach Preußen-Deutschland in jener Zeit der industriellen Hochkonjunktur und der langen Agrarkonjunktur vom Ende der 1890er Jahre bis zum Vorabend des Ersten Weltkrieges, in der sich bei wachsendem Arbeitskräftemangel in Industrie und Landwirtschaft für Deutschland ein Wandel vom Auswanderungsland zum Einwanderungsland abzuzeichnen schien (hierzu Sektion 4).

3. In der natürlichen Bevölkerungsbewegung war der Weg von der Agrar- zur Industriegesellschaft gekennzeichnet durch den demo-ökonomischen Übergang von der "alten", agrarisch-vorindustriellen über die frühindustrielle zur "neuen", industriellen Bevölkerungsweise. In diesem säkularen Wandel lagen die Jahrzehnte vom letzten Drittel des 19. zum ersten Drittel des 20. Jahrhunderts im dramatischen Kernprozeß des Übergangs zur industriellen Bevölkerungsweise: Bei noch anhaltend hoher Geburtenkurve sank zunächst die Sterbekurve ab. Die Bevölkerung nahm rapide zu, nicht weil mehr Menschen geboren wurden, sondern weil sie länger lebten, weil Kindbett-, Säuglings- und Kindersterblichkeit sanken, während die mittlere Lebenserwartung stieg. Ergebnis war jene Bevölkerungsexplosion in den beiden letzten Jahrzehnten des 19. Jahrhunderts, in denen die Reichsbevölkerung um fast 25 %, von rund 45 Mio. im Jahre 1880 auf rund 56 Mio. um die Jahrhundertwende, anwuchs. Der Industrialisierungsprozeß hatte zunächst die in der zeitgenössischen Diskussion als "Pauperismus" umschriebene vorindustrielle Massenarmut zum gesellschaftlichen Spannungsfeld der Sozialen Frage des 19. Jahrhunderts verschärft und schuf Ende des Jahrhunderts zugleich die entscheidenden wirtschaftlichen Voraussetzungen zu ihrer Bewältigung: Das mit dem rapiden Wirtschaftswachstum steigende industrielle Beschäftigungsangebot fing in den Jahrzehnten vor dem Ersten Weltkrieg die industrielle Bevölkerungswelle auf dem Arbeitsmarkt auf. Zugleich begann mit dem im Vergleich zur Sterbekurve phasenverschobenen Absinken der Geburtenkurve in den beiden Vorkriegsjahrzehnten der endgültige Wandel zur "neuen", industriellen Bevölkerungsweise mit ihren auf niedrigem Niveau schwankenden Kurven von Geburt und Tod. Die Katastrophe des Ersten Weltkrieges führte zu extremen Verwerfungen der beiden Kurven, ohne doch ihren Gesamttrend nachhaltig zu stören. Die Angst vor dem zunehmenden Bevölkerungsdruck, die im späten 19. Jahrhundert noch einmal hervorgetreten war, schlug angesichts der ständig sinkenden Geburtenkurve in ihr Gegenteil um. Auch die nationalsozialistische Bevölkerungspolitik indes vermochte nichts zu ändern an dem in allen entwickelten Industriegesellschaften zu beobachtenden langfristigen Fall der Geburtenkurve, der

in der Bundesrepublik Deutschland nach dem "Pillenknick" in neue Stabilität auf niedrigerem Niveau einzumünden scheint. Nicht "Pillen" freilich haben die Geburtenkurve "geknickt", sondern die Kollektivmentalitäten und Wertvorstellungen der Menschen, die sich dieses Hilfsmittels bedienten, weil die in der Agrargesellschaft gültige Rede vom segnenden Kinderreichtum in der modernen Industriegesellschaft keinen Ort mehr zu haben scheint. So betrachtet, bildet die Bevölkerungsentwicklung in der Bundesrepublik nur die Spätphase in den Veränderungen des Bevölkerungsverhaltens im langfristigen Wandel von der vorindustriell-agrarischen Bevölkerungsweise mit ihren hohen und stark schwankenden Geburten- und Sterberaten zur industriellen Bevölkerungsweise mit ihrer geringen Schwankungsbreite auf niedrigem Niveau. Diese Entwicklungstendenz, die als phasenverschobene Angleichung der Bevölkerungsweise an die Wirtschaftsweise umschrieben wird, war in den Trendlinien der sinkenden Sterbekurve und der ihr nachfolgenden Geburtenkurve schon vor dem Ersten Weltkrieg in vollem Gange. Bestimmungskräfte und Phasen, Entwicklungstendenzen und Probleme der Bevölkerungsbewegung auf dem Weg zur Industriegesellschaft der Gegenwart und ein Stück weiter darüber hinaus analysieren und interpretieren die beiden Längsschnitte der ersten Tagungs-Sektion:
P. Marschalck konzentriert sich in seinem Überblick über Entwicklungslinien und Forschungsprobleme der deutschen Bevölkerungsgeschichte seit der Mitte des 19. Jahrhunderts auf die natürliche Bevölkerungsbewegung. Ziel ist die Herausarbeitung und Darstellung einzelner Phasen dieser Entwicklung sowie die Überprüfung und Relativierung der an rohen Ziffern (Geborenenziffer, Sterbeziffer) orientierten Phasen in jenem Interpretationsmodell, das unter dem mißverständlichen Begriff "demographische Transition" in die Forschungsdiskussion Eingang gefunden hat. Methode ist die Analyse von Daten, die das generative Verhalten, besonders die Fruchtbarkeit, möglichst gut und unbeeinflußt von Störfaktoren darstellen: die Analyse von altersspezifischen bzw. anderen von der Altersstruktur unabhängigen Ziffern (Kinderzahl, Lebenserwartung).
G. Hohorsts Beitrag über die Bevölkerungsentwicklung "von der Agrargesellschaft zum Industriekapitalismus" stammt von einem Historiker, der als Wirtschafts- und Sozialwissenschaftler Bevölkerungsgeschichte schreibt. Das hat, wie G. Hohorst bei der Vorstellung seiner Ergebnisse in Tutzing hervorhob, "Konsequenzen für die wissenschaftstheoretische Position und diese für den methodischen Ansatz". Da dieser ebenso interessante wie komplizierte und eigenwillige Beitrag nach Forschungsansatz und Methodik, Erklärungsanspruch und Begrifflichkeit ein besonderer Brennpunkt der Diskussionen auf der ersten Sektion des Symposium war, sei es, um Mißverständnisse auszuschließen, gestattet, hier direkt aus der Einführung von G. Hohorst zu zitieren:
"Gegenstand der Betrachtung ist vor allem die Entwicklung der Geburten in Deutschland von den Napoleonischen Kriegen bis in die Zukunft hinein. Das verlangt die Konstruktion eines prognosefähigen Simulations-Modells. Das Modell

muß sowohl sozialwissenschaftliche Erklärungshypothesen als auch die für die Geburtenentwicklung typische Dynamik abbilden. Grundlegend für die Variationen der Geburten nach Regionen und nach der Zeit ist das generative Verhalten. Ich definiere generatives Verhalten als eine spezielle Ausprägung sozialen Verhaltens und stehe damit den behaviouristischen Ansätzen nahe. Ein je vorfindliches generatives Verhalten muß erklärt werden aus dem relevanten Satz von sozialen und ökonomischen Variablen, nicht durch pauschale Hinweise auf den einen oder anderen historischen Topos. Die entsprechenden Erklärungshypothesen müssen überprüft werden; damit stehe ich methodisch dem kritischen Rationalismus nahe. - Die Variablen, die ich benutze, haben die Qualität von Sozialindikatoren, die Testverfahren sind niemals Rechenmodelle, sondern entstammen ausnahmslos der Inferenzstatistik, hier besonders den Methodenkompendien zur Zeitreihenanalyse. - Das Modell ist ein sozialwissenschaftliches Modell, seine primäre Aufgabe die simulatorische Nachbildung eines Ausschnitts der Wirklichkeit, hier primär der rohen Geburtenrate als Indikator für Zustand und Zustandsänderung des demographischen Systems, letzteres im Zeitablauf. Trotz der inkorporierten klaren Kausalhypothesen sind Modell- und Programmsprache "DYNAMO", die Sprache der System Dynamics. Die Zinseszinsmechanik der Forrester- und Meadows-Modelle wurde jedoch ausgeschaltet, so daß die Kausalhypothesen im Modell einen ungleichgewichtigen Prozeß entsprechend den Vorgängen in der realhistorischen Dynamik steuern." (G. Hohorst).

3. 2 Die deutsche überseeische Massenauswanderung im 19. und frühen 20. Jahrhundert: Bestimmungsfaktoren und Entwicklungsbedingungen

Von Klaus J. Bade

Rudolf von Albertini zum 60. Geburtstag

Das 19. und frühe 20. Jahrhundert umschließt in der Geschichte von Bevölkerung, Wirtschaft und Gesellschaft in Deutschland den vom Industrialisierungsprozeß und seinen sozialen Begleitumständen bestimmten säkularen Wandel von der Agrar- zur Industriegesellschaft. Im kaiserlichen Deutschland war diese Entwicklung gekennzeichnet durch den Übergang vom Agrarstaat mit starker Industrie zum Industriestaat mit starker agrarischer Basis [1].

Schaubild 1: Der Wandel vom Agrar- zum Industriestaat im Spiegel der sektoralen Wertschöpfungsanteile 1871 - 1913

1. Primärbereich
2. Sekundärbereich
3. Tertiärbereich

Quelle:
Lange Reihen bei W. G. Hoffmann u. a., Das Wachstum der deutschen Wirtschaft seit der Mitte des 19. Jahrhunderts, Berlin 1965, S. 454 f.

[1] Hierzu und zum Folgenden: K. J. Bade, Transnationale Migration und Arbeitsmarkt im Kaiserreich: vom Agrarstaat mit starker Industrie zum Industriestaat mit starker agrarischer Basis, in: T. Pierenkemper, R. Tilly (Hg.), Historische Arbeitsmarktforschung, Göttingen 1982, S. 182-211.

Schaubild 2: Der Wandel vom Agrar- zum Industriestaat im Spiegel
der sektoralen Beschäftigtenanteile 1871 - 1913

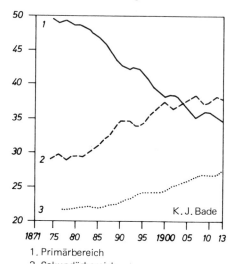

1. Primärbereich
2. Sekundärbereich
3. Tertiärbereich

Quelle:
Lange Reihen bei Hoffmann (s. Schaubild 1), S. 205.

In der Wirtschaftsgeschichte spricht dieser Umbruch aus der in den Schaubildern 1 und 2 erfaßten Verschiebung in den Wertschöpfungs- und Beschäftigtenanteilen zwischen Industrie und Landwirtschaft: Der sekundäre über-
holt den primären Sektor Ende der 1880er Jahre (1889) in der Wertschöpfung
und im ersten Jahrfünft des 20. Jahrhunderts (1904) auch in der Beschäftigtenzahl. Die Kurven der sekundären und primären Wertschöpfungs- und Beschäftigtenanteile stürzen aufeinander zu, überschneiden sich und streben der Tendenz
nach umgekehrt proportional auseinander.
In der natürlichen Bevölkerungsentwicklung (ohne Wanderungen) umfaßt das
späte 19. und frühe 20. Jahrhundert den Kernbereich des demo-ökonomischen
Übergangs ("demographische Transition") mit seiner phasenverschobenen Angleichung der Bevölkerungsweise an die Wirtschaftsweise im Übergang zu den
generativen Strukturen der modernen Industriegesellschaft 2). Schaubild 3
zeigt den übergreifenden Wandel von der "alten", agrarisch-vorindustriellen bzw.
-frühindustriellen Bevölkerungsweise mit ihren hohen, stark und peitschenförmig
gegenläufig schwankenden Geburten- und Sterbekurven zur "neuen" industrie-

2) Hierzu die Beiträge von P. Marschalck (1. 2) und H. Hohorst (1. 3) in diesem Band.

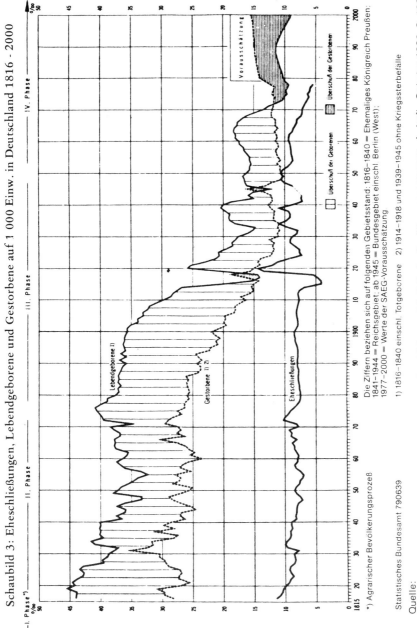

Schaubild 3: Eheschließungen, Lebendgeborene und Gestorbene auf 1 000 Einw. in Deutschland 1816 - 2000

*) Agrarischer Bevölkerungsprozeß

Statistisches Bundesamt 790639

Quelle:
K. M. Bolte u. a., Bevölkerung. Statistik, Theorie, Geschichte und Politik des Bevölkerungsprozesses, 4. Aufl., Opladen 1980, S. 192.

ellen Bevölkerungsweise mit ihren auf vergleichsweise niedrigem Niveau verhalten schwankenden Kurven. Die Phase des dramatischen Durchbruchs in diesem
langfristigen Wandel generativer Strukturen fällt ebenfalls in die Zeit des Kaiserreichs: Das Zusammenwirken von sinkenden Sterbeziffern und zunächst noch
unvermindert hohen Geburtenziffern führte nach anhaltendem Bevölkerungswachstum zu jener industriellen Bevölkerungsexplosion, die die Reichsbevölkerung während der letzten beiden Jahrzehnte des 19. Jahrhunderts um fast
25 %, von rund 45 Mio. (1880) auf rund 56 Mio. (um 1900) anwachsen ließ.
Erst in den beiden ersten Jahrzehnten des 20. Jahrhunderts folgte mit dem Absturz der bis dahin nur leicht zurückgegangenen Geburtenziffern die entscheidende Wegmarke im Wandel der generativen Strukturen zur industriellen Bevölkerungsweise 3).

Das Wanderungsgeschehen dieser langen Übergangsperiode stand im Zeichen
transnationaler und interner Massenbewegungen. Auch hier hatte die Statistik
des Kaiserreichs säkulare Extremwerte zu verzeichnen: Die millionenstarke
Überseeauswanderung des 19. Jahrhunderts erreichte ihr Maximum in den
1880er Jahren. Die Binnenwanderungen über größere Distanzen — von der
Vielfalt der Land-Stadt- und der Stadt-Stadt-Wanderungen bis hin zu der großen
Ost-West-Wanderung aus dem Landproletariat der Nordostregionen ins Industrieproletariat Mittel- und Westdeutschlands — entwickelte sich im hektisch beschleunigten Urbanisierungsprozeß der Hochindustrialisierungsperiode zur
"größten Massenbewegung der deutschen Geschichte" 4). Die transnationalen
und internen Massenwanderungen resultierten aus dem demo-ökonomischen
Kernproblem des 19. Jahrhunderts, jenem international (Auswanderung) und
interregional (Binnenwanderung) wirkenden Bevölkerungsdruck, dessen Kraft-
zentrum das Mißverhältnis im Wachstum von Bevölkerung und Erwerbsangebot

3) Über den Begriff der generativen Strukturen bzw. Verhaltensweisen und die nur als
Ausdrucks- bzw. Strukturanalogie, nicht aber als Kausalnexus zu verstehende Interdepen-
denz in der Entwicklung von Bevölkerungs- und Wirtschaftsweise s. G. Mackenroth, Bevöl-
kerungslehre. Theorie, Soziologie und Statistik der Bevölkerung, Berlin 1953, S. 110 f,
415; vgl. W. Köllmann, Bevölkerung in der industriellen Revolution. Studien zur Bevölkerungsgeschichte Deutschlands, Göttingen 1974, hier S. 25-34; Gesamtdarstellungen:
A. E. Imhof, Die gewonnenen Jahre. Von der Zunahme unserer Lebensspanne seit 300
Jahren oder: Von der Notwendigkeit einer neuen Einstellung zu Leben und Sterben, München 1981; J. Knodel, The Decline of Fertility in Germany, 1871-1939, Princeton N. J.
1974; R. Spree, Soziale Ungleichheit vor Krankheit und Tod. Zur Sozialgeschichte des
Gesundheitsbereiches im Deutschen Kaiserreich, Göttingen 1981.
4) Ders., Bevölkerungsgeschichte 1880-1970, in: H. Aubin, W. Zorn (Hg.), Handbuch
der deutschen Wirtschafts- und Sozialgeschichte, Bd. 2, Stuttgart 1976, S. 9-50, hier S. 20;
zur Geschichte der Binnenwanderung im Deutschland der Hochindustrialisierungsperiode
vgl. neben den Studien von W. Köllmann (s. Anm. 3) jetzt: D. Langewiesche, Wanderungsbewegungen in der Hochindustrialisierungsperiode. Regionale, interstädtische und innerstädtische Mobilität in Deutschland 1890-1914, in: Vierteljahrschrift für Sozial- und Wirtschaftsgeschichte (VSWG), 64. 1977, H. 1, S. 1-40.

war. Erst als das Überangebot von Arbeitskraft in den beiden Jahrzehnten der industriellen Hochkonjunktur und der langen Agrarkonjunktur vor dem Ersten Weltkrieg vom stürmisch wachsenden Erwerbsangebot absorbiert wurde und die Angebot-Nachfrage-Spannung auf dem Arbeitsmarkt in Arbeitskräftemangel umschlug, stürzte die Kurve der deutschen überseeischen Massenauswanderung endgültig ab. An die Stelle des Bevölkerungsdrucks, der sie bis dahin angetrieben hatte, trat der nicht minder international wirkende Sog des Erwerbsangebots auf dem deutschen Arbeitsmarkt, in dessen Folge seit den 1890er Jahren die kontinentale Zuwanderung ausländischer Arbeitskräfte nach Deutschland und insbesondere nach Preußen zur Massenbewegung aufstieg [5].

Die deutsche Massenauswanderung, die im 19. und frühen 20. Jahrhundert fast 6 Mio. umfaßte, war vor allem Überseeauswanderung. Die vielgestaltige und erst ganz unzureichend erforschte Auswanderung über die "trockenen" Grenzen ins europäische Ausland blieb von vergleichsweise geringfügiger Bedeutung, abgesehen von der stärkeren Auswanderung nach Rußland und in die Habsburger Länder, die in der ersten Hälfte des 19. Jahrhunderts endgültig hinter die überseeische Auswanderung zurücktrat [6].

5) Hierzu der Beitrag von K. J. Bade (4. 2) in diesem Band.

6) Hierzu und zum Folgenden: W. Mönckmeier, Die deutsche überseeische Auswanderung, Jena 1912; F. Josephy, Die deutsche überseeische Auswanderung seit 1871 unter besonderer Berücksichtigung der Auswanderung nach den Vereinigten Staaten von Amerika. Ein volkswirtschaftlicher Beitrag zur Geschichte der deutschen Auswanderung, Erlangen 1912; K. C. Thalheim, Das deutsche Auswanderungsproblem der Nachkriegszeit, Jena 1926; M. Walker, Germany and the Emigration, 1816-1885, Cambridge Mass. 1964; P. Marschalck, Deutsche Überseeauswanderung im 19. Jahrhundert, Stuttgart 1973; W. Köllmann, P. Marschalck, German Emigration to the United States, in: Perspectives in American History, 7. 1974, S. 499-554; H. Bickelmann, Deutsche Überseeauswanderung in der Weimarer Zeit, Wiesbaden 1980; G. Moltmann (Hg.), Deutsche Amerikaauswanderung. Sozialgeschichtliche Beiträge, Stuttgart 1976; als Dokumentation: ders. (Hg.), Aufbruch nach Amerika. Friedrich List und die Auswanderung aus Baden und Württemberg. Dokumentation einer sozialen Bewegung, Tübingen 1979; als erster Versuch einer integralen Interpretation der Entwicklung von Bevölkerung, Arbeitsmarkt, überseeischer Auswanderung, Binnenwanderung und kontinentaler Zuwanderung im späten 19. und frühen 20. Jahrhundert: K. J. Bade, Transnationale Migration und Arbeitsmarkt in Deutschland 1879-1929, Habil. Schr. Erlangen 1979 (MS), demn. u. d. Titel: Land oder Arbeit. Massenwanderung und Arbeitsmarkt im Deutschen Kaiserreich; ders., Massenwanderung und Arbeitsmarkt im deutschen Nordosten von 1880 bis zum Ersten Weltkrieg: überseeische Auswanderung, interne Abwanderung und kontinentale Zuwanderung, in: Archiv für Sozialgeschichte, 20. 1980, S. 265-323; ders., German Emigration to the United States and Continental Immigration to Germany, 1879-1929, in: Central European History, 13.1980, H. 4, S. 348-377; ders., Vom Auswanderungsland zum Einwanderungsland? Deutschland 1880-1980, Berlin 1983; für Südamerika: J. Roche, La colonisation allemande et le Rio Grande do Sul, Paris 1959; R. C. Newton, German Buenos Aires, 1900-1933: Social Change and Cultural Crisis, Austin 1977; J. P. Blancpain, Les Allemand au Chili (1816-1945), Köln 1974; G. F. W. Young, Germans in Chile, Immigration and Colonization, 1849-1914, New York 1974.

1. Phasen, Bestimmungskräfte und Verlaufsformen

Schaubild 4 gibt einen Überblick über den wellenförmigen Gesamtverlauf der deutschen Überseeauswanderung seit den 1830er Jahren, in denen sie zur Mas-

Schaubild 4: Phasen im Bewegungsablauf der deutschen Überseeauswanderung 1830 - 1932

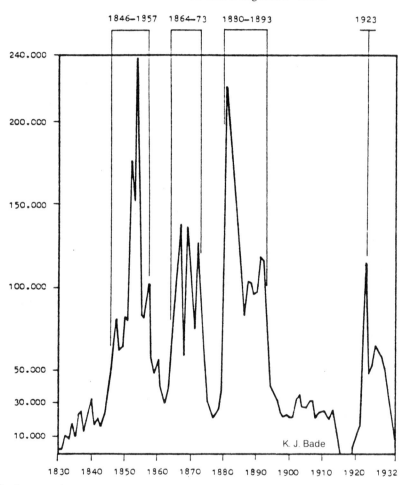

Quelle:
Lange Reihen bei F. Burgdörfer, Die Wanderungen über die deutschen Reichsgrenzen im letzten Jahrhundert, in: Allg. Stat. Archiv 20. 1930, S. 161-196, 383-419, 536-551, hier S. 189, 192; Stat. Jahrb. für das Deutsche Reich 52. 1933, S. 49. Die extremen Ausschläge innerhalb der 2. Auswanderungswelle sind durch eine Veränderung des Erhebungszeitraums bedingt; bereinigte Kurve bei Moltmann (Hg.), Amerikaauswanderung (s. Anm. 6), S. 201.

senbewegung aufstieg. In dem ein Jahrhundert umspannenden Bewegungsablauf treten verschiedene Auswanderungswellen hervor: Eine erste 1846-57 mit dem Gipfel im Jahr 1854, eine zweite 1864-73, eine dritte 1880-93 und eine letzte im Jahr 1923.

Von einem sprunghaften Anstieg 1816/17 auf etwa 20.000 im Gefolge von Mißernte und Hungersnot abgesehen, waren die Auswanderungszahlen bis Mitte der 1830er Jahre relativ niedrig geblieben. Der deutliche Anstieg auf einen Jahresdurchschnitt von 20.000 von der Mitte der 1830er bis zur Mitte der 1840er Jahre vollzog sich vor dem Hintergrund der Krise des Pauperismus, die sich zu dem tiefgestaffelten Problemfeld der Sozialen Frage verdichtete. Die Folgen der wirtschaftlichen Reformen von oben sprengten das ständische Sozialgefüge von unten her auf: Der Bevölkerungsdruck in Verbindung mit dem Freisetzungsprozeß und seinen Folgen, Besitzregulierungen, Lastenablösungen und Gemeinheitsteilungen auf dem Lande, Bodenzersplitterung infolge der Realerbteilung im Westen und Südwesten, Gewerbefreiheit in Stadt- und Landhandwerk blähten die land- und brotlosen unterbäuerlichen und unterbürgerlichen Schichten auf. Relative (am Erwerbsangebot gemessene) Übervölkerung ließ transnationale und interne Migration sprunghaft ansteigen. Zu entscheidenden Auslösern der lawinenartig anwachsenden Auswanderung konnten die durch Mißernten bei anhaltendem Lohndruck verschärften Teuerungs- und Ernährungskrisen in den 1830er und 1840er Jahren werden; denn sie trafen zusammen mit Übersetzung, Unterbeschäftigung und Arbeitslosigkeit auf den vor- und frühindustriellen Arbeitsmärkten. Landwirtschaft, hausindustrielles Gewerbe und das zunehmend übersetzte Handwerk waren nicht mehr, die aufrückenden fabrikindustriellen Arbeitsmärkte noch nicht imstande, das Überangebot an Arbeitskräften aufzunehmen.

Die Krise von 1846/47 riß die Auswanderungskurve über die Revolutionszeit hinweg auf den Sattel von 1852 (176.402), von dem aus sie steil auf den nadelspitzen Gipfel von 1854 (239.246) hochschnellte. Der Aufschwung in alten und neuen Industrien, im Verkehrs- und Bauwesen, der Anfang der 1850er Jahre bereichsweise zu verhaltenem Lohnanstieg führte, vermochte das Überangebot an Arbeitskräften nur partiell zu absorbieren und die nachwirkende Schubkraft der vorausgegangenen Krise nicht zu mindern, zumal der Lohnzuwachs bei teils mäßig, teils ausgesprochen schlecht ausfallenden Ernten sein Gegenbild im erneuten Anstieg der Getreidepreise fand. Die Auswanderung "nach Amerika" [7] stieg zur Massenbewegung auf, getragen von der Hoffnung auf ein besseres Fortkommen in der Neuen Welt, aber auch als Fluchtbewegung aus dem erschütterten Sozialgefüge der Alten Welt und als Verweigerung gegenüber dem vom Strukturwandel in Wirtschaftsweise und Arbeitsverfassung bestimmten sozialökonomi-

7) G. Moltmann (Hg.), ". . . nach Amerika!" - Auswanderung in die Vereinigten Staaten, Hamburg 1976.

schen Anpassungszwängen. Die transatlantische Massenbewegung senkte die individuelle Entscheidungsschwelle und entfaltete eigene Sogkraft. Von der in ihrer Verschränkung von Agrar- und Gewerbekrise letzten Krise vom "type ancien" (E. Labrousse) 1846/47 8) bis zum Einbruch der "ersten Weltwirtschaftskrise" (H. Rosenberg) 1857/59 9) wanderten insgesamt fast 1,3 Mio. Deutsche nach Übersee aus, mehr als eine halbe Million allein 1854-57. Die kollektive Verunsicherung im Gefolge der Revolutionsereignisse wirkte verstärkend, ließ die Bewegung — von den politischen "Forty eighters" 10) abgesehen — aber nicht zur 'politischen' Massenauswanderung werden. Der Pauperismus als "Trauma der vormärzlichen Gesellschaft" 11), soziale Angst und politische Enttäuschung waren wesentlich Sache des jungen Dritten Standes. Sie wurden artikuliert durch seine literarischen, seine wirtschaftlichen und politischen Eliten, die die sozialrevolutionäre Unterströmung der Revolutionsereignisse ebenso das Fürchten lehrte wie die imaginäre französische Kulisse, vor der diese Ereignisse erlebt wurden. Die Massenauswanderung als Folge und Symptom der Krise aber rekrutierte sich in ihrem Schwergewicht gerade nicht aus diesem aufstrebenden Bürgertum, das in der Revolution nach dem politischen Äquivalent seiner ökonomischen Stellung suchte und in diesem Kampf um politische Partizipation vom Revolutionsergebnis enttäuscht wurde. Ihr soziales Rekrutierungsfeld lag in tieferen Schichten der Sozialpyramide, die in ökonomischer Existenzgrundlage und sozialem Status gefährdet oder schon unmittelbar von Armut und Elend bedroht waren. Sie setzte sich zusammen aus Handwerkern und Kleingewerbetreibenden, die, als kleinbürgerlich-konservative Revolutionäre, im Grunde in den Schutz der zerbrochenen Zunftverfassung zurückstrebten, weil sie auf Zeit Opfer jener wirtschaftsliberalen Modernisierung, jener Entfesselung des liberalen Konkurrenzliberalismus von oben geworden waren, die wesentlich zum Erstarken des Wirtschaftsbürgertums beigetragen hatte 12); und sie rekrutierte sich aus kleinbäuerlichen Schichten, die, fern den Zentren der revolutionären Ereignisse das "tolle Jahr" nur am Rande miterlebt hatten oder gar nur vom Hörensagen kannten.

8) E. Labrousse, Esquisse du mouvement des prix et les revenus en France au XVIIIe siècle, Paris 1933; ders., La crise française à la fin de l'Ancien Régime et au début de la Révolution, Paris 1944; W. Abel, Massenarmut und Hungerkrisen im vorindustriellen Deutschland, Göttingen 1972, S. 54-58; ders., Massenarmut und Hungerkrisen im vorindustriellen Europa. Versuch einer Synopsis, Hamburg 1974, S. 302-396.
   9) H. Rosenberg, Die Weltwirtschaftskrise 1857-1859, 2. Aufl., Göttingen 1974.
   10) C. Wittke, Refugees of Revolution. The German Forty-Eighters in America, Philadelphia 1952.
   11) M. Stürmer, 1848 in der deutschen Geschichte, in: Festschrift H. Rosenberg, hg. v. H.-U. Wehler, Göttingen 1974, S. 228-242, hier S. 232.
   12) K. J. Bade, Altes Handwerk, Wanderzwang und Gute Policey: Gesellenwanderung zwischen Zunftökonomie und Gewerbereform, in: VSWG, 69. 1982, H. 1, S. 1-37.

Die gesellschaftliche Katastrophe, die zur sich selbst erfüllenden Prophezeiung zu geraten schien, fand in den gefürchteten Dimensionen auch deswegen nicht statt, weil sie ihre unmittelbar betroffenen Opfer exportierte. Die Auswanderer- schiffe füllten sich mit in den Mahlstrom der Wirtschafts- und Gesellschaftskrise geratenen Sozialgruppen, die dem Elend der verfrühten industriellen Reserve- armee im erwerbslosen Wartestand zu entkommen suchten: mit ökonomisch und sozial derangierten und desorientierten Gruppen, die in der verschwimmen- den Dunkelzone zwischen der fließenden Untergrenze des Dritten Standes, unterbürgerlichen und unterbäuerlichen Schichten ihren Ort im herkömmlichen Gesellschaftsgefüge verloren hatten, ihn im neuen, ständisch ex negativo be- stimmten "Vierten Stand" noch nicht finden konnten oder wollten und nach dem Verkauf dessen, was sie hatten, noch imstande waren, das Geld für das ver- meintlich rettende Ticket für die Überseepassage und ein wenig Startkapital für den Aufbau einer neuen Existenz in der Neuen Welt zusammenzubringen. Häufig schon wurde die Überfahrt durch das von vorausgegangenen Familienzugehöri- gen geschickte "prepaid ticket" (Kettenwanderung), gelegentlich auch von über- seeischen Arbeiterimporteuren vorfinanziert oder auch, in Einzelfällen, von staatlicher bzw. kommunaler Seite bezahlt, um die Ärmsten der Armen bzw. finanziell gescheiterte und in den Hafenstädten steckengebliebene Auswande- rungswillige auf den Zwischendecks der Transatlantiksegler in eine ungewisse Zukunft zu senden.

Der Gedanke, "nach Amerika" auszuwandern und das vielfach überschätzte "Glück" in der Neuen Welt zu suchen, war seit der Jahrhundertmitte zu einer gängigen und zunehmend leichter zu realisierenden Leitvorstellung geworden. Die deutsche überseeische Massenauswanderung des 19. Jahrhunderts war und blieb Ergebnis einer enormen Bevölkerungsexplosion in einem von partieller Modernisierung, ungleichzeitigen Entwicklungsschüben und daraus resultieren- den Spannungen bewegten Wirtschafts- und Gesellschaftsgefüge im Wandel vom Agrar- zum Industriestaat, dessen innere Krisenlagen sozialökonomische Schub- kräfte freisetzten, die die Anziehungskraft des überseeischen Haupteinwande- rungslandes nur umso mehr verstärkten. Seit dem Ende der 1830er Jahre zu bis dahin nicht erlebten Dimensionen angestiegen, blieb sie, bei heftigen Fluktua- tionen im Gesamtverlauf, für mehr als ein halbes Jahrhundert eine Bevölkerungs-, Wirtschafts- und Gesellschaftsentwicklung begleitende, vorwiegend sozialökono- mische Massenbewegung. Sie war wesentlich Ergebnis des bis in die Periode der Hochindustrialisierung hineinragenden und erst von dem an die Trendperiode internationaler wirtschaftlicher Wachstumsstörungen ("Große Depression" 1873-95) 13) anschließenden, gewaltigen Wirtschaftsaufschwung aufgefangen Mißverhältnisses im Wachstum von Bevölkerung und Erwerbsangebot und trug,

13) H. Rosenberg, Große Depression und Bismarckzeit. Wirtschaftsablauf, Gesellschaft und Politik in Mitteleuropa, Berlin 1967.

so betrachtet, deutliche Züge eines partiellen Exports der Sozialen Frage.

Die äußeren Entwicklungsbedingungen der Überseeauswanderung waren in der zweiten Hälfte und besonders im letzten Drittel des 19. Jahrhunderts bestimmt durch die Zunahme, Verbesserung und Verbilligung der transatlantischen Passagierschiffahrt und durch den Ausbau des Schienennetzes, der die Anreise zu den Hafenstädten ebenso erleichterte und verkürzte wie die Dampfschiffahrt die Überfahrt selbst. Fördernd wirkten ferner die Verdichtung des transatlantischen Informationsaustauschs und durch die Massenbewegung selbst eingeschliffene transatlantische Wanderungstraditionen in bestimmten deutschen Auswanderungsräumen, die daraus resultierende dichte transatlantische Kommunikation dieser Räume und die durch private Überseekontakte in diesen Räumen bewirkten Erleichterungen von Auswanderungsentschlüssen: von der Information über die Lage im Zielgebiet ("Auswandererbriefe") über die Vorfinanzierung der Überseepassage ("prepaid ticket") bis hin zur Aufnahme der Neueingewanderten im Zielgebiet durch vorausgewanderte Verwandte und Bekannte ("Kettenwanderung"). Indirekter Einfluß ging nach wie vor aus von der durch deutsche "Auswanderungsunternehmer" und strafrechtlich verfolgte ausländische Auswandererwerber, durch konkurrierende Schiffahrtsgesellschaften und deren Agenten betriebenen Auswandererwerbung, von den für Auswanderungswillige zeitweise verführerischen Dumpingpreisen im internationalen Konkurrenzkampf der Liniengiganten um die Auswandererpassagen und zunehmend auch von der Tätigkeit freier, kirchlicher, halbamtlicher und später auch amtlicher Beratungsstellen für Auswanderungswillige.

Die heftigen Fluktuationen der Auswanderungsbewegung in das gängige Bild von "Auswanderungswellen" zu fassen, ist einprägsam, aber auch mißverständlich und hat in der Forschung zu manchem Irrweg geführt. Dazu gehören die nicht selten abwegigen Versuche, den abrupten Aufstieg einer solchen "Welle" aus der vermeintlichen Potenzierung besonderer zeitgleicher Antriebskräfte im Auswanderungsland zu erklären. Dies ist schon deswegen problematisch, weil Auswanderung nicht ein punktuelles Ereignis, sondern ein häufig lang- oder doch mittelfristiger Prozeß war: von der Herausbildung latenter Auswanderungsbereitschaft im Ausgangsraum über den häufig ereignisbedingten Auswanderungsentschluß bis hin zu dessen tatsächlicher Ausführung zu einem Zeitpunkt, zu dem der Entschluß selbst schon längere Zeit, nicht selten Jahre, zurückliegen mochte. Im Grunde gibt es seit dem Aufstieg der deutschen überseeischen Massenauswanderung bis zu ihrem Auslaufen als transatlantische Massenbewegung im letzten Jahrzehnt des 19. Jahrhunderts nur eine einzige große "Auswanderungswelle" mit verschiedenen Gipfeln und ereignisbedingten scharfen Einbruchsphasen, die, um im Bild zu bleiben, als "Wellentäler" betrachtet werden können. Solch ein durch spezifische Aus- bzw. Einwanderungshindernisse bedingter Auswanderungsstau aber konnte nach seinem Abbau abrupt jenen starken Auswanderungsschub freisetzen, der dann als eine "Auswanderungswelle' in Erscheinung trat, in der Auswanderungsentschlüsse mitwirkten, die vielleicht schon Jahre zurücklagen.

Der amerikanische Bürgerkrieg führte 1861-63 zu einem solchen kurzfristigen Stau der Auswanderungsbewegung, den 1864, also noch vor Kriegsende, die zweite deutsche Auswanderungswelle des 19. Jahrhunderts durchbrach, die im folgenden Jahrzehnt über 1 Mio. Menschen mit sich riß. Während der ersten und schärfsten, seit Mitte der 1870er Jahre auf den Arbeitsmarkt durchschlagenden Phase (1873-79) der "Großen Depression" (1873-95), die die deutsche und die amerikanische Wirtschaft gleichermaßen traf, stürzten die Auswandererzahlen aufs neue steil ab. Das Ende der ersten Rezessionsphase (1879) markierte zugleich das Ende dieses Wellentals der Auswanderungsbewegung. 1880 setzte abrupt die dritte und stärkste Auswanderungswelle des 19. Jahrhunderts ein, die bis zum Beginn der 1890er Jahre anhielt. Allein im ersten Jahrfünft der 1880er Jahre wanderten mehr als 860.000 Menschen nach Übersee aus. Insgesamt wurden 1880-93 in Deutschland fast 1,8 Mio. Überseeauswanderer gezählt. Dann brach die dritte Auswanderungswelle zusammen. Der aus dem Mißverhältnis im Wachstum von Bevölkerung und Erwerbsangebot resultierende Bevölkerungsdruck nahm in der Hochindustrialisierungsperiode, trotz sprunghafter Bevölkerungszunahme, ständig ab. In der Hochkonjunkturphase, die Mitte der 1890er Jahre einsetzte und, von kurzen Kriseneinbrüchen abgesehen, bis zum Vorabend des Ersten Weltkriegs anhielt, trat die Anziehungskraft des überseeischen Haupteinwanderungslandes zurück hinter das stark wachsende sozialökonomische Chancenangebot auf dem Arbeitsmarkt im Auswanderungsland. Die Auswanderungskurve flachte steil ab und torkelte auf das Niveau der späten 1830er Jahre zurück, um im Ersten Weltkrieg dann vollends abzureißen. Umso mehr wurde zu Kriegsende und vor allem nach dem Vertrag von Versailles mit einer gewaltigen neuen Welle der überseeischen Massenauswanderung, mit "vielen Millionen Auswanderungswilligen oder besser -hungrigen" gerechnet, "denen der Boden der Arbeit und die Lebensluft zu knapp im Vaterland werden" würde 14). Die Erwartung täuschte: 1919/20 blieb die Auswanderungsbewegung unbedeutend, stieg dann bei schrittweisem Abbau der kriegsbedingten Auswanderungsbarrieren wieder merklich an und bäumte sich erst 1923, im Zeichen von Ruhrkampf und Inflation, zu einer letzten, ebenso steilen wie kurzen Welle auf. Dabei wirkten im wesentlichen vier Bestimmungskräfte zusammen: 1. die Realisierung von schon früher getroffenen und durch den Auswanderungsstau im Krieg und in der unmittelbaren Nachkriegszeit verzögerten Auswanderungsentschlüssen; 2. die Auswanderung von durch den Krieg und die Gebietsabtretungen von Versailles, durch Untergang des Kaiserreichs, Revolu-

---

14) W. Zimmermann, Das internationale Auswanderungsproblem und der Friedensvertrag, in: Zeitschrift für Handelswissenschaft und Handelspraxis, Jg. 1919, S. 161.

tionserlebnis und Mißbehagen an der neuen Republik Entwurzelten und Abgestoßenen; 3. die ökonomisch-spekulative Flucht aus der Krise und 4. die Auswanderung derjenigen, die diesen mittelfristig geplanten Schritt beschleunigten, um das für den Aufbau einer neuen Existenz in Übersee gedachte Startkapital aus der Inflation zu retten.

In den folgenden Jahren der wirtschaftlichen Stabilisierung wurde die Auswanderung langsam rückläufig und fiel — ähnlich wie in der Krisenzeit Mitte der 1870er Jahre — seit Beginn der Weltwirtschaftskrise erneut steil ab. In der Weltwirtschaftskrise übertraf das Volumen der überseeischen Rückwanderung bei weitem dasjenige der überseeischen Auswanderung, die Anfang der 1930er Jahre zum Rinnsal schrumpfte, bis mit der politischen Emigration und der jüdischen Fluchtwanderung aus dem nationalsozialistischen Deutschland ein ganz neuer Abschnitt der deutschen Auswanderungsgeschichte begann, der im Blick auf die im Wanderungsgeschehen wirkenden Bestimmungskräfte mit den vorausgegangenen hundert Jahren deutscher Überseewanderung nicht zu vergleichen ist 15).

2. Zielräume, Auswanderungsrouten und Überseehäfen

Die deutsche Überseeauswanderung war im 19. und frühen 20. Jahrhundert vor allem Nordamerika-Einwanderung. Sie gehörte in den Kontext der Alten Einwanderung aus Europa (Großbritannien, Irland, Deutschland, dann zunehmend auch Skandinavien), die nach 1890 hinter die Neue Einwanderung ("New Immigration") vorwiegend aus Süd-, Südost- und Osteuropa zurücktrat 16). Mit starken Anteilen aus Spanien, Portugal, Italien, Österreich-Ungarn und Rußland (weniger russische Auswanderer als polnische und jüdische Fluchtwanderer) erreichte sie 1910 ihren Höhepunkt (Schaubilder 5, 6). Der Anteil der Nordamerika-Einwanderung an der deutschen Überseeauswanderung lag in der ersten Auswanderungswelle des 19. Jahrhunderts bei 85 %, in der zweiten bei 91 % und in der dritten bei 92 %. Als nächstwichtige überseeische Auswanderungsziele folgten mit weitem Abstand Kanada, Brasilien, Argentinien und Australien: Von den durch die — etwas zu niedrig liegende — deutsche Auswanderungsstatistik erfaßten insgesamt knapp 4,5 Mio. deutschen Überseeauswanderern der Zeit 1847-1914 gingen fast 4 Mio. (89 %) in die USA, rund 86.500 (1,9 %) nach Kanada, rund 56.000 (1,3 %) nach Australien, rund 89.000 (2 %) nach Brasilien.

---

15) B. Heyne, Die internationale Rückwanderung, in: Archiv für Wanderungswesen, 5. 1932, S. 87-95; G. Moltmann, American-German Return Migration in the Nineteenth and Early Twentieth Centuries, in: Central European History, 13. 1980, S. 378-392; E. Lacina, Emigration 1933-1945. Sozialhistorische Darstellung der deutschsprachigen Emigration und einiger ihrer Asylländer aufgrund ausgewählter zeitgenössischer Selbstzeugnisse, Stuttgart 1982; W. Frühwald, W. Schieder (Hg.), Leben im Exil. Pobleme der Integration deutscher Flüchtlinge im Ausland 1933-1945, Hamburg 1981.

16) Hierzu den Beitrag von D. Hoerder (3. 7) in diesem Band.

Schaubild 5: Gesamteinwanderung und deutsche Einwanderung
(1 000) in die USA 1820 - 1919 (log. Darst.)

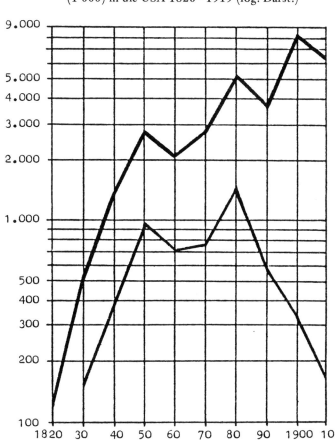

Quelle:
N. Carpenter, Immigrants and Their Children 1920 (Census Monographs, VII), Department
of Commerce, Bureau of the Census, Washington 1927, S. 47.

1871-1914 (keine Zahlen für 1847-70) gingen etwa 24.400, also ca. 0,9 % der
Überseeauswanderer dieser Jahrzehnte (2,9 Mio.) nach Argentinien.
Ein verändertes Bild bietet das Wanderungsgeschehen zur Zeit der Weimarer
Republik 17). Zielrichtung, Volumen und Struktur der transatlantischen Be-

17) Hierzu und zum Folgenden: K. J. Bade, Arbeitsmarkt, Bevölkerung und Wanderung
in der Weimarer Republik, in: M. Stürmer (Hg.), Die Weimarer Republik - belagerte Civitas,

Schaubild 6: In Europa geborene Bevölkerung der USA nach Auswanderungsräumen und ausgewählten Geburtsländern 1850 - 1920
(log. Darst.)

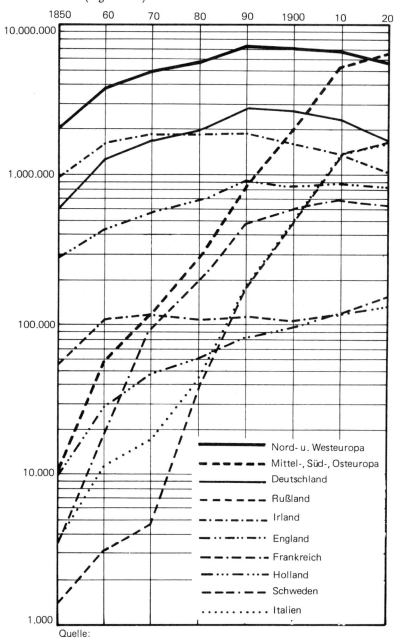

Quelle:
Carpenter (s. Schaubild 5), S. 77.

wegung wurden in einem bis dahin nicht erlebten Maße von der Einwanderungspolitik des überseeischen Haupteinwanderungslandes USA mitbestimmt: Wenn
das deutliche Aufrücken anderer, vor allem südamerikanischer Auswanderungsziele den Anteil der Vereinigten Staaten an der deutschen Überseeauswanderung
der Jahre 1921-33 auf rund 71 % senkte, dann resultierte dies nicht nur aus der
besonderen Aufnahmebereitschaft südamerikanischer Einwanderungsländer
oder aus jener südamerikanischen Pioniersiedlung, deren Anziehungskraft auch
im bürgerlichen Mittelstand wuchs und mitbestimmt war von Zivilisationskritik
und Kulturpessimismus in der Anpassungskrise an die politische Kultur der
jungen Republik. Es hatte auch mit der restriktiven Kontingentierung der Nord-
amerikaeinwanderung in Gestalt der "Quota Act" (1921) und ihrer Verschärfung
durch "Johnson Bill" (1924) und "National Origin Law" (1927) zu tun. Restriktiv wirkten dabei weniger die Kontingentierung selbst, deren Quoten von der
deutschen USA-Einwanderung durchweg unterschritten wurden, als die hemmenden und divergierender Interpretation offenen Durchführungsbestimmungen
dieser Quotengesetzgebung, die den Einwanderungsprozeß komplizierten, verzögerten und deswegen Einwanderungswillige abschreckten. Amerikanische Ein-
wanderungsbeschränkungen und -verbote für ganze Berufsgruppen verschoben
zur Zeit der Weltwirtschaftskrise auch die Berufsstruktur der Überseeauswanderung: Zulassungsbeschränkungen für Farmer und Landarbeiter in den USA
etwa drückten den Anteil landwirtschaftlicher Erwerbstätiger an der Gesamtzahl
der erwerbstätigen Auswanderer von 23,1 % im Jahr 1930 auf 11,3 % im Jahr
1931. Selbst die Geschlechtsstruktur der deutschen Auswanderung wurde
wesentlich durch die nordamerikanischen Einwanderungsbestimmungen beein-
flußt: Wiewohl in der Auswanderung der Weimarer Jahre ein starkes Aufrücken
alleinstehender erwerbstätiger Frauen zu beobachten ist, war das auffällige
Schrumpfen des Männeranteils in den Jahren der Weltwirtschaftskrise von noch
53,5 % (1929/30) auf 44,6 % (1931) Ausdruck der krisenbedingten einseitigen
Bevorzugung weiblicher Nachreisender bei der Erteilung der Einwanderungs-
erlaubnis.

In den ersten Jahrzehnten des 19. Jahrhunderts war ein Großteil der deutschen
Auswanderer über Häfen des westeuropäischen Auslandes ausgereist, besonders
über Antwerpen, Rotterdam und Le Havre. Das hatte seinen Grund nicht nur in
der Entwicklungsrücklage der deutschen transatlantischen Passagierschiffahrt, die
ihren Aufstieg erst der deutschen Überseeauswanderung selbst verdankte. Es resultierte, im Blick auf französische Häfen, auch aus der Dominanz des südwestdeutschen Ausgangsraumes in der Überseeauswanderung der ersten Jahrhunderthälfte. Seit der Jahrhundertmitte wurden Hamburg und insbesondere Bremen

Königstein/Ts. 1980, S. 160-187; vgl. Thalheim, Bickelmann (s. Anm. 6); M. A. Jones,
American Immigration, Chicago 1960, S. 247 ff., 278 ff.; H. J. Wendler, Universalität und
Nativismus. Das nationale Selbstverständnis der USA im Spiegel der Einwanderungspolitik,
Diss. phil. Hamburg 1978, S. 176 ff.

(mit seiner direkten Schienenverbindung von Leipzig und Köln aus) die bei weitem wichtigsten Ausreisehäfen der deutschen Überseeauswanderung. Dennoch blieb der – auch nach dem Aufbau der Reichsstatistik 1871/72 nur annähernd erfaßte – Passageanteil ausländischer Häfen an der deutschen Überseeauswanderung weiterhin beträchtlich und schwankte 1880-1910 um 20 %. Der enorme Aufschwung der hanseatischen Überseeschiffahrt zur Hochzeit der deutschen Überseeauswanderung gründete sich vor allem auf die einträgliche Kombination von transatlantischem Menschenexport und Warenimport 18).

Je mehr die deutsche Überseeauswanderung seit Anfang der 1890er Jahre zurückging, desto wichtiger wurde für die hanseatischen Transatlantiklinien die von der internationalen Überseeschiffahrt in harter Verdrängungskonkurrenz umkämpfte und in ihren Ausgangsräumen von einem legal und illegal operierenden Heer von Agenten umworbene bzw. rücksichtslos stimulierte osteuropäische Überseeauswanderung, die Deutschland nur als Transitwanderung ("Durchwanderung") berührte: Bis 1880 weist die amerikanische Einwanderungsstatistik weniger als 150.000 Einwanderer aus der Donaumonarchie und dem Zarenreich nach. Im folgenden Jahrzehnt schon wurden 354.000 Einwanderer allein aus Österreich-Ungarn und 265.000 aus Rußland, in den 1890er Jahren 593.000 und 602.000 gezählt. Im ersten Jahrzehnt des 20. Jahrhunderts, in dem die Neue Einwanderung ihren Höhepunkt erreichte, erfaßte die amerikanische Statistik 2.145.000 Einwanderer aus Österreich-Ungarn und 1.597.000 aus Rußland, darunter 976.000 Juden und 874.000 Polen 19).

Mit der Hochflut der osteuropäischen Transitwanderung über deutsche Häfen verglichen, schrumpfte die deutsche Überseeauswanderung zu einem Rinnsal zusammen: Die 1.437.934 deutschen Auswanderer, die 1880-93 über deutsche Häfen auswanderten und rund 81 % der deutschen überseeischen Gesamtauswanderung stellten, machten in diesen Jahren noch 51 % der Gesamtauswanderung über deutsche Häfen (2.831.085) aus. Von 1894-1910 hingegen stellten deutsche Auswanderer nurmehr 11 % (380.907), ausländische hingegen 89 % (2.752.256) der Überseeauswanderung über deutsche Häfen (3.133.163). Um die Zwischendecks der deutschen Auswandererschiffe zu füllen, begannen die Agenten deutscher Schiffahrtslinien in den osteuropäischen Auswanderungsräumen deshalb jene Rolle zu übernehmen, die strafrechtlich verfolgte nord- und südamerikanische Auswandererwerber im 19. Jahrhundert in Deutschland gespielt hatten – nicht minder erfolgreich, nicht minder bedenkenlos in ihren Werbemethoden

---

18) R. Engelsing, Bremen als Auswandererhafen 1683-1880, Bremen 1961.

19) Hierzu, neben der älteren Studie von B. Karlsberg, Geschichte und Bedeutung der deutschen Durchwandererkontrolle, Diss. Hamburg 1922 (MS), jetzt: M. Just, Transitprobleme der osteuropäischen Amerikaauswanderung durch Deutschland Ende des 19. und Anfang des 20. Jahrhunderts, Hamburg 1977 (MS).

und deswegen ebenso beargwöhnt von den Regierungen osteuropäischer Auswanderungsländer 20).

3. Strukturwandel im Aus- und Einwanderungsprozeß

In der deutschen Überseeauswanderung des 19. und frühen 20. Jahrhunderts tritt ein vielgestaltiger Strukturwandel zutage. Er umfaßt Verlagerungen der Ausgangsräume, Veränderungen in der Erwerbsstruktur, den langfristigen Wandel von der ländlichen Siedlungswanderung zur industriellen Arbeitswanderung, von der Familien- zur Einzelwanderung und schließlich die aus alledem und aus der Veränderung der Bedingungen in den USA resultierende Verschiebung in der Erwerbs- und Siedlungsstruktur der aus Deutschland eingewanderten Bevölkerung im überseeischen Haupteinwanderungsland 21).

3. 1 Strukturwandel im Auswanderungsprozeß

Bis zum Beginn der zweiten Hälfte des 19. Jahrhunderts blieb, bei deutlichem Aufrücken westlicher Auswanderungsgebiete in den 1850er Jahren, die seit dem 18. Jahrhundert anhaltende Dominanz des südwestdeutschen Auswanderungsraumes ungebrochen. Mitte der 1860er Jahre zeichnete sich eine Verlagerung der Auswanderungsschwerpunkte von den südwestlichen über die mitteldeutschen in die nordostdeutschen Gebiete ab, die infolge der Agrarreformen von Erscheinungen relativer Übervölkerung bis dahin nur in vergleichsweise geringem Maße betroffen waren. Der Geburtenschub der zweiten Generation nach den Agrarreformen und das Ende des Landesausbaus in den preußischen Ostprovinzen ließen den Bevölkerungsdruck seit den 1860er Jahren auch hier wanderungsbestimmende Kraft entfalten. In der dritten Auswanderungswelle (1880-93) stand der nordostdeutsche Ausgangsraum ganz im Vordergrund. Das abrupte Ende der dritten Auswanderungswelle war gleichbedeutend mit dem scharfen Rückgang der Auswanderung aus diesem Raum. In den Jahrzehnten vor dem Ersten Weltkrieg ebneten sich die Unterschiede zwischen den noch knapp dominierenden nordostdeutschen und den nächstfolgenden südwestdeutschen Auswanderungsgebieten auf einem zwar nach wie vor deutlich über den andereren Auswanderungsräumen liegenden, aber insgesamt niedrigen Niveau ein. Nach dem Ersten Weltkrieg und zum Ende der Weimarer Zeit hin verlagerten sich die regionalen Auswanderungsschwerpunkte vom Nordosten wieder zum Nord- und Südwesten.

20) Hierzu: K. J. Bade, Arbeitsmarkt, Ausländerbeschäftigung und Interessenkonflikt: Der Kampf um die Kontrolle über Auslandsrekrutierung und Inlandsvermittlung ausländischer Arbeitskräfte in Preußen vor dem Ersten Weltkrieg, in: Fremdarbeiterpolitik des Imperialismus, H. 10, Rostock 1981, S. 27-47, hier S. 36, 38 (Kurzfassung in: Zeitschrift für Ausländerrecht und Ausländerpolitik, 3. 1983, H. 2, S. 87-93).

21) Kap. 3. 1 und 3. 2 basieren auf: ders., Land oder Arbeit (s. Anm. 6); ders., Massenwanderung, S. 281-286; zu Kap. 3. 1 vgl. Marschalck, Überseeauswanderung, S. 72-85.

Der räumlichen Verlagerung der Auswanderungsschwerpunkte entsprachen Verschiebungen in der Struktur der Auswanderungsbewegung. Bis in die 1860er Jahre stellten selbständige Klein- und Armbauern (Realerbteilung im Südwesten), gefolgt von selbständigen Kleingewerbetreibenden und Kleinhandwerkern die wichtigsten Berufsgruppen der Überseeauswanderung. Aus den Unterschieden in Wirtschaftsstruktur, Agrar- und Sozialverfassung der Auswanderungsräume resultierten dabei deutliche regionale Diskrepanzen: Während etwa im dominierenden südwestdeutschen Ausgangsraum selbständige Kleinbauern im Vordergrund standen, stammten die meisten mitteldeutschen Auswanderer aus Handwerk und Hausindustrie, während sich z. B. der Auswandererstrom aus dem ländlichen Mecklenburg-Schwerin vornehmlich aus Tagelöhnern und Knechten rekrutierte.

Die Verlagerung des Hauptauswanderungsraums vom Südwesten zum Nordosten verschob seit Mitte der 1860er Jahre zunehmend die Berufs- und Sozialstruktur der Auswanderungsbewegung. In der zweiten (1864-73) und vor allem in der dritten Auswanderungswelle (1880-93) traten Tagelöhner, Insten und nachgeborene Bauernsöhne aus den ländlichen Nordostgebieten in den Vordergrund. In den 1880er Jahren rückte der Anteil von Erwerbstätigen aus den städtischen Arbeitsmärkten des Sekundär- und Tertiärbereichs an der Überseeauswanderung langsam auf und trat nach dem scharfen Rückgang der Auswanderung aus den ländlichen Nordostgebieten im ersten Jahrfünft der 1890er Jahre dann deutlich hervor: Als 1899 die Berufsgliederung der Überseeauswanderung in die Reichsstatistik aufgenommen wurde, hatte sich die Gewichtsverschiebung zu sekundären und tertiären Berufsbereichen bereits vollzogen. Im ersten Jahrfünft des 20. Jahrhunderts schon stellten landwirtschaftliche Erwerbsbereiche im beruflichen Spektrum der Überseeauswanderung weniger als ein Drittel (1900/04: 30,6 %). Sie lagen im Jahrfünft vor dem Ersten Weltkrieg nurmehr knapp über einem Viertel (1910/14: 26,4 %) und schrumpften Anfang der 1920er Jahre auf weniger als ein Fünftel (1921/23: 17,8 %). Der leichte Anstieg auf rund ein Viertel Mitte der 1920er Jahre (1924/28: 21,5 %) war wesentlich Ergebnis der restriktiven Einwanderungspolitik in den USA und des Aufrückens der südamerikanischen Siedlungskolonisation.

Ein Vergleich des Wandels in der Erwerbsstruktur des Auswanderungslandes im Übergang vom Agrar- zum Industriestaat mit der Erwerbsstruktur der Überseeauswanderung zeigt, daß die Auswanderung diesen Strukturwandel indirekt beschleunigte. Die transnationale Massenbewegung verstärkte jene Verschiebung in der Erwerbsstruktur des Auswanderungslandes auf Kosten landwirtschaftlicher Erwerbsbereiche, die in der Hauptsache freilich nicht Ergebnis überseeischer Auswanderung, sondern interner Abwanderung ("Landflucht") war: In der zweiten und besonders in der dritten Auswanderungswelle dominierten ländliche Bevölkerungs- und Berufsgruppen. Auch nach dem deutlicheren Hervortreten sekundärer und tertiärer Erwerbsbereiche in der Überseeauswanderung seit dem ersten Jahrfünft der 1890er Jahre lag der nunmehr stark rückläufige Anteil landwirtschaftlicher Auswanderer nach wie vor erheblich über dem Beschäftigtenanteil der Landwirtschaft im Auswanderungsland. Der stetig wachsende Anteil sekundärer und tertiärer Erwerbsbereiche an der Überseeauswanderung hingegen blieb hinter dem Wachstum der entsprechenden Beschäftigtenanteile auf dem Arbeitsmarkt des Auswanderungslandes zurück. In den 1920er Jahren schließlich entsprachen die Anteile sekundärer und tertiärer Berufsbereiche an der Überseeauswanderung annähernd denjenigen an der Gesamtbeschäftigung im Auswanderungsland. Der Anteil landwirtschaftlicher Berufsbereiche an der Überseeauswanderung aber sank in den Jahren bis 1923 bereits erheblich unter denjenigen im Auswanderungsland ab. Er überstieg mit dem Aufrücken südamerikanischer Auswanderungsziele Mitte der 1920er Jahre noch einmal den Anteil der von der Landwirtschaft lebenden Bevölkerung an der Gesamtbevölkerung im Auswanderungsland, um dann endgültig abzufallen und im ersten Jahrfünft der 1930er Jahre die Marke von 10 % zu unterschreiten.

Bis zur Mitte der 1860er Jahre dominierte die Familienauswanderung selbständiger Kleinbauern und Kleinhandwerker aus agrarisch-gewerblichen Mischzonen, vor allem des deutschen Südwestens, abgesehen von der noch in die erste Jahrhunderthälfte hineinragenden religiös bzw. sozialutopisch bestimmten Gruppenauswanderung, die nicht selten ganze Gemeinden umschloß. Die Tatsache, daß die Familienwanderung auch in der dritten Auswanderungswelle noch weit über der zügig aufrückenden Einzelwanderung lag, hängt wesentlich zusammen mit der Verlagerung der Auswanderungsschwerpunkte zu den ländlich-agrargesellschaftlichen Gebieten im deutschen Nordosten. Der steile Abfall der Auswanderungszahlen aus den Nordostgebieten im ersten Jahrfünft der 1890er Jahre ließ den – in den 1880er Jahren bereits über die Marke von 40 % angestiegenen – Anteil der Einzelwanderung ruckartig vorschnellen. Bis zum Ende der Weimarer Zeit schließlich kehrte sich die Relation von Familien- und Einzelwanderung geradewegs um: 1881-90 wurden 57,8 % Auswanderer im Familienverband und 42,2 % Einzelauswanderer gezählt. 1921-28 war der Anteil der Familienwanderung auf 33,8 % gesunken, derjenige der Einzelwanderung hingegen auf 66,2 % gestiegen.

Mit der rückläufigen Familienwanderung nahm auch die Stärke der Auswandererfamilien selbst kontinuierlich ab. Ihre durchschnittliche Kopfzahl, die 1880 noch 3,7 betrug, schrumpfte auf 2,6 im Jahr 1928. Dies ist freilich nicht nur als Folge des allgemeinen – in Gebieten mit agrarischer Monostruktur verzögerten – Geburtenrückgangs zu interpretieren, sondern auch als Folge zunehmender Aufspaltung des Familienverbands im Auswanderungsprozeß nach erwerbstätigen und nichterwerbstätigen Familienmitgliedern: Vieles deutet darauf hin, daß in zunehmendem Maß die Erwerbsperson, in der Regel der Familienvater, vorauswanderte, um im Einwanderungsland eine neue Existenzgrundlage aufzubauen und erst dann die Familie nachzuziehen. In die gleiche Richtung – Zunahme der Auswanderer im erwerbsfähigen Alter, Abnahme der Auswanderung von nichterwerbstätigen Familienmitgliedern — weist die Verschiebung in der Altersstruktur der Gesamtbewegung: Die Zahl der Auswanderer unter 14 Jahren nahm von 1884/90 (25,4 %) bis 1921/28 (12,3 %) scharf ab. Die Zahl der 14-21jährigen Auswanderer schrumpfte von 21 % (1884/90) auf 18,9 % (1921/28). Die ohnehin geringe Zahl der über 50jährigen Auswanderer fiel langfristig weiter von 6,1 % (1884/90) auf 4,4 % (1921/28). Der Anteil der Auswanderer im erwerbsintensivsten Alter von 21-50 Jahren hingegen wuchs rapide von 47,7 % (1884/90) auf 64,4 % (1921/28).

Die seit den 1880er Jahren deutliche Zunahme der Einzelwanderung und das Aufrücken von Berufsgruppen des Sekundär- und Tertiärbereichs in der Erwerbsstruktur der Überseeauswanderung leiteten über zu der zwischen entwickelten Industriegesellschaften vorherrschenden "neuen", industriellen Wanderungsweise: Ihr ökonomisch-spekulativer, stark von Schwankungen in Konjunkturentwicklung und Arbeitsmarktlage bestimmter Charakter relativierte die Grundsätzlichkeit des Auswanderungsentschlusses und ließ im Zuge der Internationalisierung des Arbeitsmarktgeschehens auch jene transatlantische Zeitwanderung deutlicher werden, die in der zeitgenössischen Diskussion gelegentlich als "Sachsengängerei nach Übersee" apostrophiert wurde und im Jargon der aktuellen Wanderungsdiskussion als "transatlantische Gastarbeiterwanderung" bezeichnet werden würde. Das starke Hervortreten ländlicher Auswanderergruppen aus den deutschen Nordostgebieten überschattete zur Zeit der dritten Auswanderungswelle noch diesen Wandel. Mit dem starken Rückgang der Auswanderung aus den Nordostgebieten zu Ende dieser Auswanderungswelle trat das moderne Gegenbild der vergleichsweise schwerfälligen Familienwanderung, die ökonomisch-spekulative Einzelwanderung vor allem aus städtischen Sekundär- und Tertiärbereichen, immer deutlicher hervor.

Die Veränderungen der Erwerbs- und Familienstruktur im Wandel zur "neuen", industriellen Wanderungsweise wurden begleitet von einem nicht minder deutlichen Wandel in den Soziallagen der Auswanderungspotentiale: Im ersten Jahrzehnt des 20. Jahrhunderts, in dem sich die Erwerbsstruktur der Überseeauswanderung endgültig zugunsten sekundärer und tertiärer Beschäftigungsbereiche verschoben hatte, lagen nicht nur hier, sondern auch bei den aus der Landwirtschaft stammenden Auswanderern die Zahlen der abhängig Beschäftigten um ein Vielfaches über den stagnierenden und zunehmend rückläufigen Zahlen der Selbständigen. An die Stelle von auswandernden Kleinbauern und Kleinhandwerkern waren Landarbeiter, Arbeiter und Angestellte aus Industrie, Gewerbe und Dienstleistungsbereich getreten: Von den erwerbstätigen Auswanderern aus der Landwirtschaft waren nurmehr 6,4 %, von denjenigen aus Industrie und Gewerbe nurmehr 7,3 % selbständig. Dabei blieb es bis zum Ende der 1920er Jahre: 1921/28 waren die erwerbstätigen Auswanderer aus der Landwirtschaft zu 93,4 % Landarbeiter und Knechte, diejenigen aus Industrie und Gewerbe zu

93,9 % Arbeiter und Gehilfen, diejenigen aus Handel und Verkehr zu 91,4 % Gehilfen und Angestellte. Die Wanderungsweise glich sich mithin, ähnlich phasenverschoben wie die Bevölkerungsweise, den für die Herausbildung der modernen Industriegesellschaft bestimmenden sozialökonomischen Strukturverschiebungen an.

3.2 Strukturwandel im Einwanderungsprozeß

Der Wandel zur "neuen", industriellen Wanderungsweise spiegelt sich nicht nur in der an der deutschen Auswandererstatistik ablesbaren Struktur der Wanderungspotentiale, sondern auch in den amerikanischen Census-Daten zur Erwerbs- und Siedlungsstruktur der aus Deutschland eingewanderten Bevölkerung ("German born population") im Haupteinwanderungsland USA. Die herkömmliche Vorstellung, daß die ländliche Siedlungswanderung der Deutschen in farmwirtschaftliche Distrikte der USA in ungebrochener Kontinuität fortlief, bis ihr das faktische Ende der freien Siedlung auf Regierungsland in den 1890er Jahren geradezu den Boden entzog, hält einer quantitativen Analyse nicht stand. Die "German born population" stellte 1820-60 mit rund 30 % der "Foreign born population" nach den Iren die zweitstärkste, 1861-90 sogar die stärkste Einwanderergruppe in den USA. Bei seit Mitte der 1890er Jahre stark abflachender deutscher Einwanderung und zeitgleich sprunghaft zunehmender Neuer Einwanderung aus Süd-, Südost- und Osteuropa fiel der deutsche Anteil an der Einwandererbevölkerung in den USA im Verlauf der beiden folgenden Jahrzehnte auf 18,5 % (1910) und sank bis zum Ende der 1920er Jahre kontinuierlich weiter. Die Erwerbsstruktur der aus Deutschland eingewanderten Bevölkerung der USA anhand der amerikanischen Census-Daten auch nur annähernd zu bestimmen, ist mit außerordentlichen, sie mit der Erwerbsstruktur im Auswanderungsland zu vergleichen, mit noch größeren Schwierigkeiten verbunden 22). Immerhin lassen sich mit Hilfe eines komplizierten Umrechnungsverfahrens für die Entwicklung der Erwerbsstruktur der "German born population" in den USA im 19. Jahrhundert und deren Wandel seit dem letzten Jahrhundertdrittel einige im Vergleich zur Entwicklung im Auswanderungsland aufschlußreiche Trendbewegungen konturieren:
Der landwirtschaftliche Bevölkerungsanteil der "German born population" in den USA stand 1880 (31,5 %) und 1890 (31,1 %) nach an der Spitze der landwirtschaftlichen "Foreign born population" der USA. Dann fiel sein Anteil kontinuierlich ab: 1920 lag die in ihrer Gesamtzahl und im Vergleich zu anderen Einwanderergruppen geschrumpfte "German born population" mit einem landwirtschaftlichen Bevölkerungsanteil von noch knapp über 20 % nach Norwegern, Dänen, Holländern, Schweizern, Finnen und Schweden nurmehr an

---

22) Problematisch ist dabei für die amerikanische Einwanderungsstatistik wie für die Census-Daten die nationale Gruppenbildung ("German born" innerhalb der "Foreign

Schaubild 7: Europäische Einwanderer nach Geburtsland und farmwirtschaftlichem Bevölkerungsanteil in den USA 1920

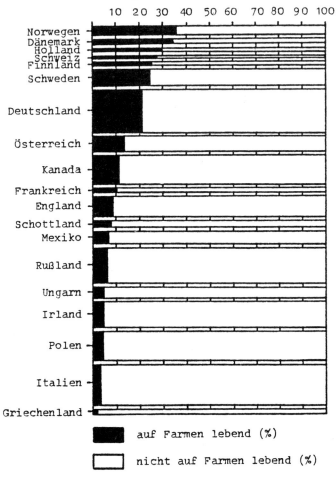

auf Farmen lebend (%)

nicht auf Farmen lebend (%)

Quelle:
L. E. Truesdell, Farm Population of the United States (Census Monographs, VI), Department of Commerce, Bureau of the Census, Washington 1926, S. 105.

born population"); ferner erfaßt der amerikanische Census nicht die Erwerbsstruktur der im betreffenden Zähljahrzehnt Eingewanderten, sondern jeweils die der gesamten in Deutschland geborenen Bevölkerung; schließlich schwankt die Gruppenbildung der Erwerbsstatistik ("Population engaged in gainful occupations") und entspricht in dieser ihrer wechselnden Zuordnung einzelner Berufe bzw. Berufszweige zu übergreifenden Erwerbsbereichen überdies nur sehr bedingt der in der Reichsstatistik üblichen Gruppeneinteilung.

7. Stelle innerhalb der "Foreign born population" der USA (Schaubild 7).

Innerhalb der "German born population" in den USA lag der Anteil der im Primärbereich selbständig (bes. "farmers", "planters") und abhängig Erwerbstätigen (bes. "agricultural laborers", "farm- and plantation overseers") 1870 mit 26,8 % bereits um rund 10 % unter dem Anteil des Sekundärbereichs in Höhe von 36,9 % ("manufacturing, mechanical and mining industries") und demjenigen des Tertiärbereichs in Höhe von 36,3 % ("domestic and personal service", "trade and transportation", "professional service"). Während der Primärbereich 1870-90 einen Zuwachs von 155.597 Erwerbstätigen zu verzeichnen hatte, kamen im Sekundär- und im besonders stark wachsenden Tertiärbereich insgesamt 509.298 aus Deutschland eingewanderte Erwerbstätige hinzu. Der vorwiegend städtische industriell-gewerbliche und der Dienstleistungssektor wuchsen in ihrem absoluten Zugewinn 1870-90 mithin um mehr als das Dreifache über den landwirtschaftlichen Beschäftigungsbereich hinaus. Auch aus den amerikanischen Daten über das Wanderungsergebnis der Deutschen im letzten Drittel des 19. Jahrhunderts spricht also ein scharfer Anstieg der Arbeitswanderung auf Kosten der ländlichen Siedlungswanderung schon während der dritten Auswanderungswelle.

Das bestätigt auch ein Blick auf die Siedlungsstruktur der "German born population" im Einwanderungsland USA: Die amerikanischen Daten zeigen, daß, im Gegensatz zum Auswanderungsland, 1890 schon rund 48 % und 1900 bereits mehr als 51 % der in Deutschland geborenen USA-Einwanderer in Städten mit mehr als 25.000 Einwohnern lebten, wo sie zweifelsohne nicht landwirtschaftlichen Beschäftigungen nachgingen. Und selbst die in "ländlichen Siedlungen" unter 2.500 Einwohnern ("rural communities") lebende "German born population" – deren Anteil von 33,3 % (1910) auf 26,8 % (1930) abfiel – darf nur zum Teil als "Farmbevölkerung" ("population living on farms") im engeren Sinne betrachtet werden: Nach der für 1930 verfügbaren Differenzierung zwischen "ländlich-landwirtschaftlicher" ("rural-farm") und "ländlich-nichtlandwirtschaftlicher" Bevölkerung ("rural-nonfarm") wurden für dieses Jahr von den 26,8 % der in "ländlichen Siedlungen" Lebenden nur die Hälfte (13,4 %) in farmwirtschaftlich strukturierten Siedlungsräumen ("rural farm") nachgewiesen. Obgleich gerade die aus Deutschland eingewanderte Bevölkerung einen relativ hohen, stabilen und insgesamt nur langsam zurückgehenden landwirtschaftlichen Beschäftigtenanteil aufwies, überrundeten in der Erwerbsstruktur von "German born population" in den USA 1870-90 bei deutlichem Anstieg der Gesamterwerbsquote (von 49,5 % auf 54 %) und weiblicher Erwerbstätigkeit (von 7,6 % auf 10,9 %) der Sekundär- und besonders der Tertiärbereich den Primärbereich erheblich früher und rascher als im Auswanderungsland. Die "German born population" der USA war mithin in weitaus stärkerem Maße im "urban employment" des Sekundär- und Tertiärbereichs tätig, als dies bei den Erwerbstätigen im Auswanderungsland der Fall war. Es muß deshalb davon ausgegangen

werden, daß der größte Teil der deutschen USA-Einwanderung schon in den
Jahren 1870-90 und insbesondere 1880-90 nicht mehr im ländlichen Primärbereich, sondern im vorwiegend städtischen Sekundär- und insbesondere Tertiärbereich seine Erwerbsgrundlage suchte oder doch fand.
Die anhaltende Anziehungskraft der "Frontier"-Vorstellung von der freien Siedlung auf Regierungsland in den USA kann zwar, besonders im Blick auf die ländlichen Auswanderergruppen der dritten deutschen Auswanderungswelle, kaum
überschätzt werden. Die amerikanischen Daten über die Erwerbs- und Siedlungsstruktur der "German born population" aber zeigen frappierende Diskrepanzen
zwischen möglichen Wanderungsabsichten (Landnahme, selbständige Produktion
im Primärbereich) und faktischen Wanderungsergebnissen (Arbeitnahme, abhängige Produktion im Sekundär- bzw. Tertiärbereich). Bevor das Nachlassen
der "Frontier"-Bewegung in den USA andere Bewegungsrichtungen der internen
Migration (besonders die Land-Stadt-Wanderung und zum Teil auch Rückströme
in Ost-West-Richtung) ganz hervortreten ließ, verschoben sich die Siedlungs-
schwerpunkte der in Amerika geborenen Nachkommenschaft älterer Einwanderergruppen tendenziell nach Westen, während nachrückende Einwanderergruppen die so entstandenen Freiräume einnahmen, und zwar nicht nur in Landwirtschaft und ländlichem Gewerbe, sondern gerade auch im städtischen Sekun-
där- und Tertiärbereich: "Wenn auch einzelne Immigrantengruppen in gewissen
Perioden regen Anteil an der Landsiedlung genommen haben", konstatierten
schon A. und E. Kulischer, "so spielten sie doch in der Mehrheit geographisch
und wirtschaftlich die Rolle einer Nachhut der Kolonisationsbewegung der
Amerikaner. Sie lieferten die Arbeitskräfte für die Industrie, die sich im Osten
auf der Basis der Markterweiterung durch die nach Westen fortschreitende
Kolonisation entwickelte" 23). Das galt in vieler Hinsicht auch für die deutsche
USA-Einwanderung am Ende des 19. Jahrhunderts, die zunehmend Ersatz- bzw.
Erweiterungsfunktionen auf den städtisch-industriellen Arbeitsmärkten im
amerikanischen Osten übernahm 24).
Der Traum von der freien kleinbäuerlichen Siedlung auf Regierungsland im
amerikanischen Westen hatte den ungeschriebenen harten Gesetzen der "Fron-
tier" ohnehin nur sehr bedingt entsprochen und trug schon in den 1880er Jahren
Züge einer agrarromantischen Sozialutopie. Viele deutsche Auswanderer aus
ländlichen Gebieten mochten noch in den 1880er Jahren in der Hoffnung an
Bord der Auswandererschiffe gegangen sein, in kleinbäuerlicher Siedlung in der
Neuen Welt die verlorene Alte wiederzugewinnen. Mit der Auswanderung aber
taten viele von ihnen just jenen Schritt in die Moderne, den zu vermeiden die
Überfahrt vielleicht angetreten worden war: Für mentale Schollenbindung und

23) A. u. E. Kulischer, Kriegs- und Wanderzüge. Weltgeschichte als Völkerbewegung,
Berlin 1932, S. 144 f.
24) Hierzu der Beitrag von H. Keil (3. 6) in diesem Band.

konservative Agrarromantik, die der Mentalität der vorwiegend amerikanischen "Frontier"-Farmer durchaus fremd waren, war kein Platz im amerikanischen Westen. Land im Mittelwesten aber kostete Geld, das Auswanderer aus unter- bäuerlichen Schichten häufig nur beschränkt besaßen, ganz abgesehen von den relativ hohen Startinvestitionen für den Aufbau einer stabilen Subsistenz- oder gar einer rentablen Marktproduktion in den USA. Diejenigen unter ihnen, die ein Erbe antraten, in deutsch-amerikanische Farmersfamilien einheirateten und die wenigen, die ein gewisses Eigenkapital aus der Auflösung ihres Kleinbesitzes mitbrachten, hatten die Chance, zu kleinem und in der Regel nur begrenzt aus- baufähigem Farmbesitz zu kommen. Den anderen blieb die Wahl, als landwirt- schaftliche Lohnarbeiter im Einwanderungsland zu bleiben, was sie im Auswan- derungsland gewesen waren oder aber sich in die einwandernde industrielle Reservearmee auf den expandierenden städtischen Arbeitsmärkten des Sekundär- und Tertiärbereichs einzureihen.

Dazwischen standen diejenigen, bei denen die ursprüngliche Zweck-Mittel-Rela- tion beim befristeten Eintritt in nichtlandwirtschaftliche Erwerbsbereiche im Aus- und Einwanderungsland zur Vorbereitung der Siedlungswanderung "nach Amerika" bzw. zur Landnahme "in Amerika" außer Kontrolle geriet, so daß der Auswanderungsentschluß entweder gar nicht mehr ausgeführt wurde oder doch nicht zu dem erstrebten Ziel führte, das einmal Anlaß für seine Ausführung gewesen war: Das galt 1. für Auswanderungswillige vom Lande, die vom Aufbau einer landwirtschaftlichen Existenz in den USA träumten, das dazu noch fehlen- de Startkapital noch im Auswanderungsland durch nichtlandwirtschaftliche Nebentätigkeit oder als Wanderarbeiter außerhalb der Saison in städtisch-in- dustrieller Tätigkeit anzusparen suchten und dann als Nebenerwerbslandwirte endeten bzw. ganz in den städtisch-industriellen Tätigkeitsbereich überwechsel- ten, der gerade in der Hochkonjunkturperiode seit Mitte der 1890er Jahre ein bis dahin nicht gekanntes sozialökonomisches Chancenangebot entfaltete, so daß der Auswanderungsentschluß selbst unausgeführt blieb; und es galt 2. für jene Ausgewanderten, die in den USA die zum Aufbau der erstrebten farmwirt- schaftlichen Existenz noch fehlenden Mittel durch befristete städtisch-industriel- le Erwerbstätigkeit anzusparen suchten und dann in städtischen Sekundär- und Tertiärbereichen steckenblieben. Dafür aber gab es auf den hektisch wachsenden städtisch-industriellen Arbeitsmärkten Mittel- und insbesondere Westdeutsch- lands ein gerade seit den 1890er Jahren sprunghaft zunehmendes Alternativan- gebot. Es war, im Gegensatz zur vergleichsweise kostspieligen Überseepassage, auf dem Schienenweg zu erreichen, schlicht durch den Kauf einer verbilligten Arbeiterfahrkarte, die überdies nicht selten vom neuen Arbeitgeber im 'deut- schen Westen' bezahlt wurde.

Hauptgrund für die scharfe Abnahme der Überseeauswanderung und die umso stärkere Zunahme der Binnenwanderung vom Land in die Städte und aus der Landwirtschaft in die Arbeitsmärkte des Sekundär- und Tertiärbereichs im Aus-

wanderungsland war mithin das beschleunigte Aufholen des deutschen industrie-
gewerblichen Beschäftigungsangebots gegenüber dem amerikanischen. Es
schwächte die Diskrepanzen zwischen Aus- und Einwanderungsland deutlich ab
und wurde noch beschleunigt durch die konjunkturellen Dissonanzen der 1890er
Jahre: Während die Anziehungskraft der industriellen Ballungsräume Mittel- und
insbesondere Westdeutschlands seit den 1880er Jahren stetig und seit den 1890er
Jahren rapide zunahm, wurde das entsprechende sozialökonomische Chancenangebot des überseeischen Haupteinwanderungslandes gerade im ersten Jahrfünft
der 1890er Jahre schwer erschüttert; denn die amerikanische Wirtschaft wurde
von der dritten Einbruchsphase der seit 1873 anhaltenden Krisenzeit erheblich
härter getroffen ("panic of 1893") als die deutsche. Das trug zusätzlich dazu bei,
an die Stelle der Überseeauswanderung die Binnenwanderung treten zu lassen,
innerhalb derer die in den 1880er Jahren zur Massenbewegung aufsteigende
große Ost-West-Fernwanderung zum internen Pendant der Überseewanderung
geriet.

4. Exkurs: 'Amerika' im Ruhrgebiet — die deutsche Ost-West-Fernwanderung als 'interne Auswanderung'

Die interne Ost-West-Wanderung stieß zunächst in das Industriezentrum Berlin
vor, griff in den 1870er Jahren in das mitteldeutsche Industriegebiet, in geringem Umfang auch schon ins Rheinland und nach Westfalen aus. In den 1880er
Jahren setzten die massive montanindustrielle Arbeiteranwerbung auf dem landwirtschaftlichen Arbeitsmarkt der deutschen Nordostgebiete und die verbilligten Massentransporte auf dem Schienenweg ein. Seither und besonders seit den
1890er Jahren, war diese (in Schaubild 8 am Beispiel von Ostpreußen, Westpreußen und Posen erfaßte) interne Ost-West-Bewegung bestimmt durch die
Fernwanderung aus den preußischen Ostgebieten ins Ruhrgebiet. Als Massenbewegung lief die Ost-West-Fernwanderung, die zuletzt vor allem die Arbeitsplätze der aus dem Ruhrgebiet in den neuen polnischen Staat zurückflutenden
bzw. nach Frankreich weiterwandernden preußisch-polnischen "Ruhrpolen"
auffüllte, erst Mitte der 1920er Jahre aus [25].
Wie die Überseeauswanderung aus den Nordostgebieten zur Zeit der dritten
Auswanderungswelle (1880-93) gehörte auch die interne Ost-West-Fernwan-

25) Hierzu und zum Folgenden: E. Franke, Das Ruhrgebiet und Ostpreußen. Geschichte,
Umfang und Bedeutung der Ostpreußeneinwanderung, Essen 1936; W. Brepohl, Der Aufbau
des Ruhrvolkes im Zuge der Ost-West-Wanderung, Recklinghausen 1948; H. - U. Wehler,
Die Polen im Ruhrgebiet bis 1918, in: ders., (Hg.), Moderne deutsche Sozialgeschichte,
Köln 1968, S. 437-455; Chr. Kleßmann, Polnische Bergarbeiter im Ruhrgebiet 1870-1945.
Soziale Integration und nationale Subkultur einer Minderheit in der deutschen Industrie-
gesellschaft, Göttingen 1978; K. Murzynowska, Die polnischen Erwerbsauswanderer im
Ruhrgebiet während der Jahre 1880-1914, Dortmund 1979; R. C. Murphy, Gastarbeiter
im Deutschen Reich. Polen in Bottrop 1871-1933, Wuppertal 1982.

Schaubild 8: Interne Ost-West-Wanderung: Zuwanderer aus Ostpreußen, Westpreußen und Posen in Rheinland-Westfalen 1880 - 1910

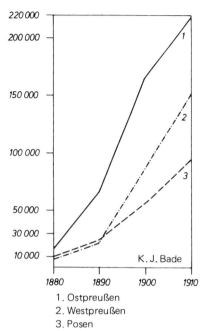

1. Ostpreußen
2. Westpreußen
3. Posen

Quelle:
Kumulative Daten bei Chr. Kleßmann (s. Anm. 25), S. 260.

derung fast durchweg in den Bereich der "proletarian mass migrations" 26).
Sie war aber, im Gegensatz zur Überseeauswanderung, von Anbeginn an gleichbedeutend mit einer massenweisen Umsetzung unterbäuerlicher Schichten vom
Land- ins Industrieproletariat. Sie mündete (mit dem Hauptgewicht auf Berg-
arbeit, angelernter und ungelernter Industriearbeit) in der Rheinprovinz zu
86 % und in Westfalen zu 94 % in die Arbeiterschaft des Sekundärbereichs
ein 27). Die Ost-West-Fernwanderung aus der ländlichen Peripherie im Osten in
die industriellen Metropolen Mittel- und vor allem Westdeutschlands war die
schärfste sozialgeschichtliche Bruchlinie im Wandel der Lebensformen beim
Übergang von der Agrar- zur Industriegesellschaft im kaiserlichen Deutschland.
Das galt besonders für jene nach Hunderttausenden zählenden Fernwanderer
aus den ehemals polnischen Gebieten im preußischen Osten, die preußisch-
deutscher Staatsangehörigkeit, aber polnischer Muttersprache und Nationalkultur waren und als "Ruhrpolen" in den "Polenzechen" des Ruhr- und Em-

26) I. Ferenczi, Proletarian Mass Migrations, 19th and 20th Centuries, in: F. W. Willcox
(Hg.), International Migrations, Bd. 1: Statistics, New York 1929 (Repr. 1969), S. 81 ff.

scherreviers Beschäftigung fanden. Für sie geriet die Binnenwanderung in den 'deutschen Westen' zu einem echten Einwanderungsprozeß, bei dem der Bruch in Berufsfeld und Lebensformen zwischen Ausgangsraum und Zielgebiet durchaus schärfer anzusetzen ist als etwa bei den aus den gleichen Räumen in die USA auswandernden kleinbäuerlichen Siedlungswanderern, die in ihren überseeischen farmwirtschaftlichen Zielräumen verwandte Wirtschafts- und Lebensformen und, in den 'deutschen' Gebieten im amerikanischen Mittelwesten, sogar das Deutsche als Verkehrssprache im engeren Wirtschafts- und Lebensraum antrafen 28). Die interne Ost-West-Fernwanderung, vor allem die Wanderungsgeschichte der "Ruhrpolen", stand in ihren Formen und Problemen der Aus- und Einwanderung in vieler Hinsicht näher als allen anderen zeitgleichen Binnenwanderungen der Hochindustrialisierungsperiode. Das galt für die Wanderungsweise ("Kettenwanderung"), für die Siedlungsweise ("Polenkolonien"), für die Konzentration auf bestimmten Teilarbeitsmärkten ("Polenzechen") und für die Probleme von Akkulturation und Assimilation im Zielgebiet überhaupt 29):
In der zeitgleichen Einwanderungsgeschichte der USA konnten bestimmte Siedlungsgebiete und Erwerbsbereiche schwerpunktmäßig nationalen Einwanderergruppen zugeordnet werden. Das galt weithin auch für die Siedlungs- und Erwerbsstruktur der "German born population". Zur Koloniebildung im Einwanderungsprozeß (im Gegensatz zu der in früheren Jahrzehnten und vor allem bis zur Jahrhundertmitte häufigeren Verpflanzung ganzer Dorf- und Glaubensgemeinschaften in die Neue Welt) führten nicht allein Sprachbarrieren, sondern im weitesten Sinne die soziokulturellen Diskrepanzen zwischen Ein- und Auswanderungsland. Im Einwanderungsprozeß, der als Übergang von der Ausgliederung aus der Alten zur Eingliederung in der neuen Welt ein Prozeß der kulturellen Identitätskrise war, ließen sie Gemeinsamkeiten der "eingewanderten Fremden" ("immigrant aliens") in materieller Kultur, Lebensformen und Mentalitäten umso deutlicher hervortreten, vielfach ihren Trägern selbst erst bewußt werden ("ethnogenesis"). Die Koloniebildung war, als eine Art Kulturschleuse, ein Durchgangsstadium im Einwanderungsprozeß: Viele der neu Eingewanderten gliederten sich zuerst hier und erst von hier aus weiter in die umschließende Aufnahmegesellschaft ein. Die Koloniebildung erleichterte zunächst den Einwanderungsprozeß und erschwerte ihn nur für diejenigen, die zu lange im Milieu der Kolonie blieben; denn Eingliederung in die umschließende Aufnahmegesell-

27) Köllmann, Bevölkerungsgeschichte, S. 22.

28) Hierzu insbesondere: K. Neils Conzen, Immigrant Milwaukee, 1836-1860. Accomodation and Community in a Frontier City, Cambridge Mass. 1976; dies., Art. "Germans", in: Harvard Encyclopedia of American Ethnic Groups, Cambridge Mass. 1980, S. 405-425; W. D. Kamphoefner, Westfalen in der Neuen Welt. Eine Sozialgeschichte der Auswanderung im 19. Jahrhundert, Münster 1982; vgl. dazu die Beiträge von K. Neils Conzen (3. 5) und W. D. Kamphoefner (3. 4) in diesem Band.

29) Vgl. hierzu den Beitrag von Chr. Kleßmann (4. 3) in diesem Band.

schaft bedeutete schrittweise, nicht selten Generationen umgreifende Ausgliederung aus dem Milieu jener Kolonie, die von der Aufnahmegesellschaft selbst häufig nicht als Zuflucht für Einwanderer in der kulturellen Identitätskrise verstanden, sondern als sich bewußt abkapselnder, wenn nicht gar feindseliger Fremdkörper mißverstanden wurde. Und doch waren die Einwanderergruppen, die sich in solchen Kolonien sammelten, auch in diesen Siedlungsschwerpunkten durchaus nicht so homogen, wie dies nach außen hin erscheinen mochte. Das konnte innerhalb der "German born population" in den USA etwa in einer deutlichen Gliederung nach deutschen Herkunftsgebieten Ausdruck finden 30). Die Ausgangsräume im Auswanderungsland blieben mit 'ihren' Siedlungsdistrikten im Einwanderungsland durch fest eingeschliffene transatlantische Wanderungtraditionen und eine entsprechend dichte transatlantische Kommunikation nicht selten über Generationen eng verbunden. Die Koloniebildung im Einwanderungsprozeß fand im Zuge der Siedlungskolonisation Ausdruck in deutsch-amerikanischen Ortsnamen – von "Germantown" (Philadelphia) über "Frankenmuth" (Michigan) bis hin zu "Neubraunfels" (New Braunfels, Texas) – und im Urbanisierungsprozeß in jenen "deutschen Vierteln" amerikanischer Großstädte, die fortbestanden, bis sich die Spuren von "Little Germany" im Assimilationsprozeß verloren. Schon um die Jahrhundertwende waren die weit verstreuten Deutsch-Amerikaner gleichmäßiger über das Gebiet der Vereinigten Staaten verteilt als alle anderen Einwanderergruppen.

Der kulturelle Zerfall von "Little Germany" und seiner deutsch-amerikanischen Lebensformen freilich hatte nicht nur mit der hohen Assimilationsbereitschaft der deutschen Einwanderer, sondern auch mit einem vom Auswanderungsland herüberwirkenden besonderen Assimilationsdruck zu tun: Der Erste Weltkrieg, in dem, nach dem Kriegseintritt der USA, demonstrativer Stolz auf deutsche Traditionen für die Deutsch-Amerikaner zur Gefahr werden konnte, führte zu einem schweren Loyalitätskonflikt und letztlich zum Bruch mit der deutschen Geschichte. Die deutschen Lebensformen verblaßten, aus Deutsch-Amerikanern wurden endültig Amerikaner deutscher Abstammung. Aber das war vorwiegend Ergebnis der durch die Entwicklung im Auswanderungsland ausgelösten Skepsis im Einwanderungsland gegenüber jenen Deutsch-Amerikanern, die sich selbst weithin bereits in der ersten Generation assimilierten und bei Besuchen im Auswanderungsland stolz als "Amerikaner" auftraten und dort auch zumeist schon seit ihrer Auswanderung als solche betrachtet wurden, wiewohl sie im Einwanderungsland nicht selten noch in der zweiten Generation als "Germans" galten. Nationalsozialismus und Zweiter Weltkrieg, in dem sich Deutsche und Nachfahren deutscher USA-Einwanderer aufs neue feindlich gegenüberstanden, zogen nurmehr einen Schlußstrich unter den Zerfall der deutschen Auslandskultur in den Vereinigten Staaten und führten nicht mehr zu einem Loyalitätskonflikt

---

30) Hierzu bes. Kamphoefner (s. Anm. 28).

wie im Ersten Weltkrieg, denn "Nazi-Germany" hatte für die meisten Deutsch-
Amerikaner nichts mehr gemein mit jenem "good old Germany", das sie oder
ihre Vorfahren einst verlassen hatten 31).

Studien über die interne Ost-West-Fernwanderung im Deutschland des späten
19. und frühen 20. Jahrhunderts bieten zahlreiche Belege dafür, daß diese
Binnenwanderungsbewegung über weite Distanz in ihren Zielgebieten in einen
echten Einwanderungsprozeß mündete: Ähnlich wie im überseeischen Haupteinwanderungsland begegneten in Orts-, Berufs- und sogar Arbeitsplatzwahl
der "Neuankömmlinge" im Ruhrgebiet und besonders in der Emscherlinie Züge
einer zum Teil bis in die 1920er Jahre hinein stabilen Koloniebildung ("West-
fälische Ostmark", "Klein-Ostpreußen", "Neumasuren", Klein-Allenstein").
Sie hielt hier z. B. noch in der Zweiten Generation jene "Ostpreußen" bei-
sammen, die in ihrem Herkunftsgebiet schon in der Ersten Generation als "Westfalen" gegolten hatten. Wie in der Geschichte der deutschen Überseeauswanderung fest eingeschliffene transatlantische Wanderungstraditionen eine entsprechend dichte transatlantische Kommunikation bewirkten, entstanden hier
interregionale Wanderungstraditionen, die eine nicht minder wirksame interregionale Kommunikation über weite Distanz begründeten. So wie etwa Gelsenkirchen als "Ostpreußen–Verteilerstelle" das deutsche "New York" der Ostpreußen war, so gingen die in Massentransporten "auf Empfehlung hin" hier
eintreffenden "Neuen" geradewegs in "ihre" Städtebezirke und "ihre" Betriebe
der Montanindustrie 32). Die Schaubilder 9 und 10 zeigen, daß im Zuge der
internen Ost-West-Fernwanderung nicht nur bestimmte ostpreußische Stadtregio-
nen bestimmte Stadtbezirke im Ruhrgebiet bevölkerten, sondern sogar bestimmte Ostprovinzen noch in den 1920er Jahren bestimmte Zechen beschickten.
Während die früher oder aus den näheren Einzugsbereichen der Industriestandorte Zugewanderten ihren sozialen Aufstieg im buchstäblich räumlichen Sinne,
nämlich aus den Kohlenflözen, absolviert hatten, rückten "die Neuen" ebenso
buchstäblich "ganz unten", nämlich unter Tage, ein oder begannen als ungelernte Industriearbeiter auf den untersten, am wenigsten geschätzten Ebenen
schwerindustrieller Tätigkeitsbereiche. Alteingesessene bzw. ältere Zuwanderergruppen und Zuwanderer aus dem Nahbereich der Industriestandorte dagegen
arbeiteten, ähnlich wie in den USA, häufig als Gruppen- bzw. Kolonnenführer,

31) Hierzu und zum Folgenden: A. Bretting, Soziale Probleme deutscher Einwanderer
in New York City 1800-1860, Wiesbaden 1981; dies., Die Konfrontation der deutschen
Einwanderer mit der amerikanischen Wirklichkeit in New York City im 19. und 20. Jahrhundert, in: Amerikastudien/American Studies, 27. 1982, S. 247-257, vgl. dazu den Beitrag
von W. P. Adams (3. 3) in diesem Band.

32) Brepohl, S. 96 ff., 102 ff., 140 ff.; Franke, S. 25, 38 f., 50, 59 ff., 63, 73 ff., 86 ff.;
O. Mückeley, Die Ost- und Westpreußen-Bewegung im Rheinisch-Westfälischen Industrie-
bezirk, Gelsenkirchen 1926, S. 22; vgl. K. Tenfelde, Sozialgeschichte der Bergarbeiterschaft
an der Ruhr im 19. Jahrhundert, Bonn-Bad Godesberg 1977, S. 230 ff., 244 ff., 383 ff.

Schaubild 9: Wanderungstraditionen und interregionale Kommunikation
in der internen Ost-West-Wanderung

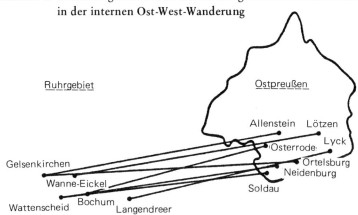

Quelle:
E. Franke (s. Anm. 25), S. 40.

Schaubild 10: Interne Ost-West-Wanderung und Zechenbelegschaften
im Ruhrgebiet 1920 - 1922

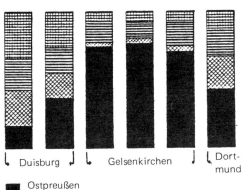

Ostpreußen
Schlesien
Grenzmark
Übrige östl. Provinzen

Quelle:
E. Franke (s. Anm. 25), S. 55.

Vorarbeiter, Meister und Steiger, auf Ebenen mithin, die für die ungelernten, mittellosen "Ostlinge" — aus sprachlichen ("Ruhrpolen") wie finanziellen Gründen (Bergbauschule beim Steiger) — zunächst ebenso schwer zu erreichen waren wie der Aufstieg in tertiäre Erwerbsbereiche 33).

All dies gehörte zum Hintergrund für die Herausbildung der "Polenkolonien" in der Siedlungsweise und der "Polenzechen" in der Gliederung lokaler montanindustrieller Erwerbsbereiche nach Zuwanderergruppen, wobei diese Zuschreibung auch hier häufig mehr der groben Einschätzung der eingesessenen Bevölkerung als der tatsächlichen Binnenstruktur von Kolonien und Zechenbelegschaften entsprach: "Die Neuen" aus "dem Osten" wurden in skeptischer Reserve nicht selten schlichtweg als "Polen" eingestuft und als solche — weniger am Arbeitsplatz als in ihren Siedlungsgebieten und im Privatleben — zunächst weitgehend gemieden. Die evangelischen Ostpreußen masurischer Muttersprache hingegen reagierten auf das historisch wie sprachlich deplazierte polemische Kennwort "Polack" ebenso allergisch wie Deutsche aus den Ostprovinzen, die — in den Jahren der aufsteigenden ost- und südosteuropäischen Neuen Einwanderung — im überseeischen Haupteinwanderungsland mit "East Europeans" verwechselt wurden, denen sie nach Lebensformen, Mentalität und schwerem Akzent verwandt erscheinen mochten, ohne es zu sein. Was deutschen Industriegewerkschaften — trotz allen Bemühens um die materielle, arbeits- und sozialrechtliche Gleichstellung der preußisch-polnischen Minderheit im Ruhrbezirk — im Kampf um bessere Löhne und Arbeitsbedingungen die ungelernten "malochenden" "Wulacker" (schuftenden Wühler) aus den Ostprovinzen waren, waren den nicht minder auf Organisation, Kontrolle und schließlich auf scharfe Einwanderungsrestriktionen drängenden amerikanischen Gewerkschaften die vorwiegend ländlichen "unskilled immigrants" der Hochindustrialisierungsperiode. Wie amerikanische Gewerkschaften — erfolgreich — gegen die Einwanderung von im Auswanderungsland angeworbenen und schon vertraglich gebundenen "Kontraktarbeitern" ("contract labor law") kämpften, so wandten sich deutsche Gewerkschaften — vergeblich — gegen die von westlichen montanindustriellen Arbeitgebern schwunghaft betriebene Arbeiteranwerbung im preußischen Osten. Was sich auf den montanindustriellen Arbeitsmärkten des 'deutschen Westens' innerhalb der Zuwanderergruppen als 'Deutsche' gegen 'Polen' aus den gleichen preußischen Ostprovinzen abgrenzte, traf auf den städtisch-industriellen Arbeitsmärkten des amerikanischen Ostens in ähnlicher Weise aufeinander 34). Das Ruhrgebiet und besonders das Emscherrevier, in dem

33) Franke, S. 63 f., 66 f.; ders., Die polnische Volksgruppe im Ruhrgebiet, in: Jahrbuch des Arbeitswissenschaftlichen Instituts der DAF, 2. 1940/41, S. 319-404, hier: S. 338 f., 361 ff., 402; Tenfelde, S. 253 ff., Kleßmann, S. 68-72.

34) Franke, Ostpreußen, S. 20, 68; ders., Poln. Volksgruppe, S. 322, 347 f.; Brepohl, S. 104; Wehler, S. 441; Kleßmann, S. 20, 40; Kulischer, S. 178; V. R. Greene, The Slavic Community on Strike: Immigrant Labor in Pennsylvania Anthracit, Notre Dame 1968;

auch im Wanderungsgeschehen "die Dynamik der Entwicklung amerikanische Ausmaße annahm" 35), war nach alledem eine Art 'internes Einwanderungsland' mit allen Kennzeichen eines soziokulturellen 'Schmelztiegels', der in der Hochindustrialisierung den von Brepohl beschriebenen "Aufbau des Ruhrvolkes im Zuge der Ost-West-Wanderung" zustande brachte, die nur Binnenwanderung und doch zugleich eine Art 'interner Aus- bzw. Einwanderung' war.

5. Die "Auswanderungsfrage": Auswanderungsdiskussion, Auswanderungsgesetzgebung und "Auswanderungspolitik"

Durch die Auswanderungsdiskussion des 19. Jahrhunderts 36), die in den 1840er Jahren ihren ersten Höhepunkt erreichte, ziehen sich mit wechselnder Schwerpunktsetzung drei große Grundgedanken: 1. die von völkisch-romantischen und später von nationalideologischen Vorstellungen geprägte Klage über den nationalkulturellen "Aderlaß" durch überseeische Massenauswanderung und den Verlust an Wirtschaftskraft und "Erziehungskapital" vor allem an die Vereinigten Staaten; 2. die gegenläufige, in die zeitgenössische Dampfkesselmetaphorik gekleidete bevölkerungs- und "sozialpolitische" Vorstellung, daß die Auswanderung das einzig rettende "Sicherheitsventil" gegen den durch die "explosive" Bevölkerungszunahme wachsenden "Druck" im Innern biete; 3. die Forderung, die "sozialpolitisch notwendige" Auswanderung durch Auswanderungsgesetzgebung gegen Übervorteilung zu schützen und durch staatliche "Auswanderungspolitik" bzw. private "Assoziationen" so zu "organisieren" und zu "lenken", daß die damit verbundenen nationalkulturellen und ökonomischen Gravamina für das Auswanderungsland begrenzt oder sogar ins Gegenteil verwandelt würden – bis hin zu Vorstellungen von der Begründung eines "Neudeutschland in Übersee" durch konzentrierte deutsche Einwanderung in Südamerika.
Die deutsche Massenauswanderung bewirkte in den 1840er Jahren eine Flut von

A. T. Lane, American Labor and European Immigrants in Late Nineteenth Century, in: Journal of American Studies, 11. 1977, S. 241-260.
    35) Wehler, S. 439.
    36) Hierzu und zum Folgenden s. Klaus J. Bade, Friedrich Fabri und der Imperialismus in der Bismarckzeit: Revolution – Depression – Expansion, Freiburg i.Br. 1975; ders., Die deutsche Kolonialexpansion in Afrika: Ausgangssituation und Ergebnis, in: W. Fürnrohr (Hg.), Afrika im Geschichtsunterricht europäischer Länder. Von der Kolonialgeschichte zur Geschichte der Dritten Welt, München 1982, S. 13-47; ders. (Hg.), Imperialismus und Kolonialmission. Kaiserliches Deutschland und koloniales Imperium, Wiesbaden 1982, S. 1-12, 103-141; ders., Das Kaiserreich als Kolonialmacht: Ideologische Projektionen und historische Erfahrungen, in: J. Becker, A. Hillgruber (Hg.), Die Deutsche Frage im 19. und 20. Jahrhundert, München 1983, S. 91-108; zur Auswanderungsdiskussion der Jahrhundertmitte: H. Fenske, Die deutsche Auswanderung in der Mitte des 19. Jahrhunderts. Öffentliche Meinung und amtliche Politik, in: Geschichte in Wissenschaft und Unterricht, Jg. 1973, S. 221-236; M. Kuckhoff, Die Auswanderungsdiskussion während der Revolution von 1848/49, in: Moltmann (Hg.), Amerikaauswanderung, S. 102-145.

Literatur, gab zur Begründung zahlreicher Auswanderungsvereine Anlaß und führte in der 186. Sitzung der verfassungsgebenden Reichsversammlung am 15. März 1849 zur Verabschiedung eines Reichsauswanderungsgesetzes, in dem sogar ein besonderes Auswanderungsamt vorgesehen war. Gesetz und Amt kamen nicht zustande, es blieb bei der Vielfalt der Auswanderungsverordnungen der einzelnen deutschen Staaten, für die nicht nur der Weg nach Übersee, sondern schon derjenige über die jeweiligen Landesgrenzen "Auswanderung" war. Seit dem ersten Jahrfünft der Reaktionszeit, in dem die jährlichen Auswanderer-zahlen nach Schätzungen auf etwa eine Viertelmillion hochschnellten (1854), ging die Auswanderungsdiskussion stark zurück, zumal das Scheitern der Revo-lution von 1848/49 einer 'reichsgesetzlichen' Regelung des Auswanderungs-wesens den Boden entzogen hatte und zahlreiche Auswanderungsvereine aus den 1830er und 1840er Jahren wieder eingegangen waren oder doch — wie etwa der "Texasverein" im Gegensatz zu dem langlebigen "Hamburgischen Coloni-sationsverein von 1849" — in Fiasko und Mißkredit geführt hatten 37).
In den frühen 1880er Jahren setzte — vor dem Hintergrund der 1880 angelau-fenen gewaltigen Auswanderungswelle — die Diskussion der "Auswanderungs-frage" aufs neue massiv ein. Sie verschränkte sich mit der Diskussion um die von der vorwiegend mittelständischen Expansionsagitation propagierte koloniale Expansion, die dem jungen Nationalstaat durch eine Art Zweite Reichsgründung in Übersee zu imperialer Stellung verhelfen sollte und zugleich einen Fluchtweg zu bieten schien aus Bevölkerungs-, Wirtschafts- und Gesellschaftskrise.
Bevölkerungsgeschichtlich lagen die Jahrzehnte zwischen Reichsgründung und Erstem Weltkrieg in dem eingangs skizzierten dramatischen Umbruch im lang-fristigen Übergang zur industriellen Bevölkerungsweise: Bei noch anhaltend hoher Geburtenkurve sank zunächst die Sterbekurve ab. Die Bevölkerung nahm rapide zu, nicht weil mehr Menschen geboren wurden, sondern weil sie länger lebten, weil Kindbett-, Säuglings- und Kindersterblichkeit sanken, während die mittlere Lebenserwartung stieg. Mit dem im Vergleich zur Sterbekurve phasenver-schoben einsetzenden Absinken der Geburtenkurve zeichnete sich erst in den beiden Vorkriegsjahrzehnten endgültig der in allen modernen Industriegesell-schaften zu beobachtende Wandel ab zur industriellen Bevölkerungsweise mit ihren auf niedrigem Niveau schwankenden Kurven von Geburt und Tod. In der Kernphase dieses Übergangsprozesses aber war die Schere von Sterbe- und Geburtenkurven am weitesten geöffnet (s. Schaubild 3). Ergebnis des Ausein-

---

37) A. Zimmermann, Kolonialversuche in vormärzlicher Zeit, in: ders., Kolonialgeschicht-liche Studien, Oldenburg 1895, S. 357 ff.; F. Schenderlein, Die Kolonisationsbestrebungen in Deutschland zwischen 1840 und 1850, Diss. Leipzig 1923 (MS), S. 11-30; Th. Mandel, Die Tätigkeit der Auswanderungsorganisationen um die Mitte des 19. Jahrhunderts unter besonderer Berücksichtigung von Südwestdeutschland, Diss. Frankfurt a. M. 1922; H. Winkel, Der Texasverein. Ein Beitrag zur Geschichte der deutschen Auswanderung im 19. Jahrhundert, in: VSWG, 55. 1968, S. 348-372; Bade, Fabri, S. 191-200, 362-366.

anderdriftens von Sterbe- und Geburtenkurven war die Bevölkerungsexplosion im Kaiserreich. Der rapide Bevölkerungszuwachs verschärfte ein letztes Mal die noch immer angespannte Angebot-Nachfrage-Relation auf dem Arbeitsmarkt: Das Mißverhältnis im Wachstum von Bevölkerung und Erwerbsangebot sprach aus der Entwicklung der deutschen Massenauswanderung, die in der dritten Auswanderungswelle von 1880-93 ihr säkulares Maximum erreichte.

Daß dies, wie wir heute wissen, eine krisenhafte Übergangsphase auf dem Weg zu neuer Stabilität war, mußte dem zeitgenössischen Erlebnis verschlossen bleiben. Deshalb konnte dieses Erlebnis aufs neue den alten malthusianischen Alptraum von wachsender Bevölkerung und abnehmendem Nahrungsspielraum wecken und ihn zu Krisentheorien mit eschatologischen Perspektiven verdichten. Die Bevölkerungs- und Auswanderungsfrage spielte dementsprechend eine besondere Rolle in der Expansionsagitation und Kolonialpropaganda der frühen 1880er Jahre 38). Die Stichworte hießen "Ackerbau-" und "Siedlungskolonien". Gedacht wurde vor allem an informelle Expansion in Südamerika, wo "koloniale" Expansion keine Chance mehr hatte, aber auch an den "dunklen Kontinent". In beiden Fällen ging es darum, die überseeische Massenauswanderung, die zu 90 % in die USA strebte, abzulenken in "deutsche" Überseegebiete, wie sie in Südamerika als Folge konzentrierter deutscher Einwanderung entstehen und in Afrika durch koloniale Expansion geschaffen werden sollten.

Dabei überschnitten sich nationalideologische mit im weitesten Sinne ökonomischen und im engeren Sinne marktwirtschaftlichen Kalkulationen: Verhindert werden sollte einerseits der nationale "Aderlaß" durch den Verlust des "Deutschtums" im Assimilationsprozeß, vor allem in den USA, andererseits der Kapitalabstrom durch Auswanderung in auf dem Weltmarkt konkurrierende Nationen, wie ebenfalls vor allem die USA. Langfristig gewonnen werden sollten sichere Absatzchancen in Übersee, denn Siedlungskolonisation und Kolonialexpansion bedeuteten der zeitgenössischen Expansionspublizistik zugleich überseeische Marktexpansion: in Kolonien garantiert durch direkte Marktkontrolle, in informellen Siedlungskolonien außerökonomisch gesichert durch das vielbeschworene nationalkulturelle Band zwischen Ausgewanderten und Auswanderungsland, wobei deutsche Siedler in "Ackerbaukolonien" langfristig auf den Fertigwarenimport aus dem Auswanderungsland angewiesen bleiben sollten, statt, wie bei der mißliebigen Auswanderung in die Vereinigten Staaten, durch Kapital und Arbeitskraft auf Kosten des Auswanderungslandes indirekt die Konkurrenz auf dem Weltmarkt zu verschärfen. Stabiler Fertigwarenexport in "Ackerbaukolonien" aber sollte die Krisenanfälligkeit der Industrieproduktion im Auswanderungsland mindern und das Mißverhältnis von Angebot und Nachfrage auf dem Arbeitsmarkt balancieren, bis sich dadurch die überseeische

---

38) Hierzu und zum Folgenden: ebenda, S. 80-120, 354-368.

Massenauswanderung selbst erübrigen würde, während die bis dahin nach Übersee Ausgewanderten nicht nur nationalkulturell, sondern auch marktwirtschaftlich mit dem ehemaligen Auswanderungsland verbunden blieben. Ein geschlossener, durch die Diskussion der Jahrhundertmitte mitbestimmter und in vieler Hinsicht aus der englischen Expansionspublizistik übernommener Vorstellungskreis, dem das Anhalten der explosiven Bevölkerungsentwicklung als irreversible Konstante, alles andere als eine Summe von abhängigen oder doch beeinflußbaren Variablen galt.

Sozialgeschichtlich lagen Krisenherde im jungen kaiserlichen Deutschland in den Spannungslagen zwischen Tradition und Moderne, zwischen politischem Konservatismus und revolutionärer Attitüde in einem Sozialsystem, das auf dem Weg zur modernen Industriegesellschaft politisch beherrscht wurde durch traditionelle Führungseliten mit häufig großagrarischem Hintergrund. Im Mittelpunkt stand die noch unbewältigte Soziale Frage, jene "Proletariatsfrage", die nicht nur sozialistischen Gesellschaftskritikern, sondern auch scharfsichtigen bürgerlichen Beobachtern, wie dem späteren Expansionspublizisten F. Fabri, schon zur Zeit der Revolution von 1848/49 "die eigentliche Frage des 19. Jahrhunderts", die "Lebensfrage" des bürgerlichen Zeitalters war 39). Der vor- und frühindustrielle Pauperismus gehörte längst der Vergangenheit an. Bei wachsendem Erwerbsangebot im Industrialisierungsprozeß und verbessertem Arbeiterschutz im Produktionsprozeß war auch die ökonomische und soziale Lage der Industriearbeiter deutlich auf dem Wege langfristiger Besserung. Noch aber war das aus dem Stand der Standeslosen zur unterbürgerlichen Klassen zusammenwachsende "Proletariat" gesellschaftlich nicht integriert und entfaltete zugleich ein deshalb nur umso mehr beargwöhntes politisches Potential. Die soziale Spannung schien zu wachsen und im politischen Sozialismus bedrohliche Gestalt anzunehmen. Ins Ende des ersten kaiserlichen Jahrzehnts fiel das Sozialistengesetz, wenige Jahre später gefolgt von den Anfängen der Bismarckschen Sozialversicherungsgesetzgebung, die der Reichskanzler als "Pendant" zur antisozialistischen Repressionspolitik verstand. Die Revolutionsfurcht, die das Jahrhundert des Bürgertums durchzog, erhielt nach dem Pariser Kommune-Aufstand und seinem Echo bei deutschen Sozialisten, nach radikalsozialistischer Agitation im Reichstag, nach dem Erlebnis der systematisch politisierten Streiks Anfang der 1870er Jahre und schließlich nach den Attentaten, die das Sozialistengesetz nach außen hin legitimierten, neue Nahrung durch den Stimmenzuwachs der Sozialdemokratie, selbst unter dem Sozialistengesetz.

Auch für diese Sorge hielt die Expansionspropaganda der späten 1870er und frühen 1880er Jahre einschlägige Antworten bereit: Die Planspiele für einen kolonialen "Staatssozialismus zu Wasser" reichten vom Export der Sozialen Frage durch den Export der davon Betroffenen, vom "Massenexport des revolutionären Zündstoffes" durch "organisierte" Auswanderung in "Siedlungs-

39) Ebenda, S. 33 ff.

kolonien" (E. v. Weber), über Vorstellungen von einer national- und sozialideologischen Integration "der mehr Irregeleiteten und wirklich sich gedrückt
Fühlenden" durch ein "neues, nicht unerreichbares Hoffnungsbild" in Übersee
bis hin zu dem unverhüllten Gedanken an eine "Deportation" der kriminali-
sierten politischen Agitatoren in deutsche "Strafkolonien" (F. Fabri). Expansionistische "Auswanderungspolitik" durch konzentrierte Siedlungskolonisation, Exportoffensive durch überseeische Marktexpansion und sozialdefensiver
Problemexport durch gezielte Auswanderungsorganisation standen in der Expansionspublizistik, die der organisierten Kolonialbewegung voranging, gleich-
rangig nebeneinander: Mit dem "trostlosesten Pauperismus" im Gefolge der
"furchbaren Zunahme der Proletarierbevölkerung" hatte sich nach E. v. Weber
ein "materieller und moralischer Sumpfboden" ausgebreitet, der "den Gift-
pflanzen der sozialistischen Wühlereien das üppigste Gedeihen" ermöglichte.
"Werden nicht sowohl für den alljährlichen so ungeheuren Bevölkerungszuwachs
wie für die Überproduktion der deutschen Arbeit regelmäßige, weite Abzugs-
kanäle geschaffen", prophezeite der Expansionsagitator 1878, "so treiben wir
mit Riesenschritten einer Revolution entgegen, die dem Nationalwohlstande
auf lange die tiefsten Wunden schlagen wird." Das Anwachsen der "immer
gefährlicher werdenden Armenbevölkerung" werde sich "von Jahr zu Jahr ver-
schlimmern, und es könnte leicht kommen, daß schon der hundertste Jahrestag
der französischen Revolution unser schönes Vaterland von einem Meere von
Blut überschwemmt finden würde!" Bei jenem "Massenexport des revolutionären Zündstoffes" gehe es mithin lediglich um einen "Akt der Selbstrettung",
um ein "Vorbeugen blutiger Revolutionen, die uns in Zukunft mit mathemati-
scher Sicherheit bevorstehen, wenn ihre Ursache, die unaufhaltsam fortschreitende Überfüllung unseres Landes mit Proletariern, nicht nachdrücklich eingeschränkt und vermindert wird." Um dem deutschen "Staatsorganismus eine ge-
sunde Blutzirkulation zurückzuführen" und die Auswanderung als "Sicherheitsventil für alle die bösen Gase und Dämpfe" wirken zu lassen, die den "Mechanis-
mus unserer Staaten mit Zersprengen bedrohen", forderte er eine alljährliche
"Massenübersiedlung" von "wenigstens 200.000, noch besser 300.000 Menschen". Die so "übergeführten, unzufriedenen und hungernden Proletarier"
würden sich in Übersee alsbald in "gutgenährte, wohlhäbige und zufriedene
deutsche Bauern" verwandeln. Deshalb auch waren für den in der zeitgenössischen Diskussion nicht zu unrecht als "Vater der deutschen Kolonialbewegung"
bezeichneten wichtigsten deutschen Expansionspublizisten und Kolonialpro-
pagandisten, F. Fabri, der "Übervölkerung" als Expansionskraft verstand,
1879 überseeische Expansion und aktive Kolonialpolitik letztlich ein Teil der
"Sozialpolitik" 40).

40) E. v. Weber, Vier Jahre in Afrika, 1871-1875, 2 Bde., Leipzig 1878; ders., Die Er-
weiterung des deutschen Wirtschaftsgebietes und die Grundlegung zu überseeischen deut-

Die Vorstellungen von einer "Sozialpolitik" der kolonialen Expansion, zu der sich Auswanderungs- und Kolonialdiskussion in den frühen 1880er Jahren verdichteten, blieben allesamt expansionistische Sozialutopien: Die Bevölkerungsexplosion, die in der Kolonialpropaganda zur Expansionskraft umgemünzt worden war, nahm mit dem für den Übergang zur industriellen Bevölkerungsweise charakteristischen Absinken der Geburtenziffern noch vor dem Weltkrieg deutlich ab. Die Vorstellung, den Bevölkerungszuwachs in die Kolonien leiten zu können, erwies sich schon Mitte der 1880er Jahre als Illusion. Während in der dritten Auswanderungswelle des 19. Jahrhunderts 1880-93 fast 1,8 Mio. Deutsche auswanderten und sich zu 90 % in die USA einschifften, lag die gesamte deutsche Bevölkerung in den afrikanischen Kolonien des Reichs im Jahr 1913 noch unter 20.000. Insgesamt wurden 1913 in den deutschen Schutzgebieten (ohne Kiautschou) lediglich 24.389 Weiße gezählt, unter ihnen nicht nur Farmer und Siedler (bes. Deutsch-Südwestafrika), sondern auch technisches und Verwaltungspersonal mit befristetem Arbeitsaufenthalt 41). Überdies wurde die Klage über den Menschen- und Kapitalverlust durch überseeische Auswanderung schon ein Jahrzehnt nach Beginn der deutschen Kolonialexpansion gegenstandslos, als die säkulare überseeische Massenauswanderung des 19. Jahrhunderts Mitte der 1890er Jahre auslief.

Auch die national- und sozialideologischen Integrationsfunktionen, die der Kolonialexpansion zugedacht waren, blieben — von jenem "Kolonialrausch" abgesehen, den Bismarck 1884 auf die Mühlen seiner Wahlpropaganda zu leiten wußte 42), — weitgehend unerfüllt: Die deutsche Kolonialexpansion bot mehr innenpolitischen Konfliktstoff als nationales Integrationspotential 43). Nationalideologische Integrationsfunktionen leisteten Alldeutsche Bewegung und Flottenbewegung weit mehr als die Kolonialbewegung, die nie zur Massenbewegung wurde 44).

schen Staaten. Ein dringendes Gebot unserer wirtschaftlichen Nothlage, Leipzig 1879, S. 7, 12 f.; F. Fabri, Bedarf Deutschland der Kolonien? Eine politisch-ökonomische Betrachtung, Gotha 1879 (3. überarb. Ausg. 1884); vgl. dazu Bade, Fabri, S. 91 ff., 97 ff.

41) Ders., Afrika, S. 35 f.

42) H. - U. Wehler, Bismarck und der Imperialismus, Köln 1969 (4. Aufl. München 1976), S. 474-485.

43) Hierzu: H. Pogge v. Strandmann, Domestic Origins of Germany's Colonial Expansion under Bismarck, in: Past & Present, 42 (1969), S. 140-159; K. J. Bade, Antisklavereibewegung in Deutschland und Kolonialkrieg in Deutsch-Ostafrika 1888-1890, in: Geschichte und Gesellschaft, 3. 1977, H. 1, S. 31-58.

44) Zur Geschichte der deutschen Kolonialbewegung s. R. V. Pierard, The German Colonial Society, 1882-1914, Ph. Diss., Iowa State Univ. 1964 (MS); K. Klauß, Die Deutsche Kolonialgesellschaft und die deutsche Kolonialpolitik von den Anfängen bis 1895, Diss. phil. Humboldt Univ. Berlin 1966 (MS); Bade, Fabri, S. 136-189, 221-354; zur alldeutschen und zur Flottenbewegung: M. W. Wertheimer, The Pan German League, 1890-1914, New York 1924; A. Kruck, Geschichte des Alldeutschen Verbandes, Wiesbaden 1954; E. Kehr, Schlachtflottenbau und Parteipolitik 1894-1901. Versuch eines Querschnitts durch die

Die Vorstellungen von einer sozialideologischen Integrationsfunktion der Kolonialexpansion schließlich blieben gleichfalls Illusion: Die gefürchtete Sozialdemokratie wurde nicht über den Kolonialismus integriert, sondern fügte sich über den Revisionismus selbst in die bürgerliche Gesellschaft ein. Die als potentiell sozialrevolutionärer Konfliktstoff beargwöhnte, den Industriealisierungsprozeß begleitende Soziale Frage wurde nicht durch Kolonialpolitik als Teil der "Sozialpolitik", sondern durch den Industrialisierungsprozeß selbst, durch das vermehrte Erwerbsangebot und durch die Einschichtung des Industrieproletariats in ein Sozialgefüge "gelöst", das durch die Expansion der unteren Mittelschichten zusehends den Charakter der Klassengesellschaft verlor.

Die Vorstellung schließlich, proletarisches Protestpotential im Zuge einer kolonialexpansionistischen Revolutionsprophylaxe durch "organisierte" Auswanderung in deutsche Überseegebiete "lenken" zu können, war und blieb eine haltlose Projektion, weil die deutschen Kolonialgebiete allesamt für eine "Massenansiedlung" schon aus klimatischen Gründen ungeeignet waren und der Versuch, sich als Siedler, Farmer oder Kleingewerbetreibender in den Kolonien niederzulassen, zudem an ein nicht unerhebliches Startkapital gebunden blieb. Für den gefürchteten proletarischen "revolutionären Zündstoff" (v. Weber) gab es deswegen in den Kolonien durchweg keine Chance.

Die Auswanderungsdiskussion löste sich in der zweiten Hälfte der 1880er Jahre wieder aus der Kolonialdiskussion heraus, als sich zeigte, daß sämtliche deutsche Schutzgebiete zur "Massenansiedlung" von Auswanderern ungeeignet waren und der Glaube an "Ackerbaukolonien" in Südamerika eine apolitische Chimäre war. Was blieb, waren die vorwiegend von Schutzerwägungen getragenen Bemühungen um eine reichsgesetzliche Regelung des Auswanderungswesens. Sie stießen indes vor allem bei den preußischen Konservativen und bei Bismarck selbst auf hartnäckigen Widerstand; denn der Gedanke an eine reichsgesetzliche Regelung des Auswanderungswesens wurde ineinsgesetzt mit einer Förderung jener mißliebigen Auswanderung, bei der sich die Handelsinteressen der Seestädte und die Interessen der Getreideproduzenten im preußischen Osten am schärfsten entgegenstanden: Die hanseatischen Überseedampfer exportierten jene landwirtschaftlichen Arbeitskräfte, deren Auswanderung auf den agrarischen Arbeitsmärkten der Ostprovinzen die dort vielbeklagte "Leutenot" verschärfte 45), und sie importierten jenes billige Überseegetreide, das die deutschen Erzeugerpreise gefährdete und den Ruf der Agrarinteressenten nach staatlicher Protektion verstärkte.

Ein von dem früheren radikalliberalen "Forty eighter", ehemaligen Commis-

innenpolitischen, sozialen und ideologischen Voraussetzungen des deutschen Imperialismus, Berlin 1930 (Neuaufl. New York 1966); G. Eley, Sammlungspolitik, Social Imperialism and the Navy Law of 1898, in: Militärgeschichtliche Mitteilungen, Jg. 1974, H. 1, S. 29-63.
45) Hierzu der Beitrag 4. 2 in diesem Band.

sioner of Immigration in New York (1866-70) und späteren nationalliberalen Reichstagsabgeordneten F. Kapp 46) 1878 im Reichstag eingebrachter Entwurf eines Reichsauswanderungsgesetzes kam gar nicht erst zur Diskussion. Beharrlich lehnte Bismarck jede reichsgesetzliche Regelung des Auswanderungswesens ab und ließ Ausgewanderten demonstrativ Reichsschutz verweigern. Erst nach seinem Sturz wurde 1891 von seinem Nachfolger Caprivi eine Kommission mit der Ausarbeitung eines entsprechenden Gesetzentwurfes beauftragt. Als schließlich das erste Reichsgesetz über das Auswanderungswesen 1897 verabschiedet und 1898 in Kraft gesetzt wurde, gehörte sein Gegenstand, die deutsche überseeische Massenauswanderung, bereits seit einigen Jahren der Vergangenheit an. Seine beiden – neben den Vorschriften zum Schutz der Auswanderer – wichtigsten Bestimmungen waren das mit dem Konzessionszwang verbundene sogenannte Spezialisierungsprinzip und die Reichsaufsicht über die Auswandererberatung. Beide Bestimmungen bezweckten, der Begründung im Bundesratsentwurf nach, "die Erhaltung des Deutschtums unter den Auswanderern und Nutzbarmachung der Auswanderung für die Interessen des Mutterlandes, und zwar durch Ablenkung der Auswanderung von ungeeigneten und Hinlenkung nach geeigneten Zielen". Das war ein sehr allgemein gehaltenes spätes Zugeständnis an die in der frühen Kolonialbewegung Anfang der 1880er Jahre diskutierten Vorstellungen über eine Steuerung der Auswanderung im Interesse des Auswanderungslandes. Dem Spezialisierungsprinzip zufolge durfte die Erlaubnis zur Beförderung von Auswanderern nach Übersee einzelnen Unternehmen jeweils nur für bestimmte Einwanderungshäfen erteilt werden. Auf diese Weise hoffte man die Zielrichtung der Auswanderung gegebenenfalls indirekt, durch die Verweigerung von Konzessionen an Auswanderungsagenturen beeinflussen zu können. Dem gleichen Zweck sollte positiv die Reichsaufsicht über die Auswandererberatung dienen, die bezeichnenderweise der Deutschen Kolonialgesellschaft übertragen wurde. Die indirekte Auswanderungslenkung funktionierte nicht und die Schutzbestimmungen des Reichsgesetzes von 1897 erreichten Millionen von ausgewanderten Deutschen nicht mehr 47).

Die deutsche Überseeauswanderung blieb nach alledem eine weitgehend sich selbst überlassene Massenbewegung, trotz der verschiedensten ökonomisch, sozial oder politisch motivierten, nationalkulturell, nationalideell bzw. nationalideologisch bestimmten Appelle, sie zu "organisieren" bzw. zu "lenken": Bis zum Abebben der transatlantischen Massenbewegung des 19. Jahrhunderts gab es im überseeischen Haupteinwanderungsland USA keine einschränkende Quo-

---

46) H. - U. Wehler (Hg.), Friedrich Kapp. Vom radikalen Frühsozialisten des Vormärz zum liberalen Parteipolitiker des Bismarckreiches, Briefe 1843-1884, Frankfurt a. M. 1969.

47) Mönckmeier, S. 252-269; Joseephy, S. 133-143; H. W. Tetzlaff, Das deutsche Auswanderungswesen unter besonderer Berücksichtigung der Übervölkerung Deutschlands in staats- und völkerrechtlicher Sicht, Diss. iur. Göttingen 1953 (MS), S. 104 ff.; Bade, Fabri, S. 362 ff.

tengesetzgebung und im Auswanderungsland – von der strafrechtlichen Verfolgung der "heimlichen Auswanderung" Militärpflichtiger abgesehen – keine hemmenden Restriktionen. Die älteren Auswanderungsverordnungen der einzelnen deutschen Staaten blieben, wie das Reichsgesetz von 1897 selbst, weitgehend liberal und frei von Restriktionen, soweit sie nicht sogar in Einzelfällen mit dem Gedanken an einen gezielten Export von sozialen Problemen verbunden waren [48]. Auch die Weimarer Verordnung gegen Mißstände im Auswanderungswesen von 1924 kannte einschneidende Auswanderungsrestriktionen ebensowenig wie das Reichsgesetz von 1897, so daß die Auswanderung nach wie vor der freien persönlichen Entscheidung überlassen blieb, wie dies auch in Art. 112 WRV ausdrücklich zugesichert wurde [49]. Deshalb konnte sich in der Geschichte der deutschen überseeischen Massenauswanderung der Wirkungszusammenhang von vorwiegend sozialökonomischen Bestimmungsfaktoren des Wanderungsverhaltens relativ frei entfalten, bis dieser Bewegungsspielraum durch überseeische Einwanderungsrestriktionen eingeschränkt wurde.

Das Gegenteil war bei der Stellung Deutschlands und insbesondere Preußens gegenüber jenem kontinentalen Zustrom von "ausländischen Wanderarbeitern" seit den 1890er Jahren der Fall. Das kaiserliche Deutschland schien sich im Sinne der Statistik vom Auswanderungsland zum Einwanderungsland zu verwandeln und wurde dabei mit Problemen konfrontiert, die es, als Auswanderungsland, bislang in solchen Dimensionen nur andernorts verursacht, nicht aber innerhalb der eigenen Grenzen zu bewältigen hatte. Damit begann für das Auswanderungsland des 19. Jahrhunderts noch vor der Jahrhundertwende ein neues Kapitel in der Geschichte der transnationalen Migration [50].

---

48) E. v. Philippovich (Hg.), Auswanderung und Auswanderungspolitik in Deutschland. Berichte über die Entwicklung und den gegenwärtigen Zustand des Auswanderungswesens in den Einzelstaaten und im Reich, Leipzig 1892; Chr. Hansen, Die deutsche Auswanderung im 19. Jahrhundert – ein Mittel zur Lösung sozialer und sozialpolitischer Probleme? in: Moltmann (Hg.), Amerikaauswanderung, S. 8-61; G. Moltmann, Die Transportation von Sträflingen im Rahmen der deutschen Amerikaauswanderung des 19. Jahrhunderts, ebenda, S. 147-196.

49) Bickelmann, S. 81-107; vgl. Bade, Weimarer Republik, S. 166, 170 ff.

50) Hierzu der Beitrag 4. 2 in diesem Band.

4. SEKTION: AUSLÄNDER UND NATIONALE MINDER-HEITEN IN DEUTSCHLAND BIS 1945

4. 1 Einführung

Von Klaus J. Bade

Am Ende des 19. und zu Beginn des 20. Jahrhunderts zeichnete sich im transnationalen Wanderungsgeschehen für Deutschland — im Sinne der Wanderungsstatistik — ein Umbruch vom Aus- zum Einwanderungsland ab: Die überseeische Massenauswanderung, die die krisenhaften Übergangslagen im Wandel vom Agrar- zum Industriestaat im Deutschland des 19. Jahrhunderts begleitete, schrumpfte mit dem Ende der dritten Auswanderungswelle (1880-93) zum Rinnsal. Das mit dem gewaltigen Wirtschaftsaufschwung verbundene Wachstum des sozialökonomischen Chancenangebots auf den städtisch-industriellen Arbeitsmärkten im Auswanderungsland schwächte die Anziehungskraft des überseeischen Haupteinwanderungslandes USA, zumal die amerikanische Wirtschaft von der letzten Krisenphase der Trendperiode wirtschaftlicher Wachstumsstörungen (1872-95) im ersten Jahrfünft der 1890er Jahre härter getroffen wurde als die deutsche. Die säkulare transatlantische Massenbewegung fand ihr internes Pendant in jenen gewaltig zunehmenden Binnenwanderungsbewegungen aus ländlichen in städtisch-industrielle Arbeits- und Lebensbereiche, die Deutschland in einen "Ameisenhaufen" (W. Sombart) zu verwandeln schienen und entscheidenden Anteil hatten am Wandel der Lebensformen auf dem Weg zur modernen Industriegesellschaft.

Trotz bei noch anhaltend starkem Bevölkerungswachstum rückläufiger Überseeauswanderung und trotz der im Binnenwanderungsgeschehen gewaltig zunehmenden Mobilität auf dem Arbeitsmarkt trat in der industriellen Hochkonjunktur und der langen Agrarkonjunktur der Jahrzehnte vor dem Ersten Weltkrieg Arbeitskräftemangel an die Stelle des Überangebots von Arbeitskraft, das einmal die wirtschafts- und bevölkerungsgeschichtlich wichtigste Antriebskraft der Auswanderung in die Neue Welt der vermeintlich unbegrenzten Möglichkeiten gewesen war. Die durch überseeische Auswanderung, vor allem aber durch die wachsende interne Abwanderung ("Landflucht") auf dem landwirtschaftlichen Arbeitsmarkt gesteigerte "Leutenot", war mit einheimischen Kräften ebensowenig zu bewältigen wie der trotz starker Zuwanderung aus der Landwirtschaft wachsende Arbeitskräftemangel in Industrie und Bauwesen. Das war der Hintergrund für den Aufstieg der kontinentalen Zuwanderung ausländischer Arbeitskräfte nach Deutschland und insbesondere nach Preußen zur Massenbewegung. Sie führte auf einer Reihe von Teilarbeitsmärkten zu deutlichen Erscheinungen eines doppelten Arbeitsmarktes mit stark internationalisierter unterer Ebene im Bereich von un- bzw. angelernten Arbeiten.

Die "Wanderarbeiterfrage" in Kaiserreich und Weimarer Republik aber blieb, trotz tiefgreifender ökonomischer und politischer Interessenkonflikte um das Für und Wider der Ausländerbeschäftigung, ein vorwiegend beschäftigungspolitisches Problem, denn die meisten ausländischen Arbeitskräfte unterlagen einem zunächst in Preußen entwickelten System der Zwangsrotation mit befristeten Arbeits- und Aufenthaltsgenehmigungen. Das markiert — von dem in vieler Hinsicht grundsätzlich anderen wirtschafts- und bevölkerungsgeschichtlichen, arbeits- und sozialrechtlichen Bedingungsgefüge ganz abgesehen — einen gravierenden Unterschied zwischen der historischen "Wanderarbeiterfrage" und der aktuellen "Gastarbeiterfrage". Bei der Frage nach Geschichte und Gegenwart im transnationalen Wanderungsgeschehen war es nicht Zweck des Symposiums und seiner Sektionen, in den einzelnen Beiträgen stets die Chancen und Grenzen der Vergleichbarkeit von historischer und aktueller Erfahrung abzuwägen oder gar historische Erfahrungen auf Kosten ihrer Identität und Eigenständigkeit in die erkenntnisleitende Zwangsjacke aktueller Fragestellungen zu pressen. Das Bemühen, im Vergleich zwischen Geschichte und Gegenwart im historisch Besonderen das übergreifende Allgemeine zu erkennen, muß dem Leser anheimgestellt bleiben. Die Beiträge selbst können in ihren Forschungsergebnissen nur Anregungen und Materialien dazu bieten. Im Blick auf die Kipplage Deutschlands zwischen altem Auswanderungsland mit relativ geringer Auswanderung und neuem Aufnahmeland mit starker kontinentaler Zuwanderung und auf Funktionen der Ausländerbeschäftigung auf dem Arbeitsmarkt aber läßt sich zweifelsohne auch hier eine Reihe von Geschichte und Gegenwart verbindenden Entwicklungslinien verfolgen.

Der Beitrag von K. J. Bade schildert den Umbruch von der überseeischen Auswanderung zur kontinentalen Zuwanderung im kaiserlichen Deutschland, die Herausbildung des von Preußen ausgehenden Systems der Zwangsrotation für ausländische Arbeitskräfte, das die von der Wanderungsstatistik angezeigte Entwicklung zum Einwanderungsland blockierte, beleuchtet die zeitgenössischen Auseinandersetzungen um die "Wanderarbeiterfrage" und konturiert die ambivalente Stellung Deutschlands zwischen Auswanderungsland und "Arbeitseinfuhrland" in Fragen der "Wanderungspolitik".

Chr. Kleßmann analysiert demgegenüber das Paradox einer echten Einwanderungssituation, die nicht in den Bereich des transnationalen, sondern des internen Wanderungsgeschehens gehört: Während ausländische Polen in Preußen, dem Bundesstaat mit der höchsten Ausländerbeschäftigung, dem erwähnten System der Zwangsrotation unterlagen, war die Bewegung der "Ruhrpolen" aus dem preußischen Osten in den preußischen Westen durch dieses System nicht zu steuern, weil die "Ruhrpolen" zwar polnischer Muttersprache und Nationalkultur, aber preußisch-deutscher Staatsangehörigkeit waren. In den "Polenkolonien" im Ruhrgebiet aber zeichnete sich im Spannungsverhältnis von sozialer Integration und nationaler Subkultur dieser Minderheit in der deutschen Industriegesellschaft ein echter Einwanderungsprozeß mit all seinen Begleitumständen und Folgeproblemen ab.

Ebensowenig wie alle in der Bundesrepublik Deutschland beschäftigten ausländischen Arbeitnehmer — auch wenn sie aus den ehemaligen "Anwerbeländern" stammen — der vornehmlich auf massenweise Beschäftigung in wenig bzw. unqualifizierten Arbeitsbereichen zielenden, unglücklichen Wortschöpfung "Gastarbeiter" subsummiert werden können, waren alle ausländischen Arbeitskräfte in Kaiserreich und Weimarer Republik unter dem noch stärker sozial deklassierenden Begriff "ausländische Wanderarbeiter" zu fassen. Auch damals gab es in Deutschland eine im Vergleich zur massenweisen Beschäftigung auf jenen unteren Ebenen doppelter Teilarbeitsmärkte erheblich kleinere, aber doch beträchtliche Zahl von hochqualifizierten bzw. -spezialisierten ausländischen Arbeitswanderern. Ihnen gilt, am Beispiel der schwedisch-deutschen Arbeitswanderung, die Fallstudie von C. H. Riegler. Sie fragt, unter besonderer Berücksichtigung des individuellen Wanderungsverhaltens und branchenspezifischer Aspekte, nach dem Zusammenhang zwischen transnationaler Migration und Technologietransfer ins Herkunftsland im Grenzfeld zwischen Ausbildungsmigration und Industriespionage.

Zwei Sonderentwicklungen in der Geschichte von Ausländerbeschäftigung und Ausländerpolitik im Deutschland des 20. Jahrhunderts gelten die ganz aus den Akten erarbeiteten Beiträge der beiden durch zahlreiche Studien zu ihren Themen ausgewiesenen Historiker der Universität Rostock, L. Elsner und J. Lehmann, über die "Zwangsarbeitspolitik" gegenüber ausländischen Arbeitskräften im Ersten Weltkrieg und die "Fremdarbeiterpolitik" im nationalsozialistischen Deutschland. Was von der vielgezogenen "bürgerlichen" Historiographie des Westens, trotz aller Berücksichtigung von zahlreichen Kontinuitäten, hier als in besonderem Maße durch Sonderentwicklung und Diskontinuität bestimmt betrachtet wird, erscheint aus marxistisch-leninistischer Sicht eingebettet in eine historische Kontinuität vom kaiserlichen Deutschland bis zur Bundesrepublik Deutschland und als besonders brutale Ausdrucksform von vordem schrittweise herausgebildeten und in der Gegenwart nur sozialstaatlich ummäntelten Ausbeutungsmechanismen. Im Dissens über Kontinuitätsprobleme der deutschen Geschichte gibt es auch hier fest eingeschliffene Positionen im wissenschaftlichen Dialog zwischen beiden deutschen Staaten, die trotz mancher Annäherungen im Kern noch nicht überbrückt sind und dort, wo keine Einigung erzielt werden kann, dem jeweiligen Forschungsstand entsprechend klar markiert werden müssen, damit der Dialog fortgesetzt werden kann. So betrachtet, sind die Beiträge von L. Elsner und J. Lehmann in einiger Hinsicht nicht nur Fallstudien zur Sache, sondern auch Positionspapiere in diesem Dialog. Eine Reihe von in Tutzing debattierten kritischen Fragen an diese Positionen greift K. Tenfelde in seinem Diskussionsbeitrag (7. 3) auf.

Im Gegensatz zu J. Lehmanns Überblick über Grundprobleme und Entwicklungslinien von Ausländerbeschäftigung und "Fremdarbeiterpolitik" im nationalsozialistischen Deutschland insgesamt, geht es im letzten Beitrag zu dieser Sektion um einen zeitlich und räumlich eingegrenzten Untersuchungsbereich, der Einblicke eröffnet, die sich dem Blick aufs Ganze entziehen: A. Großmann vereint in seiner materialreichen Bestandsaufnahme ein Mosaik von Einzelinformationen zu Berichten über die Sozialgeschichte des Alltags von Fremd- und Zwangsarbeitern in Bayern während des Zweiten Weltkriegs.

4. 2 Vom Auswanderungsland zum "Arbeitseinfuhrland": kontinentale Zuwanderung und Ausländerbeschäftigung in Deutschland im späten 19. und frühen 20. Jahrhundert

Von Klaus J. Bade

Karl-Heinz Ruffmann zum 60. Geburtstag

In der Hochindustrialisierungsperiode vor dem Ersten Weltkrieg vollzog sich im kaiserlichen Deutschland der säkulare Umbruch in der Geschichte der transnationalen Massenwanderungen: Nachgerade umgekehrt proportional zur stark abnehmenden deutschen Überseeauswanderung stieg die kontinentale Zuwanderung ausländischer Arbeitskräfte nach Deutschland und insbesondere nach Preußen zur Massenbewegung auf. Das hochindustrialisierte Deutschland aber wandelte sich in diesem Umbruch nur im statistischen und nicht im rechtspolitischen Sinne vom Aus- zum Einwanderungsland. Es blieb, trotz nurmehr geringfügiger Auswanderung und umso stärkerer Zuwanderung, seinem rechtspolitischen Selbstverständnis und Ordnungsgefüge nach, ein Auswanderungsland und wandelte sich nur zu dem, was in der zeitgenössischen Diskussion "Arbeitseinfuhrland" hieß 1). Die Spannungslage zwischen Auswanderungsland und "Arbeitseinfuhrland" prägte seit der Jahrhundertwende die besondere Stellung Deutschlands im transatlantischen und europäischen Wanderungsgeschehen, in dem, besonders auf dem Kontinent, definitive Aus- bzw. Einwanderungen hinter temporäre transnationale Arbeitswanderungen zurückzutreten begannen 2).

---

1) Vgl. Anm. 61.
2) Hierzu und zum Folgenden: K. J. Bade, Transnationale Migration und Arbeitsmarkt in Deutschland 1879-1979, Habil. Schr. Erlangen 1979 (Ms.); demn. u. d. Titel: Land oder Arbeit. Massenwanderung und Arbeitsmarkt im Deutschen Kaiserreich; ders., Die "Gastarbeiter" des Kaiserreichs — oder: Vom Auswanderungsland des 19. Jahrhunderts zum "Einwanderungsland Bundesrepublik"?, in: Geschichte in Wissenschaft und Unterricht, 33. 1982, H. 2, S. 79-93; ders., Die importierte Soziale Frage: Die Ausländerfrage hat Geschichte, in: DIE ZEIT, 7. 5. 1982; ders., Gastarbeiter zwischen Arbeitswanderung und Einwanderung (Akademie für Politische Bildung, Reihe: Zur aktuellen Diskussion, H. 1983/1), Tutzing 1983; ders., Vom Auswanderungsland zum Einwanderungsland? Deutschland 1880-1980, Berlin 1983; K. Dohse, Ausländische Arbeiter und bürgerlicher Staat. Genese und Funktion von staatlicher Ausländerpolitik und Ausländerrecht. Vom Kaiserreich bis zur Bundesrepublik Deutschland, Königstein/Ts. 1981; aktuelle Bestandsaufnahme unter Berücksichtigung der Ergebnisse historischer Migrationsforschung: F. Heckmann, Die Bundesrepublik: Ein Einwanderungsland? Zur Soziologie der Gastarbeiterbevölkerung als Einwandererminorität, Stuttgart 1981.

1. Der Umbruch im Wanderungsgeschehen der Hochindustrialisierungsperiode: von der überseeischen Auswanderung zur kontinentalen Zuwanderung

Der strukturelle Wandel vom Agrarstaat mit starker Industrie zum Industriestaat mit starker agrarischer Basis und vom Auswanderungsland zum "Arbeitseinfuhrland" war im Kaiserreich bestimmt durch tiefgreifende Veränderungen im interdependenten Spannungsfeld von Arbeitsmarkt, Bevölkerung und Wanderung [3]. Das galt auch für die Konjunkturentwicklung [4] in Industrie und Landwirtschaft, die nicht minder scharfen Wechsellagen unterworfen war: Seit dem Sturz aus dem überhitzten Boom der Gründerjahre 1873 lastete auf der Industrie jene lange Wachstums- und Absatzkrise, die der Historiker H. Rosenberg bewußt doppeldeutig die "Große Depression" genannt hat und die doch mehr "Große Deflation" war und insofern, wie ein zeitgenössischer Beobachter erkannte, "mehr eine Krise der reichen als der armen Leute" [5]. In der Landwirtschaft wurde sie begleitet von der ebenso schwerwiegenden strukturellen Agrarkrise, die vor allem die großen Marktproduzenten der Körnerwirtschaft im preußischen Osten das Fürchten lehrte im internationalen Konkurrenzkampf auf dem Weltagrarmarkt. Die 1890er Jahre erst brachten der Industrie den Weg aus der Trendperiode wirtschaftlicher Wachstumsstörungen in die anhaltende, nur von einzelnen kurzen aber harten Kriseneinbrüchen (1900/02, 1907/08) gestörte Hochkonjunktur und der Landwirtschaft den Weg aus der strukturellen Agrarkrise in die lange Agrarkonjunktur vor dem Ersten Weltkrieg.
Der strukturelle Wandel vom Agrar- zum Industriestaat und die konjunkturellen Wechsellagen in Industrie und Landwirtschaft standen im kaiserlichen Deutschland in enger Wechselwirkung zu den transnationalen und internen Massenbewegungen im Wanderungsgeschehen [6]. Es war bestimmt durch scharfe Gewichts-

3) Hierzu und zum Folgenden in diesem Band der Beitrag von K. J. Bade (3. 2. Einleitung) sowie ders., Transnationale Migration und Arbeitsmarkt im Kaiserreich: vom Agrarstaat mit starker Industrie zum Industriestaat mit starker agrarischer Basis, in: T. Pierenkemper, R. Tilly (Hg.), Historische Arbeitsmarktforschung, Göttingen 1982, S. 182-211.
4) Hierzu: K. Borchardt, Wirtschaftliches Wachstum und Wechsellagen 1800-1914, in: Handbuch der deutschen Wirtschafts- und Sozialgeschichte (HDWS), Bd. 2, Stuttgart 1976, S. 198-275; G. Hohorst, Wirtschaftswachstum und Bevölkerungsentwicklung in Preußen 1816-1914, New York 1977; R. Spree, Die Wachstumszyklen der deutschen Wirtschaft von 1840 bis 1880. Mit einem konjunkturstatistischen Anhang, Berlin 1977; ders., Wachstumstrends und Konjunkturzyklen in der deutschen Wirtschaft von 1820 bis 1913, Göttingen 1978; zur Lohnentwicklung: G. Bry, Wages in Germany, 1871-1945, Princeton 1960; A. V. Desai, Real Wages in Germany, 1871-1913, Oxford 1968.
5) H. Rosenberg, Große Depression und Bismarckzeit. Wirtschaftsablauf, Gesellschaft und Politik in Mitteleuropa, Berlin 1967; J. Wolf, Die gegenwärtige Wirtschaftskrisis. Antrittsrede an der Universität Zürich im Sommersemester 1888, Tübingen 1888, S. 23, zit. nach Rosenberg, S. 48 f.
6) Hierzu und zum Folgenden: K. J. Bade, German Emigration to the United States and Continental Immigration to Germany 1879-1929, in: Central European History, 13. 1980, H. 4, S. 348-377.

Schaubild 1: Die dritte deutsche Auswanderungswelle des 19. Jahrhunderts
1880 - 1893

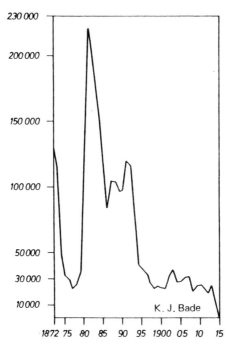

Quelle:
Daten der Reichsstatistik bei Burgdörfer (s. Anm. 67), S. 192.

verlagerungen zwischen überseeischer Auswanderung, interner Abwanderung aus
der Landwirtschaft ("Landflucht") und kontinentaler Zuwanderung: Zur Zeit
der "Großen Depression" erreichte die überseeische Massenauswanderung, die
noch deutliche Züge eines partiellen Exports der Sozialen Frage trug, mit der
dritten, längsten und stärksten Auswanderungswelle des 19. Jahrhunderts
(1880-93) ihr säkulares Maximum und zugleich ihr Ende als transatlantische
Massenbewegung (Schaubild 1). Am Ende des Jahrhunderts der überseeischen
Massenauswanderung wurde deren wichtigste Schubkraft, der aus dem Mißverhältnis von Bevölkerungswachstum und Erwerbsangebot resultierende Bevölkerungsdruck, durch die Wirtschaftsentwicklung aufgefangen.
Umso mehr wuchs die Binnenwanderung vom Land in die Städte, von Stadt zu
Stadt in aufsteigender Linie und, auch über weite Distanz, aus der Landwirtschaft in städtisch-industrielle Beschäftigungsbereiche zur Massenbewegung an
und übertraf das Millionenvolumen der gesamten Überseeauswanderung des 19.

Jahrhunderts innerhalb weniger Jahrzehnte noch um ein Vielfaches 7). Innerhalb dieser internen Massenbewegung vom Land in die Städte und aus dem Land- ins Industrieproletariat wurde die Ost-West-Fernwanderung aus den landwirtschaftlichen Nordostgebieten in die Industriegebiete Mittel- und Westdeutschlands 8) in den 1880er Jahren zum internen Pendant und in den 1890er Jahren schließlich zum Ersatz der überseeischen Auswanderung aus den gleichen Gebieten: zum Ersatz, weil die Krise der amerikanischen Wirtschaft in den frühen 1890er Jahren, vor allem die "panic of 1893", die Anziehungskraft des überseeischen Haupteinwanderungslandes USA zurücktreten ließ hinter den ständig wachsenden Sog des sozialökonomischen Chancenangebots auf den expandierenden industriellen Arbeitsmärkten im Auswanderungsland Deutschland.

In der an die "Große Depression" anschließenden Periode industrieller Hochkonjunktur und langer Agrarkonjunktur trat in Industrie und Landwirtschaft Arbeitskräftemangel an die Stelle des herkömmlichen Überangebots an Arbeitskraft. Der wachsende industrielle Arbeitskräftebedarf war, trotz des massenhaften Zustroms aus der Landwirtschaft, nicht mehr mit einheimischen Kräften zu decken. Durch Aus- und Abwanderung in den landwirtschaftlichen Arbeitsmarkt gerissene Lücken waren, vor allem im preußischen Osten, ebenfalls nicht mehr mit einheimischen Arbeitskräften zu schließen. Seit den 1890er Jahren nahm deshalb die kontinentale Zuwanderung ausländischer Arbeitskräfte nach Deutschland und insbesondere nach Preußen Züge einer Massenbewegung an (Schaubild 2).

Der landwirtschaftliche Arbeitsmarkt im preußischen Osten wurde vom Beginn der 1880er Jahre bis zum Ersten Weltkrieg in besonderem Maße betroffen von transnationalen und internen Massenwanderungen 9). Die Ostprovinzen waren in diesen Jahrzehnten zunächst Hauptausgangsräume der überseeischen Auswanderung und der internen Abwanderung aus der Landwirtschaft und sie wurden dann erste Hauptzielräume der über die Ostgrenzen nachrückenden kontinentalen Zuwanderung. Hohe Wanderungsverluste hatten die Ostprovinzen in den

---

7) Grundlegend hierzu nach wie vor: W. Köllmann, Bevölkerung in der industriellen Revolution, Studien zur Bevölkerungsgeschichte Deutschlands, Göttingen 1974; vgl. dazu jetzt auf dem neuesten Forschungsstand: D. Langewiesche, Wanderungsbewegungen in der Hochindustrialisierungsperiode. Regionale, interstädtische und innerstädtische Mobilität in Deutschland 1880-1914, in: Vierteljahrschrift für Sozial- und Wirtschaftsgeschichte (VSWG), 64. 1977, H. 1, S. 1-40.

8) Hierzu Beitrag 3. 2, Kap. 4 in diesem Band.

9) Hierzu und zum Folgenden: K. J. Bade, Massenwanderung und Arbeitsmarkt im deutschen Nordosten von 1880 bis zum Ersten Weltkrieg: Überseeische Auswanderung, interne Abwanderung und kontinentale Zuwanderung, in: Archiv für Sozialgeschichte, 20. 1980, S. 265-323; dort, S. 267 f., eine Auswahlbibliographie zu der außerordentlich umfangreichen zeitgenössischen Literatur zur Ausländerbeschäftigung im Deutschland des späten 19. und frühen 20. Jahrhunderts; umfassende Bibliographie in der in Anm. 2 zuerst genannten Arbeit.

Jahrzehnten vor dem Ersten Weltkrieg allesamt zu verzeichnen. Wo die Überseeauswanderung kaum ausgeprägt war, lagen — wie in Ostpreußen — die Verluste
durch interne Abwanderung umso höher. Die Wanderungsverluste hielten über
das Ende der dritten Auswanderungswelle hinweg unvermindert an. Folge von
überseeischer Auswanderung und interner "Landflucht" war im agrarischen
Nordosten des Reichs die besonders von Großproduzenten der Körnerwirtschaft
vielstimmig beklagte "Leutenot". Den betriebswirtschaftlich billigsten Ausweg
aus dieser Not bot die Rekrutierung von "willigen", absolut und relativ "billigen" Arbeitskräften auf den übervölkerten Arbeitsmärkten im östlichen Ausland: "willig" wegen ihrer materiellen Lage in den ausländischen Herkunftsgebieten und ihrer arbeitsrechtlich prekären Stellung unter dem "Damokles-
schwert der Ausweisung"; absolut "billig" durch Niedriglöhne und selbst nach
der Angleichung der Ausländerlöhne an das Lohnniveau der einheimischen
Arbeitskräfte betriebswirtschaftlich noch immer relativ "billig" beim Einsatz im
Saisonvertrag 10).

Während die überseeische Auswanderung Mitte der 1890er Jahre abrupt zurück-
gegangen war, die interne Abwanderung aus der Landwirtschaft umso mehr anwuchs, die Landwirtschaft wachsenden Ersatzbedarf, Industrie-; Straßen- und
Kanalbau steigenden Zusatzbedarf an Arbeitskräften meldeten, strebte der kontinentale Zustrom "ausländischer Wanderarbeiter" im Vorkriegsjahrzehnt zügig
der Millionengrenze zu: Die erste Volkszählung im Deutschen Reich erfaßte
1871 nur 207.000 Ausländer. Die Volkszählung von 1910 wies das Sechsfache,
1.259.880 ausländische Staatsangehörige innerhalb der deutschen Reichsgrenzen nach. Diese, in ihrer Aussagekraft in der Forschungsliteratur nicht selten
überschätzte Gesamtzahl gibt freilich nur eine statistische Momentaufnahme
von wirtschaftshistorisch beschränktem Informationswert. Einerseits schließt
sie die verschiedensten Ausländergruppen ein: von den Mitgliedern von Aus-
landsvertretungen über ausländische Mitarbeiter ausländischer Filialen, ausländische Spezialisten, Facharbeiter und sogar Ausländer mit arbeitslosem Kapital-
einkommen bis hin zu nichterwerbstätigen Familienangehörigen von ausländischen Arbeitskräften, die dem in Preußen und anderen Bundesstaaten zu dieser
Zeit geltenden Zuwanderungsverbot im Familienverband (s. u.) nicht unterlagen.
Andererseits wurde die — nach Polizeiberichten relativ hoch zu veranschlagen-
de — Dunkelziffer der illegal Zugewanderten nicht erfaßt. Außerdem blieben bei

---

10) Grundlegend hierzu als erste aus den Akten erarbeitete Gesamtdarstellung für die
Vorkriegszeit: J. Nichtweiss, Die ausländischen Saisonarbeiter in der Landwirtschaft der
östlichen und mittleren Gebiete des Deutschen Reiches. Ein Beitrag zur Geschichte der
preußisch-deutschen Politik von 1890 bis 1914, Berlin 1959, hier S. 9-73; vgl. dazu jetzt:
K. J. Bade, Politik und Ökonomie der Ausländerbeschäftigung im preußischen Osten 1885-
1914: Die Internationalisierung des Arbeitsmarkts im "Rahmen der preußischen Abwehrpolitik", in: H. - J. Puhle, H. - U. Wehler (Hg.), Preußen im Rückblick (Geschichte und
Gesellschaft, Sonderh. 6), Göttingen 1980, S. 273-299, hier S. 274 f., 283.

Tabelle 1:
Ausländische Arbeitskräfte in Preußen 1906 - 1914: Zuwanderung, Rückwanderung und Bestand (Jahresende) unter besonderer Berücksichtigung von Polen (russischer bzw. österreichischer Staatsangehörigkeit) und Ruthenen (Galizien) nach den Erhebungen des preußischen Innenministeriums

Jahr	Wanderung	LANDWIRTSCHAFT männlich	weiblich	insgesamt	männlich	INDUSTRIE weiblich	insgesamt	Ausländ. Arbeiter insg. (3+6)	Polen insgesamt	Ruthenen insgesamt
		1	2	3	4	5	6	7	8	9
1906	Zugang	136.324	99.744	236.068	348.091	21.180	369.271	605.339	210.692	22.733
	Abgang	112.874	90.156	203.030	175.520	8.064	183.584	386.614	194.938	15.685
	Bestand	23.450	9.588	33.038	172.571	13.116	185.687	218.725	15.754	7.048
1907	Zugang	150.961	107.393	258.354	446.713	27.940	474.653	733.007	237.407	35.977
	Abgang	154.937	96.369	221.306	232.778	10.535	243.313	464.619	227.376	22.734
	Bestand	26.024	11.024	37.048	213.935	17.405	231.340	268.388	10.031	13.243
1908	Zugang	180.013	128.940	308.953	442.227	29.242	471.469	780.422	262.176	55.925
	Abgang	152.034	116.700	268.734	229.056	10.647	239.703	508.437	253.914	42.512
	Bestand	27.979	12.240	40.219	213.171	18.595	231.766	271.985	8.262	13.413
1909	Zugang	176.674	136.895	313.569	418.500	31.615	450.115	763.684	251.527	60.963
	Abgang	147.829	124.590	272.419	196.669	11.657	208.326	480.745	246.442	45.478
	Bestand	28.845	12.305	41.150	221.831	19.958	241.789	282.939	5.085	15.483
1910	Zugang	190.148	148.165	338.313	420.176	31.709	451.876	790.189	253.935	69.594
	Abgang	158.708	134.550	293.258	194.305	11.214	205.519	498.777	249.908	49.612
	Bestand	31.440	13.615	45.055	225.871	20.486	246.357	291.412	4.027	19.982

		1	2	3	4	5	6	7	8	9
1911	Zugang	194.171	151.818	345.989	441.346	33.496	474.842	820.831	253.338	78.622
	Abgang	161.613	137.161	298.774	200.041	11.242	211.283	510.057	249.312	56.883
	Bestand	32.558	14.657	47.215	241.305	22.254	263.559	310.774	4.126	21.739
1912	Zugang	196.232	159.111	355.343	473.472	36.530	510.002	865.345	266.889	83.258
	Abgang	160.768	142.843	303.611	217.386	11.860	229.246	532.857	262.682	55.972
	Bestand	35.464	16.268	51.732	256.086	24.670	280.756	332.488	4.207	27.286
1913	Zugang	203.076	161.557	364.633	509.377	41.994	551.371	916.004	270.496	102.158
	Abgang	165.687	143.824	309.551	232.159	13.824	245.983	555.494	267.283	71.331
	Bestand	37.389	17.733	55.122	277.218	28.170	305.388	360.510	3.213	30.827
1914	Zugang	207.359	175.899	383.258	473.851	43.671	517.522	900.780	282.482	101.846
	Abgang	67.809	51.919	119.728	257.373	14.451	271.824	391.552	82.519	68.992
	Bestand	143.102	126.466	269.568	216.428	29.202	245.630	516.938	206.370	32.448

Quelle: s. Anm. 66.

dieser Winterzählung (1. 12. 1910) Hunderttausende von Arbeitswanderern aus dem östlichen Ausland unberücksichtigt, die in der in Preußen und anderen Bundesstaaten geltenden winterlichen Sperrfrist (s. u.) zur Rückkehr in ihre Herkunfsgebiete gezwungen waren. Die Zahl der "ausländischen Wanderarbeiter" auf niedriger beruflicher Qualifikationsstufe in Landwirtschaft, Industrie und Bauwesen dürfte, wie andere Daten vermuten lassen, 1910 knapp unter einer Million gelegen und in den Jahren vor dem Ersten Weltkrieg die Millionengrenze deutlich überschritten haben 11). Allein in Preußen, dem Bundesstaat mit der höchsten Ausländerbeschäftigung, erreichte nach amtlichen Erhebungen – die die beträchtliche Zahl der illegal Zugewanderten und Beschäftigten nicht erfaßten – der "Zugang" an "ausländischen Wanderarbeitern" 1914 die Höchstzahl von 900.780 (Tabelle 1).

Die stärksten Kontingente an "ausländischen Wanderarbeitern" stellten Polen aus dem russischen "Kongreßpolen" sowie Polen und Ruthenen aus dem österreichischen Galizien (Tabelle 1, Spalten 8, 9). Sie arbeiteten vor allem in der Landwirtschaft, besonders im preußischen Osten. Eine Sondergruppe unter ihnen bildeten jene russisch-polnischen Bergarbeiter, die im oberschlesischen Montandistrikt mit preußisch-polnischen zusammentrafen: Ausländisch-polnische Arbeitskräfte waren in der preußischen Montanindustrie nur im Osten zugelassen, wo die Ost-West-Fernwanderung das Angebot an einheimischer Arbeitskraft dezimierte. Was im preußischen Osten – trotz aller Agitation gegen die perhorreszierte "Polonisierung des Ostens" durch Zuwanderung aus dem östlichen Ausland 12) – zögernd genehmigt wurde, blieb im Westen, vor allem im Ruhrgebiet, generell verboten. Blockiert werden sollte damit eine weitere "Polonisierung des Westens" durch ein Zusammentreffen ausländisch-polnischer Berg- und Industriearbeiter mit den aus den ehemals polnischen Gebieten im preußischen Osten ins Ruhrgebiet zugewanderten "Ruhrpolen", die polnischer Sprache und Nationalkultur, aber preußisch-deutscher Staatsangehörigkeit waren 13). In zunächst weitem Abstand zu den polnischen und ruthenischen folgten, als

11) Edition der "Nachweisungen über den Zugang, Abgang und Bestand der ausländischen Arbeiter im preußischen Staate" 1906 - 1914 (s. Anm. 66), in: Archiv für Sozialgeschichte 24. 1984.

12) Zur Agitation gegen die "Polonisierung des Ostens" im Rahmen der zeitgenössischen "Verdrängungstheorie": M. Weber, Die Verhältnisse der Landarbeiter im ostelbischen Deutschland (Schriften des Vereins für Socialpolitik, Bd. 55), Leipzig 1892, S. 491 f., 493, 802 f.; ders., Die ländliche Arbeitsverfassung, in: Schriften des Vereins für Socialpolitik, Bd. 58, Leipzig 1893, S. 62-86, hier S. 70 ff.; vgl. hierzu: Bade, Massenwanderung, S. 317-323.

13) Zur Wendung gegen die "Polonisierung des Westens": Zentrales Staatsarchiv (ZSTA) Merseburg, Rep. 120, VIII, 1, Nr. 106, Bd. 6, S. 121; vgl. hierzu jetzt auch Chr. Kleßmann, Polnische Bergarbeiter im Ruhrgebiet 1860-1945. Soziale Integration und nationale Subkultur einer Minderheit in der deutschen Industriegesellschaft, Göttingen 1978; s. a. den Beitrag von Chr. Kleßmann (4. 3) in diesem Band.

zweite Hauptgruppe, italienische Arbeiter. Sie waren vorzugsweise im Bauwesen, in Steinbrüchen und Ziegeleibetrieben beschäftigt, später zunehmend auch in Bergbau und Montanindustrie, besonders im lothringischen Revier, wo sie in ihrer Bedeutung durchaus derjenigen der "Ruhrpolen" im Ruhrgebiet vergleichbar waren 14).

Bei steilem Absturz der überseeischen Massenauswanderung Mitte der 1890er Jahre und nachgerade umgekehrt proportionalem Anstieg der Ausländerbeschäftigung nicht nur in Preußen, sondern auch im übrigen Reichsgebiet, schien sich Deutschland — im Sinne der Statistik — in der Tat vom Aus- zum Einwanderungsland zu verwandeln (Schaubild 3). Von Preußen aus wurde dieser Trend auf dem Verordnungsweg gebrochen. Hier geriet die "Wanderarbeiterfrage" von Anbeginn an in die Kollisionszone von ökonomischen und politischen Interessen: Auf der einen Seite massierte sich das ökonomische Interesse an einer Deckung des Ersatz- und Zusatzbedarfs auf dem Arbeitsmarkt durch ausländische Arbeitskraft. Den ökonomischen Interessen diametral entgegen stand das von preußischer Staatsraison diktierte politische Interesse an einer Eindämmung der vorwiegend polnischen Zuwanderung aus dem östlichen Ausland in die ehemals polnischen Gebiete im preußischen Osten. Der antipolnische "Rahmen der preußischen Abwehrpolitik" 15) kam aus den Ruinen des "Kulturkampfs" 16) und war bestimmt durch die anhaltende Skepsis gegenüber dem revolutionären Traum preußischer, russischer und österreichischer Polen von der Auferstehung eines polnischen Nationalstaats. Es ging um die Sicherheit der preußischen Ostgrenzen und um die seinerzeit betriebene "Germanisierung" der Polen innerhalb der deutschen Grenzen. Deshalb verfolgten die 1885 entworfenen und in ihrer Grundkonzeption über Jahrzehnte hinweg aufrechterhaltenen preußisch-antipolnischen "Abwehrvorschriften", wie ein Jahrfünft vor dem Ersten Weltkrieg rückblickend zusammengefaßt wurde, "ein doppeltes Ziel, einmal die Fernhaltung stamm- oder gesinnungsverwandter ausländischer Elemente von der einheimischen polnischen Bevölkerung in den Grenzprovinzen und sodann die Abwehr der Massenansiedlung ausländisch-polnischer Arbeiter auch innerhalb des übrigen Staatsgebiets. Sie rechtfertigen sich aus der un-

---

14) Aus der zeitgenössischen Literatur über die italienischen Arbeiter in Deutschland bes.: A. Sartorius v. Waltershausen, Die italienischen Wanderarbeiter, in: Festschr. f. A. S. Schultze, Leipzig 1903, S. 51-94; S. Graf Jacini, Die italienische Auswanderung nach Deutschland, in: Weltwirtschaftliches Archiv (WWA), 5. 1915, I, S. 124-135; I. Britschgi-Schimmer, Die wirtschaftliche und soziale Lage der italienischen Arbeiter in Deutschland. Ein Beitrag zur ausländischen Arbeiterfrage, Karlsruhe 1916; hierzu jetzt: H. Schäfer, Italienische "Gastarbeiter" im deutschen Kaiserreich (1890-1914), in: Zeitschrift für Unternehmensgeschichte, 27. 1982, H. 3, S. 192-214.

15) Hierzu: Bade, Politik und Ökonomie.

16) Ders., "Kulturkampf" auf dem Arbeitsmarkt: Bismarcks "Polenpolitik" 1885-1890, in: O. Pflanze (Hg.), Innenpolitische Probleme des Bismarck-Reiches (Schriften des Historischen Kollegs, Kolloquien 2), München 1983, S. 121-142.

Schaubild 2: Ausländische Arbeitskräfte (1 000) in Deutschland nach den
Legitimationsdaten der Deutschen Arbeiterzentrale 1910 - 1932

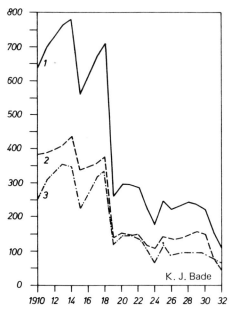

1. Ausländische Arbeitskräfte
2. Ausländische Landarbeiter
3. Ausländische Industriearbeiter

Quelle:
Daten der Reichsstatistik bei Burgdörfer (s. Anm. 67), S. 542; Stat. Jahrb., 50. 1931,
S. 305; 51. 1932, S. 295; 52. 1933, S. 294.

abweisbaren Erwägung, daß die mühsam eingeleitete Überführung der einheimischen Polen in das deutsche Volkstum durch den fortgesetzten Zuzug fremder
Elemente unmöglich gemacht werden würde. Sie stehen und fallen daher mit
der gesamten preußischen Polenpolitik, deren ganzes, in jahrzehntelanger Arbeit
aufgebautes Ergebnis mit einem Schlage in Frage gestellt wäre, sobald der
Widerstand gegen eine von außen her erfolgende Vermehrung der ansässigen
polnischen Bevölkerung nachlassen würde." 17) Das war 1885 der politische
Hintergrund für die Massenausweisung ausländischer Polen aus den preußischen
Grenzprovinzen und das anschließende Zuwanderungsverbot 18). Ausweisung

17) Vorschriften über die Beschäftigung ausländisch-polnischer Arbeiter, ZSTA Potsdam,
Auswärtiges Amt (AA), 30004, S. 16 f.; Erläuterungen, ebenda, S. 18-21; vgl. Bade, Politik
und Ökonomie, S. 280 f.
18) Hierzu: J. Mai, Die preußisch-deutsche Polenpolitik 1885/87. Eine Studie zur Heraus-

Schaubild 3: Deutsche Wanderungsbilanz (1 000) 1871 - 1910

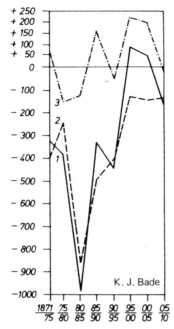

1. Gesamter Wanderungsgewinn (+) oder Wanderungsverlust (--)
2. Bevölkerungsverlust durch überseeische Abwanderung (--)
3. Gewinn (+) oder Verlust (--) durch sonstige Wanderungen

Quelle:
Wanderungsbilanz nach der Reichsstatistik bei Burgdörfer (s. Anm. 67), S. 539.

und Zuwanderungsverbot trafen indes nicht nur ausländisch-polnische Arbeitswanderer und seit langem ansässige nichtnaturalisierte polnische Arbeitskräfte
und ihre Familien, sondern auch deren landwirtschaftliche Arbeitgeber im
preußischen Osten und vermochten dem Druck ihrer ökonomischen Interessen
nur ein Jahrfünft standzuhalten.

Der katastrophale Arbeitskräftemangel in der Landwirtschaft des preußischen
Ostens nötigte seit dem Ende der 1880er Jahre dazu, nach einer Lösung zu
suchen, die die ökonomischen Interessen befriedigen sollte, ohne die Strategie
der antipolnischen Sicherheitspolitik zu gefährden. Es ging darum, den nötigen

bildung des Imperialismus in Deutschland, Berlin 1962; vgl. dazu jetzt: R. Baier, Der Deut-
sche Osten als soziale Frage. Eine Studie zur preußischen und deutschen Siedlungs- und
Polenpolitik in den Ostprovinzen während des Kaiserreiches und der Weimarer Republik,
Köln 1980, S. 1-90.

Arbeitskräftezustrom aus dem östlichen Ausland nicht zur Einwanderung geraten zu lassen, sondern als mobile und disponible Einsatzreserve in den Bahnen der transnationalen Saisonwanderung zu halten. Die Geschichte der Durchsetzung dieses Prinzips im Konfliktfeld von ökonomischen und politischen Interessen war die Geschichte des Kampfes um die Kontrolle über Rekrutierung und Vermittlung der Arbeitskräfte aus dem östlichen Ausland 19).

2. Der Kampf um die Kontrolle über Auslandsrekrutierung und Inlandsvermittlung ausländischer Arbeitskräfte in Preußen

In der Geschichte der Rekrutierung und Vermittlung von Arbeitskräften aus dem östlichen Ausland für den landwirtschaftlichen Arbeitsmarkt der nordöstlichen Aus- und Abwanderungsgebiete überschnitten sich vor dem Ersten Weltkrieg vier verschiedene Formen, von denen die vierte und historisch jüngste im ersten Jahrzehnt des 20. Jahrhunderts in den Vordergrund trat: 1. die private "nichtgewerbsmäßige" Arbeiteranwerbung für den Eigenbedarf, 2. die private "gewerbsmäßige" Anwerbung und Vermittlung, 3. die Tätigkeit der von den Landwirtschaftskammer eingerichteten Arbeitsnachweise und 4. die Anwerbung, Vermittlung und "Legitimierung" ausländischer Arbeitskräfte durch die preußische "Deutsche Feldarbeiterzentrale" und spätere "Deutsche Arbeiterzentrale". Über alle Zäsuren in der Rekrutierungsgeschichte der kontinentalen Zuwanderung aus dem östlichen Ausland hinweg hielt sich die Bewegung jener — im Jargon der Arbeiterzentrale "Selbststeller" genannten — ausländischen Arbeitskräfte, die allein oder in Gruppen zur Grenze kamen, weil im Herkunftsraum die Arbeiteranwerbung verboten war, weil sie der Ausbeutung durch kommerzielle Agenten entgehen wollten oder aber weil sie nach einigen derartigen Vermittlungen auf den Wegen, die sie unter Führung eines Agenten kennengelernt hatten, selbständig zur Grenze kamen. Die Vermittlung über die kommunalen "öffentlichen" Arbeitsnachweise, die für das inländische Arbeitsmarktgeschehen seit den 1890er Jahren ständig an Bedeutung gewann 20), spielte bei der Rekrutierung und Vermittlung ausländischer Arbeitskräfte für den landwirtschaftlichen Arbeitsmarkt der Nordostgebiete erst eine ganz unbedeutende Rolle. Nicht zur Geschichte von Auslandsrekrutierung und Inlandsvermittlung im

19) Das folgende Kap. dieses Beitrags wurde in seinen Grundzügen zuerst als Vortrag zur Diskussion gestellt auf dem Wiss. Kolloquium "Arbeiterwanderungen, Ausländerbeschäftigung und Ausländerpolitik in den kapitalistischen Ländern Europas im 20. Jahrhundert" an der Universität Rostock, 21., 22. 4. 1981 (K. J. Bade, Arbeitsmarkt, Ausländerbeschäftigung und Interessenkonflikt: Der Kampf um die Kontrolle über Auslandsrekrutierung und Inlandsvermittlung ausländischer Arbeitskräfte in Preußen vor dem Ersten Weltkrieg, in: Fremdarbeiterpolitik des Imperialismus, H. 10, Rostock 1981, S. 27-47; Kurzfassg. in: Zeitschr. für Ausländerrecht und Ausländerpolitik, 3. 1983, H. 2, S. 87-93).
20) Hierzu. K. J. Bade, Arbeitsmarkt, Bevölkerung und Wanderung in der Weimarer Republik, in: M. Stürmer (Hg.), Die Weimarer Republik — Belagerte Civitas, Königstein/Ts. 1980, S. 160-187, hier S. 175 f.

engeren Sinn zählen die überkommenen Formen der transnationalen Saisonwanderung russisch-polnischer Klein- und Armbauern mit unter der Subsistenzgrenze liegenden Bodenerträgen in den preußischen Grenzdistrikten, die im Hochsommer für einige Wochen zur Arbeit über die Grenze kamen, dann zur aufgeschobenen eigenen Getreideernte zurückwanderten, um wenig später zur Kartoffelernte die Grenze nochmals zu überschreiten. Diese transnationale Saisonwanderung langte schon in den 1880er Jahren nicht mehr hin, den steigenden Arbeitskräftebedarf auf dem landwirtschaftlichen Arbeitsmarkt der nordöstlichen Aus- und Abwanderungsgebiete zu decken 21).

2.1 Die Anwerbung für den Eigenbedarf: Gutsbeauftragte und Kolonnenführer

Die erste Form der Rekrutierung und Vermittlung ausländischer Arbeitskräfte für den landwirtschaftlichen Arbeitsmarkt im preußischen Osten war die Anwerbung im Ausland, Begleitung zum inländischen Arbeitsort und Überwachung am Arbeitsplatz durch den landwirtschaftlichen Großbetrieben mehr oder minder vertrauten, ausländischen Kolonnenführer ("Vorschnitter"). Parallel lief die Rekrutierung durch Gutsbeamte bzw. Vorarbeiter von Gutswirtschaften und großbäuerlichen Betrieben selbst. Sie arbeiteten allerdings – von der nicht selten illegalen, direkten An- und Abwerbung ausländischer Arbeitskräfte und ihrem nicht minder illegalen "Import" über die Grenze abgesehen – in der Regel Hand in Hand mit ausländischen Schleppern, die die Arbeitskräfte bis in die Grenzorte führten und dort an die Vertreter, Beauftragten oder Vertrauensleute der Gutswirtschaften abgaben, wenn sie die Kolonnen nicht selbst als "Vorschnitter" ins Zielgebiet begleiteten. Diese frühen Formen der Rekrutierung und Vermittlung von ausländischen "Preußengängern" entsprachen im Kern durchaus den Methoden der Inlandsrekrutierung von einheimischen "Rübenwanderern" bzw. "Sachsengängern". Sie waren, nach der Einführung des "Legitimationszwangs" (s. u.) abnehmend, aber nicht aufhörend, über den gesamten Untersuchungszeitraum hinweg zu beobachten 22).

21) Hierzu und zum Folgenden: F. Stutzke, Innere Wanderungen, die Ursachen des Arbeitermangels in der preußischen Landwirtschaft und des Zuzugs ausländischer Wanderarbeiter, Berlin 1903, S. 51; A. Mytkowicz, Ausländische Wanderarbeiter in der deutschen Landwirtschaft, Posen 1914, S. 34; Z. Stankiewicz, The Economic Emigration from the Kingdom of Poland Portrayed on the European Background, in: C. Bobinska, A. Pilch (Hg.), Employment-Seeking Emigrations of the Poles World-Wide, 19th and 20th Centuries, Zeszyty Naukowe Uniwersytetu Jagiellónskiego, CCCCXVII, Prace Polonijne, H. 1, 1975, S. 27-52, hier S. 37 f.; W. Wygodzinski, Die ausländischen Wanderarbeiter in der deutschen Landwirtschaft, in: WWA, 7. 1916, H. 1, S. 351-378, hier S. 371 f.; I. Ferenczi, Kontinentale Wanderungen und die Annäherung der Völker. Ein geschichtlicher Überblick, Jena 1930, S. 17.

22) Über die bei der "Sachsengängerei" üblichen Vermittlungsformen: K. Kaerger, Die Sachsengängerei. Auf Grund persönlicher Ermittlungen und statistischer Erhebungen, in: Landwirtschaftliche Jahrbücher (LJb.), 19. 1890, S. 239-522; vgl. P. Grund, Die ausländi-

2.2 Die gewerbsmäßige Arbeitervermittlung: Werber, Schlepper und Agenten

Als zweite und zunächst wichtigste Art der "Arbeitskräftebeschaffung" bildete sich, wiederum ganz ähnlich wie bei der Inlandsrekrutierung und -vermittlung von einheimischen landwirtschaftlichen Saisonwanderern, der gewerbsmäßige transnationale Arbeiter- und Kontrakthandel heraus. Dieser auf der Budapester Konferenz über die Organisation des Arbeitsmarktes 1910 als "Handel mit Menschenfleisch" beschriebene "Menschenhandel" wurde von auf eigene Rechnung und eigenes Risiko arbeitenden großen und kleinen ausländischen Werbern und Schleppern, einzelnen großen und kleinen inländischen Vermittlungsagenten, aber auch landstädtischen Agenturen mit festen Vermittlungsbüros teils allein, teils kooperativ betrieben: "Billige Löhne, Garantie für Nichtfortlaufen. Feldarbeiter, Männer, Mädchen, Burschen, Deutsche, Russisch-Polen, Ruthenen, Ungarn, beschafft in jeder Anzahl und beliebiger Zusammenstellung, wenn gewünscht auch mit energischem, deutsch und polnisch sprechendem Aufseher ...", lauteten Inserate von Arbeiterhändlern in der landwirtschaftlichen Presse 23). Nach der amtlichen Enquete von 1905 wurde die Zahl der in- wie ausländische Arbeiter anbietenden gewerbsmäßigen Vermittler im Reich insgesamt auf mindestens 7.000 geschätzt, die allein in Preußen in einem Jahr rund 381.000 Stellen vermittelt hatten. Die Preisgestaltung im gewerbsmäßigen Arbeiterhandel war extrem, die Agenten verdienten doppelt, an Arbeitern und Arbeitgebern: Während Arbeiter zwischen 1 und 10 Mark für ihre Vermittlung zu zahlen hatten, schwankte die Vermittlungsgebühr für Arbeitgeber je nach Arbeitsmarktlage in der Regel zwischen 5 und 30 Mark. Die höchsten Vermittlungsgebühren wurden folgerichtig Arbeitgebern in den am meisten von "Leutenot" bedrängten preußischen Ostgebieten abverlangt. Der Kapitalabfluß aus der deutschen Landwirtschaft in Gestalt von Maklergebühren und Reisekostenerstattungen war enorm und wurde 1909 auf 30 bis 35 Millionen Mark jährlich veranschlagt 24).

Das Interesse der Arbeiterhändler an möglichst gewinnträchtiger Vermittlung der Handelsware Arbeitskraft war dabei häufig gleichbedeutend mit dem Versuch von Schleppern und Werbern, kleinen wie großen Agenten und Vermittlungsbüros, sich gegenseitig zu übervorteilen, mit falschen Versprechungen gegenüber Arbeitern und Arbeitgebern ihre Kopfprämien zu steigern. Das führte zu schweren Mißständen und nährte nicht zuletzt auch die Neigung der ausländischen Arbeitskräfte zum stummen Protest durch Kontraktbruch, wenn sie sich

schen Wanderarbeiter in ihrer Bedeutung für Oberschlesien, Leipzig 1913, S. 26; Mytkowicz, S. 57-61.

23) Verhandlungen der Budapester Konferenz betr. Organisation des Arbeitsmarktes, 7., 8. 10. 1910, Leipzig 1911, S. 95, 97; J. Marchlewski (i. e. J. Karski), Zur Polenpolitik der preußischen Regierung. Auswahl von Artikeln aus den Jahren 1897-1923, Berlin 1957, S. 94.

24) Mytkowicz, S. 51, 53.

im Zielgebiet Arbeits- und Lohnbedingungen unterworfen sahen, die den ver-
lockenden Ankündigungen der Werber, Schlepper und Agenten nicht entsprachen. Im Inland gehörte es vielerorts zum Geschäft einheimischer Wanderagen-
ten ohne Büro, an der Grenze abgefangene ausländische Kolonnen zu vermitteln,
die Kopfprämien vom Arbeitgeber zu kassieren, anschließend die Arbeiter zum
Kontraktbruch zu überreden und als Kettenbetrüger andernorts aufs neue anzu-
bieten. Mit jedem Kontraktbruch aber wuchs die Abhängigkeit der ausländischen
Kolonne vom inländischen Agenten, und zwar umso mehr, je weiter sie sich auf
ihrem Weg unter seiner Führung aus den Grenzdistrikten ins unbekannte Inland
entfernte 25). Umgekehrt gingen Methoden von Agenten, in Absprache mit
landwirtschaftlichen Arbeitgebern den Kontraktbruch der vermittelten ausländischen Arbeitskräfte zu unterbinden, auf Kosten der Arbeiter und mehrten
zugleich die Profite der Arbeiterhändler: Die Landwirtschaftskammer für die
Provinz Schlesien etwa veröffentlichte 1898 zahlreiche Beispiele, nach denen
Agenten Zusatzverdienste dadurch einstrichen, daß die Löhne für von ihnen
vermittelte galizische Arbeiter vom Arbeitgeber nicht an die Arbeiter selbst,
sondern an die Agenten bezahlt wurden, die für diese "Lohnverwaltung" als
Waffe gegen den Kontraktbruch zusätzlich noch pro Kopf und Monat rund 15
Mark vom Arbeitslohn der vermittelten ausländischen Arbeitskräfte einbe-
hielten 26).

Aus diesen Gründen mehrten sich die Klagen preußischer Arbeitgeber und
Behörden über den "unerträglichen Krebsschaden" des "Agentenunwesens"
der gewerbsmäßigen Stellenvermittlung. Auf beiden Seiten wurden entsprechende, aber zunächst noch leicht illegal zu umgehende Kontrollvorschriften
und Einschränkungen, im Ausland auch Verbote erlassen. Die einschränkenden
Bestimmungen der preußischen Gewerbeordnungsnovelle (§ 34) vom 30. 6. 1900
für kommerzielle Gesindevermieter und Stellenvermittler vermochten nicht zu
hindern, daß nach der Enquete von 1905 der gewerbsmäßige Handel mit der
Ware Arbeitskraft in den Provinzen Ostpreußen, Pommern, Posen und Brandenburg, Schlesien und Sachsen, in Hannover und der Rheinprovinz nach wie vor
noch bei weitem die stärksten Vermittlungskontingente stellte. Erst das am
10. 10. 1910 in Kraft gesetzte Reichs-Stellenvermittlergesetz schränkte den
Arbeiterhandel scharf ein: durch Zulassungsverbote für Orte mit öffentlichen
Arbeitsnachweisen, Gebührenvorschriften, Werbungsverbot in der Öffentlichkeit
und gegenüber Arbeitern, Verbot der Kontaktnahme zu Arbeitgebern, die nicht
ausdrücklich darum ersucht hatten und durch das Verbot der Schlepper-Beschäf-

---

25) ZSTA Potsdam Reichsamt, -ministerium des Innern (RMI) 13711, S. 235-237 f.;
vgl. Mytkowicz, S. 53 ff.; J. v. Trzinski, Russisch-polnische und galizische Wanderarbeiter
im Großherzogtum Posen, Stuttgart 1906, S. 87; Stutzke, S. 51; A. Knoke, Ausländische
Wanderarbeiter in Deutschland, Leipzig 1911, S. 33 ff., 44 ff.; Budapester Konferenz,
S. 87 ff.; Wygodzinski, S. 369, 371; Nichtweiss, S. 75 ff.
26) Mytkowicz, S. 52.

tigung. Fortan gingen die Klagen landwirtschaftlicher Arbeitgeber über das "Agentenunwesen" zurück, obgleich die gewerbsmäßige Vermittlung von ausländischen Arbeitskräften für den landwirtschaftlichen Arbeitsmarkt noch bis zum Ersten Weltkrieg eine außerordentliche Rolle spielte 27).

2. 3 Das berufsgenossenschaftliche Vermittlungswesen: die Arbeitsnachweise der Landwirtschaftskammern

Als dritte, zunächst mit der gewerbsmäßigen Arbeiterrekrutierung und -vermittlung, später auch mit derjenigen der preußischen Feldarbeiterzentrale konkurrierende und zugleich erste regional organisierte Form der transnationalen Arbeitskräftevermittlung traten seit den 1890er Jahren in Preußen die Arbeitsnachweise der Landwirtschaftskammern auf den Plan. Die Vorgeschichte dieser Selbsthilfeorganisationen landwirtschaftlicher Arbeitgeber hatte Ende der 1880er Jahre mit dem Berliner "Verein für Arbeitsnachweis ländlicher Arbeiter" begonnen, dessen Beauftragte von Agenten im östlichen Ausland angeworbene Arbeitskräfte an der Grenze übernahmen und an die entsprechenden landwirtschaftlichen Betriebe weitervermittelten. Die kaum mehr als ein Jahrfünft während der Tätigkeit des Vereins lief aus, als nach dem preußischen Gesetz über die Errichtung von Landwirtschaftskammern (30. 6. 1894) bis zur Jahrhundertwende in sämtlichen preußischen Provinzen Landwirtschaftskammern entstanden, die eigene Arbeitsnachweise aufbauten: Der erste landwirtschaftliche Kammernachweis arbeitete seit 1896 in Halle a. S., diejenigen in den Provinzen Brandenburg, Ostpreußen, Schlesien, Pommern, Posen und Hannover folgten, der letzte wurde 1907 in Westpreußen gegründet. Wenngleich die Rekrutierung und Vermittlung von in- und ausländischen Arbeitskräften für den landwirtschaftlichen Arbeitsmarkt als "Hauptzweck der Kammernachweise" galt, trat doch die Anwerbung und Vermittlung ausländischer Arbeitskräfte von Anbeginn an in den Vordergrund, "weil es im Interesse der Landwirte lag, möglichst billige Arbeitskräfte zur Verfügung zu haben" 28). Strategisches Ziel der landwirtschaftlichen Kammernachweise war es, 1. die von den Arbeiterhändlern hochgeschraubten Provisionsgebühren zu drücken, 2. die von den landwirtschaftlichen Arbeitgebern zu tragenden hohen inländischen Reisekosten für ausländische Arbeiter durch die Organisation von Massentransporten auf dem Schienen-

27) ZSTA Merseburg, Rep. 120, VIII, 1, Nr. 106, Bd. 10, S. 327; Der Arbeitsmarkt. Monatsschrift der Centralstelle für Arbeitsmarktberichte, 1. 1897/98, S. 139; 2. 1898/99, S. 108; 4. 1902/03, S. 134; 8. 1904/05, S. 70, 441-447; 9. 1905/06, S. 110; 10. 1906/07, S. 464; 11. 1907/08, S. 162; O. Becker, Die Regelung des ausländischen Arbeiterwesens in Deutschland. Unter besonderer Berücksichtigung der Anwerbung und Vermittlung, Berlin 1918, S. 23-26; Knoke, S. 37; W. Radetzki, Der gegenwärtige Stand der landwirtschaftlichen Wanderarbeiterfrage in Deutschland, in: LJb. 63. 1926, S. 305-338, hier S. 310.

28) Grundlegend hierzu: M. v. Stojentin, Landwirtschaftliche Arbeitsämter, in: Landarbeit und Kleinbesitz, H. 2/3, Rostock 1907, S. 91-165; Mytkowicz, S. 62 f.

weg zu senken und 3. dem durch das "Agentenunwesen" gesteigerten "Kontrakt-
bruch der Landarbeiter als Massenerscheinung" 29) einen Sperriegel vorzuschie-
ben. Dabei geriet die Geschichte der landwirtschaftlichen Kammernachweise zur
Geschichte eines mit allen Mitteln geführten Kampfes in- und ausländischer
Agenten um möglichst weitreichende Kontrolle über Auslandsrekrutierung und
Inlandsvermittlung ausländischer Arbeitskräfte:
Eine erste Frontlinie lag zwischen den Agenten der Kammernachweise und den
gewerbsmäßigen Agenten, deren größte im östlichen Ausland ein weitgespanntes
Netz von Werbern, Schleppern und Vertrauensleuten kontrollierten oder aber
mit ausländischen Zubringeragenturen kooperierten, die ihrerseits in kleinen
Büros versteckte Großunternehmen waren. Eine Taktik der Kammernachweise
in diesem Kampf um die Kontrolle über das transnationale Wanderungsgeschehen
bestand in der Anlage eigener Vermittlungsstellen an der Ostgrenze, jeweils an
strategischen Punkten mit geeignetem ausländischen "Hinterland". So errichtete
der brandenburgische Kammernachweis gleich drei solcher Stellen: In Myslowitz
für galizische, in Annaberg für südungarische und in Neuberun für ruthenische
Wanderarbeiter. Die pommersche Landwirtschaftskammer zog nach mit einer
Vermittlungsstelle in Stralkowo für russisch-polnische Arbeiter; die schlesische
setzte, als interne Kampfansage, ihre eigene Vermittlungsstelle neben die brandenburgische in Myslowitz; der sächsische Arbeitsnachweis bezog im oberschlesischen Landsberg Stellung. Die übrigen Arbeitsnachweise der Landwirtschaftskammern verlegten sich im gemeinsamen Bestreben, in das Rekrutierungs- und
Vermittlungsmonopol der kommerziellen Konkurrenz einzubrechen, auf eine
andere Taktik: Sie suchten die privaten Agenten selbst unter Vertrag zu nehmen
und konnten Gebührensenkungen gegen die Zusage erreichen, sich einerseits
nicht in den harten Konkurrenzkampf auf dem ausländischen Arbeitsmarkt ein-
zumischen, Arbeitskräfte ausschließlich von ihren kommerziellen Vertrags-
partnern zu beziehen und andererseits die gesamte Inlandsvermittlung in eigene
Regie zu übernehmen 30).
Eine zweite Frontlinie brach auf, als sich, wie in Myslowitz, die Agenten der
Kammernachweise gegenseitig ins umkämpfte Gehege gerieten. Der Konkurrenzkampf der landwirtschaftlichen Arbeitsnachweise gegeneinander aber kam wiederum den kommerziellen in- und ausländischen Agenten zugute, die die Rivali-
täten zwischen den einzelnen Arbeitsnachweisen zu nutzen wußten, um ihre
Provisionen gegen die preisdrückende Konkurrenz der Landwirtschaftskammern
insgesamt abzustützen. Das führte 1900 bereits zu dem im preußischen Landes-

29) R. Ehrenberg, Gehrke, Der Kontraktbruch der Landarbeiter als Massenerscheinung
(Landarbeit und Kleinbesitz, H. 1), Rostock 1907; über die Versuche zur Kriminalisierung
des Kontraktbruchs einheimischer Landarbeiter s. Nichtweiss, S. 130 ff.
30) Mytkowicz, S. 63 f.; A. Friedmann, Arbeitermangel und Auswanderung, Wien 1907,
S. 8 f.; G. Groß, Ausländische Arbeiter in der Landwirtschaft und die Frage ihrer Ersetzbar-
keit, in: LJb. 61. 1924, S. 1-63, hier S. 5 f.; Nichtweiss, S. 78.

ökonomie-Kollegium diskutierten Plan, eine überregionale Rekrutierungs- und Vermittlungsinstitution zu schaffen, der sich alle größeren Landwirtschaftskammern mit ihren Arbeitsnachweisen angliedern können sollten 31). Damit begann der Weg zur preußischen "Deutschen Feldarbeiterzentrale", deren Entstehungsgeschichte wiederum zur Geschichte ihres Konkurrenzkampfes gegen die landwirtschaftlichen Arbeitsnachweise geraten sollte.

2.4 Staatsräson und Wirtschaftsinteressen im Konkurrenzkampf auf dem "Menschenmarkt": Kammernachweise, Arbeiterhändler und preußische Feldarbeiterzentrale

Die vierte und zugleich erste überregional organisierte Form der transnationalen Arbeitskräftevermittlung bildete sich stufenweise im ersten Jahrzehnt des 20. Jahrhunderts heraus. Ausgangspunkt dieser Entwicklung waren jene Verhandlungen des preußischen Landesökonomie-Kollegiums über eine überregionale Koordination des Arbeitsnachweiswesens der Landwirtschaftskammern in einer Zentralinstitution, die die Konkurrenz der einzelnen Kammernachweise aufheben und im übrigen den gleichen landwirtschaftlichen Arbeitgeberinteressen dienen sollte, die Anlaß zur Einrichtung der Kammernachweise selbst gegeben hatten. Erster Vorläufer dieser Institution war die am 3. 7. 1903 vom Ostmarkenverein und vom Alldeutschen Verband im Einverständnis mit dem Landeswirtschaftsministerium gegründete und zunächst auf Posen und Westpreußen beschränkte "Centralstelle zur Beschaffung deutscher Ansiedler und Feldarbeiter". Hinter dem auffälligen Interesse der Staatsregierung an dieser Institution, die mit dem antipolnischen Ruthenischen Nationalkomitee in Lemberg zusammenarbeitete, stand die Absicht, damit ein politisch-ökonomisches Steuerungsinstrument zu schaffen, das in der Arbeitskräfterekrutierung die erstrebte Balance zwischen ökonomischen und sicherheitspolitischen Interessen halten sollte: Es ging darum, "im Interesse der auf den Bezug von Wanderarbeitern angewiesenen Landwirte zur Erzielung möglichst günstiger Bezugsbedingungen die Nachfrage zu vereinheitlichen und zugleich neben dem wirtschaftlichen Bedürfnisse der Arbeitgeber auch das durch ein weiteres Anwachsen der slawischen Arbeitermassen gefährdete nationale Interesse zur Geltung zu bringen". Der Versuch, die seit dem preußischen Ansiedlungsgesetz von 1886 vor allem in Posen und Westpreußen vorangetriebene Innere Kolonisation durch die Anwerbung von Ansiedlern zu fördern, zielte darauf ab, 1. die wanderungshemmende mentale Schollenbindung zu stärken, die als Strombrecher gegen den Sog der internen Ost-West-Wanderung wirken sollte, 2. mit der erstrebten preußisch-deutschen Kleinsiedler-Barriere einen antipolnischen Cordon sanitaire von kleinen Parzellenbauern in die Grenzdistrikte vorzuschieben und 3. das durch Wanderungsverluste dezimierte schollengebundene Arbeitskräftereservoir von auf abhängigen Nebener-

31) Becker, S. 3 ff.

werb angewiesenen proletaroiden Subsistenzproduzenten im Nahbereich groß-
betrieblicher Marktproduzenten zu mehren. Dementsprechend ging es bei der
Arbeiterrekrutierung im Ausland darum, "möglichst nationalverdächtige Elemente durch unverdächtige zu ersetzen". Deswegen sollte die Zentralstelle
"möglichst das Monopol der gesamten Beschaffung von ausländischen Saisonarbeitern bekommen" 32).
Schon dieser erste, regierungsamtlich gestützte Versuch einer Balancierung
ökonomischer und sicherheitspolitischer Interessen geriet in die Schußlinie
der preußischen Landwirtschaftskammern, die ihren untereinander rivalisieren-
den Arbeitsnachweisen einen zusätzlichen, höchst unerwünschten Konkurrenten
erwachsen sahen, der umso gefährlicher erschien, als er offensichtlich von Berlin
aus gestützt wurde. Der mißglückte Startversuch ging unter im Protestlärm der
Landwirtschaftskammern, zumal die allzu unsichere Geschäftsgrundlage und die
ungeklärte Rechtsfähigkeit des Kuratoriums der "Königlichen Staatsregierung
zur Unterstützung aus öffentlichen Mitteln nicht die erforderliche rechtliche
Gewähr" bot. Die Centralstelle scheiterte "an dem Wettbewerbe mit den Privatagenten" und vermochte, wie 1905 in Berlin enttäuscht bilanziert wurde, "auf
die Gestaltung des Bezuges ausländischer Wanderarbeiter keinen nennenswerten
Einfluß auszuüben" 33).
Umso mehr wurden in Berlin die Bemühungen um die "Schaffung einer gemeinsamen Spitze für die Arbeitsnachweise forciert", um "den höchst lästigen Konkurrenzkampf der Arbeitsnachweise im Auslande" mit Hilfe eines neuen
"Monopols" abzubauen: An die Stelle der gescheiterten Centralstelle rückte
1905 die preußische "Deutsche Feldarbeiter-Centralstelle" (Feldarbeiterzentrale), die den ursprünglich ins Auge gefaßten Zwecken einer übergeordneten
Zentralinstitution zur Koordination von Auslandsrekrutierung und Inlandsvermittlung ausländischer Arbeitskräfte näher kam 34). Mit ökonomischen und
politischen Argumenten und mit dem unmißverständlichen Hinweis, "nötigen-
falls" werde die Feldarbeiterzentrale "zur Erreichung ihrer Ziele auch auf den
Beistand der Königlichen Staatsregierung rechnen können", suchte das Ministerium die Landwirtschaftskammern in diesen neuen Kooperationsverbund unter
zentraler Leitung zu locken und zu drängen, in dem sie " als Organe des Vereins
ihre Tätigkeit fortsetzen" können sollten, "und zwar zunächst ganz in der bisherigen Weise": Ökonomisch entspreche es "der allgemeinen Erfahrung, daß

---

32) ZSTA Merseburg, Rep. 87 B, Nr. 113, S. 22 f., 24-30, 139-146, 237, 276-280; vgl.
P. Quante, Die Flucht aus der Landwirtschaft. Umfang und Ursachen der ländlichen Abwanderung, dargestellt auf Grund neueren Tatsachenmaterials, Berlin 1933, S. 196 f., 373;
Nichtweiss, S. 79 ff., 97 ff.; H. - J. Puhle, Agrarische Interessenpolitik und preußischer
Konservatismus im wilhelminischen Reich 1890-1914, Bonn-Bad Godesberg 1966, S.
246-254.
33) ZSTA Merseburg, Rep. 87 B, Nr. 113, S. 67-70, 237.
34) Satzung der Feldarbeiterzentrale in: ZSTA Merseburg, Rep. 87 B, Nr. 114, S. 77-79.

durch die Vereinigung der Werbetätigkeit in einer Hand die Höhe der General-
kosten vermindert wird und die so vereinheitlichte Nachfrage dem Angebot
gegenüber eine günstigere Stellung einnehmen wird als bei dem bisherigen Wettbewerbe der einzelnen Arbeitsnachweise und Privatagenten unter sich". Die
Feldarbeiterzentrale werde "mit der Zeit die gesamte Anwerbung ausländischer
Feldarbeiter in ihrer Hand vereinigen und allen Wettbewerb gewerbsmäßiger
Stellenvermittler und Privatagenten (. . .) aus diesem Gebiet völlig verdrängen".
Politisch aber werde "die Zusammenfassung der Werbetätigkeit mit der Zeit
die Möglichkeit gewähren, namentlich bei weiterem Anwachsen des Arbeiter-
bedarfs anstelle der bisher überwiegenden russisch-polnischen und galizischen
Arbeiter national ungefährlichere Elemente heranzuziehen und so das Bedürf-
nis der Landwirtschaft nach Ausländerarbeit und das durch Selbsterhaltung
diktierte Verlangen des Staates nach Abwehr (. . .) antinationaler Einwanderung tunlichst zu versöhnen" 35). Zögernd schlossen sich die Landwirtschaftskammern der ökonomischen Leitlinie, "daß durch die Zentrale der Konkurrenzkampf auf dem Gebiete des landwirtschaftlichen Arbeitsmarkts ausgeschaltet
werden solle", an und traten, mehr genötigt denn aus eigenem Entschluß,
1905/06 der privatrechtlich konstituierten Feldarbeiterzentrale bei, der zunächst
40.000 Mark aus dem Deutschtumsfonds zugesprochen werden sollten 36).
Doch auch der zweite Anlauf kam über den Startversuch nicht hinaus. Die
Feldarbeiterzentrale vermochte nur qualitativ, nicht aber quantitativ das hoch-
gesteckte Ziel zu erreichen: 1906 konnte die Zentrale, die vor allem "andere
als polnische Arbeiter einzuführen" bestrebt war, in der Hauptrekrutierungs-
zeit bis Mai insgesamt 17.570 ausländische Arbeitskräfte — darunter 62 %
"Nichtpolen", vornehmlich Ruthenen aus Galizien, — anwerben, von denen
91 % (15.921) ins preußische Staatsgebiet vermittelt wurden: 72 % (12.707) in
landwirtschaftliche und 28 % (4.863) in industrielle Betriebe. In absoluten
Zahlen freilich war das Resultat mehr als kläglich: die 15.921 nach Preußen
vermittelten Ausländer stellten gerade 2,6 % der 1906 vom preußischen Innenministerium über die Landratsämter in Preußen insgesamt erfaßten 605.339 bzw.
10,6 % der in den Nordostprovinzen (Ost-, Westpreußen, Pommern, Posen, Brandenburg) erfaßten 150.196 ausländischen Arbeitskräfte 37). Von der erstrebten
"Zentralisierung des Bezuges ausländischer Wanderarbeiter" konnte ebensowenig die Rede sein wie von der erhofften "Monopolstellung" der Zentrale.
Die Landwirtschaftskammern torpedierten auch den diesmal gründlich vorbereiteten zweiten Versuch, die Zentralisierung von Auslandsrekrutierung und Inlandsvermittlung ausländischer Arbeitskräfte unter regierungsamtlichem Druck

35) Ebenda, Nr. 113, S. 237-239.
36) Ebenda, Nr. 114, S. 47 f., 70 f., 130-137, 168, 172 ff.; Nr. 115, S. 27, 36, 54 ff.;
Arbeitsmarkt 9. 1905/06, S. 188 ff.
37) ZSTA Merseburg, Rep. 120, VIII, 1, Nr. 106, Bd. 6, S. 127; ebenda, Rep. 87 B, Nr.
115, S. 157; für die Daten s. Anm. 10, 66.

zu realisieren. Da die Koordination des landwirtschaftlichen Arbeitsnachweiswesens in den Satzungen der Zentralstelle über die bloße Absichtserklärung hinaus organisatorisch kaum näher festgelegt war, brachen sofort wieder die Verselbständigungstendenzen der einzelnen Kammernachweise durch. Sie schoben der Zentrale nur die am schwersten zu erledigenden Kleinaufträge zu, um sich unter Hinweis auf die mangelnde Funktionsfähigkeit der neuen Institution 1906 schon wieder die ministerielle Genehmigung zum Ausscheiden aus dem Verbund einzuhandeln, womit der alte Konkurrenzkampf unter den Arbeitsnachweisen der Landwirtschaftskammern aufs neue entbrannte [38].

Während die Massenbewegung der kontinentalen Zuwanderung von Jahr zu Jahr wuchs, blockierten die Arbeitsnachweise der preußischen Landwirtschaftskammern im ökonomischen Eigeninteresse den von der Staatsregierung aus sicherheitspolitischen Erwägungen unternommenen Versuch einer Zentralisierung der Kontrolle über Auslandsrekrutierung und Inlandsvermittlung der ausländischen Arbeitskräfte. Hinzu kam, daß die Kammern die Berliner Strategie unterliefen, ohne doch selbst den kommerziellen Agenten Paroli bieten zu können, zumal sie sich durch die Konkurrenz untereinander gegenseitig lähmten: "Von den rund 180.000 Arbeitern aus Rußland und Österreich-Ungarn, die nach der Statistik des Ministeriums des Innern 1905 in der preußischen Landwirtschaft arbeiteten, haben die Kammern etwa 10 % vermittelt", berichtete die Feldarbeiterzentrale in einer alarmierenden Eingabe. "Die übrigen 90 % wurden durch Agenten vermittelt oder von den Arbeitgebern direkt durch Aufseher, Vorarbeiter, Schlepper usw. angeworben (...) Bei den russischen Arbeitern liegen die Verhältnisse noch ungünstiger: Von den 106.000 Arbeitern aus Rußland, die 1905 in der preußischen Landwirtschaft arbeiteten, hatten die Kammern etwa 8.000 vermittelt, also etwas über 7 % (...) Von den durch Subalternbeamte geleiteten Arbeitsnachweisen ist eine weitsichtige Politik und ein tieferes Verständnis für die großen Ziele weder zu erwarten noch zu verlangen." [39]

Der politisch-ökonomische Interessenkonflikt schwelte weiter und weitete sich aus zum Flächenbrand, als die verzweifelten Bemühungen um eine Zentralisierung von Auslandsrekrutierung und Inlandsvermittlung ausländischer Arbeitskräfte 1906 in ein organisiertes Chaos zu münden schienen: Während die Feldarbeiterzentrale in Berlin gegen ihre Abhängigkeit "von dem Willen der Kammerarbeitsnachweise" Sturm lief, protestierten preußische Landwirtschaftskammern an der gleichen Stelle gegen das "gemeinschädliche Vorgehen der Deutschen Feldarbeiter-Centralstelle", die sogar im Ausland angeworbene Arbeiter mit festen Verträgen auf dem Weg zur Grenze bzw. an der Grenze selbst abfange und umdirigiere, während das preußische Landwirtschaftsministerium in schar-

38) ZSTA Merseburg, Rep. 120, VIII, 1, Nr. 106, Bd. 6, S. 127, 130; ebenda, Rep. 87 B, Nr. 115, S. 164-170, pass.; Nr. 116, S. 196-204; Becker, S. 4 f.
39) ZSTA Merseburg, Rep. 87 B, Nr. 116, S. 17 f.

fen Entgegnungen darauf drang, "daß eine Bekämpfung dieses gemeinnützigen, staatsseitig gebilligte Ziele verfolgenden Instituts durchaus vermieden wird". Der Kampf griff über auf die "Rekrutierungsgebiete" im östlichen Ausland, wo sich private Beauftragte preußischer Arbeitgeber, kommerzielle Agenten sowie Agenten von Feldarbeiterzentrale und Kammernachweisen gegenseitig Arbeiter und Kontrakte abzujagen suchten. Damit aber begann der mit allen Mitteln geführte Kampf der Rekrutierungsapparate und Agenten zur unmittelbaren Gefahr zu werden, zumal im östlichen Ausland "die deutsche Nachfrage nicht allein am Markte" war und dort überdies nicht nur deutsche mit ausländischen Rekrutierungsagenten konkurrierten, sondern auch mit den Auswandererwerbern der großen deutschen Transatlantiklinien. Sie suchten nach dem Rückgang der deutschen Massenauswanderung das transatlantische Passagieraufkommen ihrer Linien mit osteuropäischen Auswanderern zu decken und schwächten damit zusätzlich das "Angebot" auf dem "Menschenmarkt" in den "Rekrutierungsgebieten", in denen, wie in Galizien, landwirtschaftliche Großproduzenten durch das Anwachsen von "Preußengängerei" und überseeischer Auswanderung schließlich genötigt wurden, ihrerseits Landarbeiter durch Agenten anwerben zu lassen. Der Argwohn ausländischer Regierungen, die transnationale Arbeitswanderung nach Deutschland könne jenseits der Grenzen in Überseeauswanderung über deutsche Häfen einmünden, tat ein übriges, die preußische Regierung unter unmittelbaren Zugzwang zu bringen 40).

2. 5 Staatsintervention auf dem Arbeitsmarkt: das "Legitimationsmonopol" der Feldarbeiterzentrale

Je mehr sich das kommerzielle und berufsgenossenschaftliche Vermittlungswesen gegen den halbamtlichen Zugriff sperrte, desto gezielter wurden die von Berlin aus unternommenen Versuche, diesen Widerstand zu brechen. Der entscheidende Schachzug in diesem Machtkampf um die Kontrolle über die ständig anwachsende transnationale Bewegung ausländischer Arbeitswanderer gelang mit der Verschränkung von Vermittlungs- und Legitimationsapparat in der Feldarbeiterzentrale: Mit der Übertragung des "Legitimationsmonopols" auf die Feldarbeiterzentrale bahnte sich Ende 1907 der endgültige Durchbruch an. Mit der Verdichtung und Perfektionierung des "Legitimationszwangs" und seiner Aus-

40) ZSTA Potsdam, RMI 13711, S. 243 f.; ZSTA Merseburg, Rep. 87 B, Nr. 115, S. 156 ff.; Nr. 116, S. 107, 128, 243-248, 284-289; Nr. 117, S. 61 f.; Verhandlungen der Mitteleuropäischen Wirtschaftskonferenz in Berlin, 17., 18. 5. 1909 (Veröffentl. d. Mitteleurop. Wirtschaftsvereins in Deutschland, H. 8), Berlin 1909, S. 118 f, 130; I. Ferenczi, Die Arbeitslosigkeit und die internationalen Arbeiterwanderungen. Bericht an das internationale Komitee der Internationalen Vereinigung zu Bekämpfung der Arbeitslosigkeit, Jena 1913, S. 31, 51; Nichtweiss, S. 117 ff.; H. Chmelar, Höhepunkte der österreichischen Auswanderung. Die Auswanderung aus den im Reichsrat vertretenen Königreichen und Ländern in den Jahren 1905-1914, Wien 1974, S. 117 ff.

dehnung auf alle in Preußen beschäftigten ausländischen Arbeitskräfte wuchs die Machtposition der privatrechtlich konstituierten und mit amtlichen Funktionen ausgestatteten Feldarbeiterzentrale gegenüber den preußischen Landwirtschaftskammern. Jeder ausländische Arbeiter, der preußisches Gebiet betrat, mußte mit einer Legitimationskarte ausgestattet sein, die allein die Zentrale ausstellen konnte. Bis 1908/09 gelang es schließlich, die Arbeitsnachweise der Landwirtschaftskammern nach detaillierten organisationstechnischen Vereinbarungen unter dem Dach der Zentrale zur Kooperation ohne gegenseite Konkurrenz zu vereinigen. Damit aber änderte sich das Wanderungsgeschehen im östlichen Grenzraum von Grund auf: Weil sich jeder ausländische Arbeiter an der Grenze eine Legimitationskarte holen mußte, genügte es, zur Kanalisierung des transnationalen Wanderungsgeschehens im Grenzgebiet von der Zentrale geleitete "Grenzämter" einzurichten, die die entsprechenden Formulare bereithielten. 1913 verfügte die im Dezember 1911 umbenannte preußische "Deutsche Arbeiterzentrale" über insgesamt 39 Grenzämter mit großen Barackenlagern, die zusammen täglich bis zu 10.000 Arbeiter aufnehmen konnten, über 3 weitere Abfertigungsstellen, 6 Vermittlungsämter und 4 Geschäftsstellen und umspannte mit ihrem Kontrollnetz fast die gesamte Reichsgrenze 41) (Schaubild 4).

Vereinsrechtlich blieb die Arbeiterzentrale eine privatrechtliche Institution, die aber in Gestalt des Legitimationsmonopols und der Kontrolle über die Grenzämter amtliche Funktionen erfüllte. Sie hatte offiziellen Charakter auch deswegen, weil der Vorsitzende und zwei weitere Mitglieder des fünfköpfigen Aufsichtsrates vom preußischen Landwirtschaftsminister ernannt wurden und den preußischen Ministerien der Landwirtschaft, des Innern und der Finanzen sowie dem Innenministerium des Königreiches Sachsen, das den preußischen Legitimationszwang komplett übernommen hatte, das Recht zustand, Vertreter, "die jederzeit gehört werden müssen", in Aufsichtsrats- und Mitgliederversammlungen zu entsenden. Für das Jahr 1907 hatte die Zentrale zu rechnen mit je 12.000 Mark Zuschuß aus dem Landwirtschafts- und dem Innenminsterium sowie je 2.000 Mark Zuschuß von Seiten des Bundes der Landwirte und des Ostmarkenvereins. Dann trug sie sich selbst durch die hohen Einnahmen aus dem jährlichen "Legitimationsgeschäft", die angesichts des nach Hunderttausenden zählenden "Legitimationsaufkommens" die Personal-, Sach- und Gebäudekosten bei weitem deckten, weil jeder Ausländer für seine Legitimierung 2 - 5 Mark zu zahlen hatte 42).

41) ZSTA Merseburg, Rep. 120, VIII, 1, Nr. 106, Bd. 9, S. 68 f.; Rep. 87 B, Nr. 116, S. 38; Nr. 118, S. 46; ZSTA Potsdam, AA 30004, S. 16; ebenda, RMI 13711, S. 256; Arbeitsmarkt 10. 1906/07, S. 403 f.; 11. 1907/08, S. 60, 113 f.; Knoke, S. 39; Becker, S. 6, 8 ff.; Nichtweiss, S. 141 (Dienststellen der Feldarbeiterzentrale 1907-1913).

42) ZSTA Merseburg, Rep. 120, VIII, 1, Nr. 106, Bd. 6, S. 128 f; ebenda, Rep. 87 B, Nr. 116, S. 22 f.; Bestimmungen über die Inlandslegitimierung der ausländischen Arbeiter, Berlin 1910, S. 13; Knoke, S. 40; Ferenczi, Arbeitslosigkeit, S. 73.

Schaubild 4: Dienststellen der Deutschen Feldarbeiterzentrale /
Arbeiterzentrale 1907 - 1913

- Abfertigungsstellen
----- Geschäftsstellen

Quelle:
Nichtweiss (s. Anm. 10), S. 141.

GRENZÄMTER:

Provinz Ostpreußen:
1. Illowo, Kr. Neidenburg
2. Neidenburg, Kr. Neidenburg
3. Ortelsburg, Kr. Ortelsburg
4. Johannisburg, Kr. Johannisburg
5. Prostken, Kr. Lyck
6. Eydtkunen, Kr. Stallupönen
7. Tilsit, Kr. Tilsit

Provinz Westpreußen:
8. Thorn, Kr. Thorn
9. Gollub, Kr. Briesen
10. Strasburg, Kr. Strasburg
11. Lautenberg, Kr. Strasburg

Provinz Posen:
12. Wilhelmsbrück, Kr. Kempen

13. Kempen, Kr. Kempen
14. Grabow, Kr. Schildberg
15. Ostrowo, Kr. Ostrowo
16. Neuskalmierschütz, Kr. Ostrowo
17. Pleschen, Kr. Pleschen
18. Wreschen, Kr. Wreschen
19. Stralkowo, Kr. Weschen
20. Kruschwitz, Kr. Strelno
21. Hohensalza, Kr. Hohensalza

Provinz Schlesien:
22. Friedland, Kr. Waldenburg
23. Mittelwalde, Kr. Habelschwerdt
24. Annaberg, Kr. Ratibor
25. Neuberun, Kr. Pleß
26. Myslowitz, Kr. Kattowitz
27. Kattowitz, Kr. Kattowitz

28. Pr. Herby, Kr. Lublinitz
29. Rosenberg OS, Kr. Rosenberg
30. Kreuzburg, Kr. Kreuzburg
31. Landsberg, Kr. Rosenberg OS.
Provinz Schleswig - Holstein:
32. Hadersleben, Kr. Hadersleben
33. Scherrebeck, Kr. Hadersleben
Provinz Hannover:
34. Weener, Kr. Weener

Provinz Westfalen:
35. Gronau, Kr. Aarhus
Rheinprovinz:
36. Emmerich, Kr. Rees
37. Kaldenkirchen, Kr. Kempen
38. Aachen, Stadtkr. Aachen
Elsaß - Lothringen:
39. Metz (fr. Saarbrücken)

Seit unter ministeriellem Druck in Preußen an die Stelle der Verdrängungskonkurrenz landwirtschaftlicher Kammernachweise untereinander und gegenüber der Arbeiterzentrale die organisierte Kooperation zwischen Kammernachweisen und Arbeiterzentrale getreten und die Inlandslegitimierung zum Monopol der Arbeiterzentrale geworden war, nahmen Auslandsrekrutierung und Inlandsvermittlung ausländischer Arbeitskräfte feste Formen an: Aufgrund der von ihren reisenden Arbeitsmarktbeobachtern und ausländischen Vertragsagenten aus den "Rekrutierungsgebieten" einlaufenden Arbeitsmarktprognosen über die "voraussichtlichen Verhältnisse auf dem ausländischen Arbeitsmarkt" einerseits und der Beratungen mit Landwirtschaftskammern, Arbeitgebern und Arbeitgeberverbänden über die voraussichtliche Bedarfslage auf dem inländischen Arbeitsmarkt andererseits stellte die Zentrale alljährlich ihre allgemeinen "Bedingungen für den Bezug" ausländischer Arbeitskräfte für das Frühjahr auf und sandte diese "Bezugsbedingungen" zusammen mit den entsprechenden "Auftragszetteln" an die verschiedenen, für die Inlandsvermittlung zuständigen Verteilerstellen, unter ihnen besonders die Arbeitsnachweise der Landwirtschaftskammern, und dort, wo es solche Verteilerstellen nicht gab, direkt an die jeweiligen Arbeitgeber. Die zurücklaufenden "Auftragszettel" wurden den ausländischen Vertragsagenten zugestellt, die die Auslandsrekrutierung über ihr Netz von Subagenten und Vertrauensleuten, Werbern, Schleppern und Vorarbeitern anlaufen ließen. In Galizien arbeitete die Zentrale zudem noch mit dem öffentlichen Arbeitsnachweis, dem Ruthenischen Fürsorgeverein und den mit dem Ruthenischen Nationalkomitee kooperierenden Geistlichen zusammen. Für "Selbststeller" lagen in den Grenzämtern entsprechende Vertragsformulare aus. In den Grenzämtern selbst wurden die ankommenden bzw. herangeführten ausländischen Arbeitskräfte nach einer groben Seuchenkontrolle durch die Unterschrift eines "Verpflichtungsscheins" vertraglich "gedungen", mit "Legitimationskarten" oder mit bis zur Legitimierung am Zielort gültigen "Interimskarten" ausgestattet und anschließend den Vertretern der Kammernachweise zur Weiterbeförderung ins Zielgebiet übergeben oder aber direkt mit verbilligten Sammeltransporten auf dem Schienenweg dorthin geschickt 43).

43) ZSTA Potsdam, RMI 13711, S. 244 f.; ZSTA Merseburg, Rep. 87 B, Nr. 117, S. 41 ff.; vgl. Mytkowicz, S. 74-79; Becker, S. 19 ff.; Nichtweiss, S. 217 ff.

Die direkte Kooperation mit ausländischen Agenten (1910 mit 16 verschiedenen galizischen Agenturen) bzw. Arbeitsnachweisen (in Galizien seit 1904) und die Zusammenstellung von billigen Massentransporten, mit denen die "frei Grenze" ankommenden bzw. herangeführten ausländischen Arbeiter an ihre Bestimmungsorte und nach Ablauf ihrer Arbeits- und Aufenthaltsgenehmigung wieder zurückbefördert wurden, ermöglichten es, die Rekrutierungs- und Vermittlungskosten pro Kopf außerordentlich zu drücken: Ein Arbeiter aus Rußland "kostete" 1910 nur noch 3 Mark, einer aus Galizien 4 Mark, einer aus Ungarn 5 Mark, wobei agrarische Großproduzenten mit hohen Beschäftigtenzahlen zusätzlich dadurch begünstigt wurden, daß Zuschläge nur für technisch schwerer abzuwickelnde Kleinstaufträge bis zu sechs Personen (1 Mark) bzw. bis zu drei Personen (2 Mark) verlangt wurden, was mittel- und kleinbetriebliche Produzenten wiederum durch gemeinsame "Bestellung" umgehen konnten. Auslandsrekrutierung, Inlandslegitimierung und -vermittlung traten mithin insofern auseinander, als die Inlandslegitimierung und -vermittlung durch die Zentrale in Kooperation mit den Kammernachweisen abgewickelt, die Auslandsrekrutierung selbst aber vorwiegend von ausländischen Vertragsagenten der Zenrale betrieben wurde 44).

2. 6 "Zubringerräume" im "Vermittlungsgeschäft" unter staatlicher Aufsicht: Russisch-Polen und Galizien

Das vielbeklagte "Agentenunwesen" aber wurde bei alledem nur im Interesse inländischer Arbeitgeber (Senkung der Vermittlungsgebühren und Reisekosten, Einschränkung des Kontraktbruchs), nicht aber im Interesse ausländischer Arbeitnehmer eingeschränkt. Die ausländischen Vertragsagenten der Arbeiterzentrale wurden durch ihre Zusammenarbeit mit der halboffiziellen Institution in ihrer Machtstellung gegenüber den Arbeitswanderern vielmehr noch gestärkt und scheinlegal aufgewertet. Dies wiederum führte dazu, daß der inländische Konflikt um die Auslandsrekrutierung in den Hintergrund, die internationale Auseinandersetzung um die gleiche Frage aber umso mehr in den Vordergrund trat. Während die Klagen inländischer Arbeitgeber über das "Agentenunwesen" weitgehend verstummten, mehrte sich im östlichen Ausland die Beunruhigung über die Vertrauensleute und Vertragsagenten der Arbeiterzentrale und deren An- bzw. Abwerbepraktiken; nicht nur in Gestalt der leicht überhörbaren Klagen von Arbeitswanderern aus Russisch-Polen und besonders Galizien über ihre Behandlung durch die Agenten, sondern auch in Gestalt der weitaus gefährlicheren, weil über diplomatisch bzw. konsularische Kanäle laufenden Proteste ausländischer Arbeitsnachweise und Regierungsstellen gegen die häufig illegale Einmischung ins Arbeitsmarktgeschehen von osteuropäischen Aus- und Abwanderungsräumen, in denen nicht nur deutsche oder in deutschem Auftrag stehende Arbeiterwerber operierten, sondern auch jene Auswanderungsagenten, über

44) Mytkowicz, S. 76; Becker, S. 16, 20; Budapester Konferenz, S. 93.

die der Generaldirektor des Norddeutschen Lloyd, Wiegand, selbst zugestehen mußte: "In Galizien arbeiten wir mit dem Abschaum der Menschheit." 45) Die Klagen indes galten nicht nur den ausländischen Vertrauensleuten und Vertragsagenten, sondern auch den deutschen Vermittlern der Arbeiterzentrale selbst: "Die Lage der Arbeiter ist auch ihnen gleichgültig, wenn sie nur ihre Provisionen verdienen können. Ihr rücksichtsloses Treiben wird noch dadurch erleichtert, daß sie vom Staate geschützt werden", urteilte Mytkowicz 1914. Seine Recherchen enthüllten skandalöse Vorgänge sowohl bei der Arbeiterrekrutierung im Ausland als auch bei der Vermittlung an der Grenze. Sie waren, wie andere Quellen zeigen, nicht Ausnahmen, sondern bestätigten exemplarisch eine Regel, die von der Arbeiterzentrale nach außenhin zwar scharf dementiert, intern aber durchaus zugestanden wurde: " Die Agenten der Zentrale schreiben Hunderte von Briefen an die ausländischen Bauern, damit diese mit den Arbeitern, die sie nur immer aufbringen können, nach Myslowitz kommen. Die Leute erscheinen in Myslowitz, die Frauen finden leichter Beschäftigung, aber die Männer werden oft eine oder zwei Wochen festgehalten. Manchmal kehren sie zurück, oder sie müssen sich infolge des durch die Konkurrenz entstehenden Lohndrucks mit einem niedrigeren Lohn begnügen. Dieses Vorgehen der Arbeiterzentrale wird in ihren Jahresberichten ganz offen zugegeben; nämlich daß die ausländischen Arbeiter weit über den Bedarf nach Myslowitz gelockt und dort wochenlang hingehalten werden, um die Arbeitslöhne zu drücken." Die Kosten für den künstlich gedehnten, lohndrückenden Zwischenaufenthalt an der Grenze wurden den ausländischen Arbeitern als Vorschuß auf den künftigen Lohn in Rechnung gestellt. In Myslowitz etwa kosteten Barackenaufenthalt und Verpflegung pro Tag 85 Pf. Vier Tage im Barackenlager (3,40 Mark) kosteten mithin einen russisch-polnischen Arbeiter bereits mehr als sein künftiger Arbeitgeber für seine Vermittlung insgesamt (3 Mark) an die Zenrale zu zahlen hatte 46).
Bei alledem war die unterschiedliche Gewichtsverteilung zwischen der gezielten Auslandsrekrutierung und der "freien" Bewegung der "Selbststeller" nicht nur Resultat von Positionsgewinnen und -verlusten im Stellungskampf um die möglichst weitgehende Kontrolle über Auslandsrekrutierung und Inlandsvermittlung.

45) ZSTA Potsdam, RMI 13711, S. 228-234; ebenda, AA 27650, S. 310; Budapester Konferenz, S. 89; Ferenczi, Arbeitslosigkeit, S. 37 f.; Chmelar, S. 117 ff.; Nichtweiss, S. 219 ff.

46) Mytkowicz, S. 82 f.; Budapester Konferenz, S. 87; S. Schmidt, Die Wanderarbeiter in der Landwirtschaft der Provinz Sachsen und ihre Beschäftigung im Jahre 1910, Berlin 1912, S. 196; Knoke, S. 83; vgl. dagegen den Arbeitsbericht der Zentrale vom 14. 3. 1913 (ZSTA Potsdam, RMI 13711, S. 235-265) an das preußische Landwirtschaftsministerium, der von dort am 18. 7. 1912 ausdrücklich als präsentabler Bericht über die Tätigkeit angefordert worden war, "die die Deutsche Arbeiterzentrale im Interesse und zum Schutze der ausländischen Landarbeiter entfaltet hat" (ZSTA Merseburg, Rep. 120, VIII, 1, Nr. 106, Bd. 10, S. 217).

Sie war auch Ergebnis unterschiedlicher arbeits- und ausländerrechtlicher Ge-
setze und Verordnungen in den Herkunftsländern der kontinentalen Zuwanderung. Dies zeigt ein Blick auf die Lage in den beiden wichtigsten östlichen
"Zubringerräumen" für den landwirtschaftlichen Arbeitsmarkt im preußischen
Osten, Russisch-Polen und Galizien, die Herkunftsgebiete der polnischen und
ruthenischen Arbeitswanderer, deren Rekrutierung von der Arbeiterzentrale auf
diese "Formel des Vermittlungsgeschäfts" gebracht wurde: "Nach Österreich
kommt der Vertrag zu den Arbeitern, aus Rußland kommen die Arbeiter dorthin
nach Deutschland, wo die Verträge sind." 47)
In Rußland war die gewerbsmäßige Arbeitsvermittlung bei Strafe verboten,
ausländischen Agenten der Weg über die Grenze versperrt. Deswegen stand hier
die Bewegung der "Selbststeller" deutlich im Vordergrund. Aber auch sie blieb,
von den Grenzdistrikten mit ihren traditionell eingeschliffenen Formen der
transnationalen Zeit- und Pendelwanderung im Nahbereich abgesehen, in ihrer
Bewegungsrichtung durchaus nicht vollkommen sich selbst überlassen. Vielmehr
bezog auch sie zumindest ihre richtungsbestimmenden Anstöße über weitere
Distanz wesentlich durch die informelle bzw. illegale Vermittlung von einschlägigen Hinweisen: "Auch in Rußland selbst fördern wir die selbständige Zuwanderung zu unseren Grenzämtern", berichtete die Arbeiterzentrale 1913 an das
preußische Landwirtschaftsministerium, "in der Weise, daß wir in den Winter-
monaten durch unsere Vertrauensleute viele Tausende von Zetteln verteilen
lassen, welche teils die Adresse und die Reisewege zu den Grenzämtern enthal-
ten, teils die jeweiligen Tagelohnsätze und Naturalbezüge bekanntgeben" 48).
Der Zustrom der einzeln, zumeist aber in mehr oder minder großen Trupps zur
Grenze kommenden russisch-polnischen "Selbststeller" mündete auf deutschem
Boden in die Barackenlager um die Grenzämter der Arbeiterzentrale. Dort war-
ben in der erwähnten lohndrückenden Prozedur beim transnationalen Kontrakthandel, den Trczinski als "modernen Sklavenhandel" beschrieben hat, Vermittler von Arbeiterzentrale und Kammernachweisen, einheimische Arbeitgeber,
Wirtschaftsbeamte und Vorarbeiter, aber auch kommerzielle Agenten um die jeweils kräftigsten Arbeiter und Arbeiterinnen. Die Genehmigung, eine Vermittlungsstelle für Polen in Warschau zu gründen, wurde der Arbeiterzentrale erst
1912 erteilt 49).
Umgekehrt war die Lage bei der Vermittlung von Polen und Ruthenen aus
Galizien, wo es im engeren Untersuchungszeitraum kein durchschlagendes
gesetzliches Vermittlungsverbot gab und der landwirtschaftliche Arbeitsmarkt,
trotz verschiedener Einschränkungsversuche, weithin freies Jagdgebiet war für
in- und ausländische Vermittler, Gutsbeauftragte, Werber und Schlepper. Im

47) Ebenda, Rep. 87 B, Nr. 116, S. 6.
48) ZSTA Potsdam, RMI 13711, S. 237; Stutzke, S. 60; Knoke, S. 37.
49) Trzcinski, S. 46 ff.; Budapester Konferenz, S. 87 f.; Mytkowicz, S. 85.

Vordergrund standen hier die kommerziellen Agenten, die ihre Monopolstellung (3/4 aller Vermittlungen nach Deutschland in den 1890er Jahren) auch nach der ab 1904 schrittweise vorbereiteten Einführung des lange nicht konkurrenzfähigen galizischen Landesarbeitsnachweises zu halten wußten. 1909 erst wurde gesetzlich "jeder, der in Galizien Lohnarbeiter(...)nach dem Auslande persönlich anwerben will, ohne eine inländische öffentliche Arbeitsvermittlung oder eine konzessionierte Dienst- oder Stellenvermittlung in Anspruch zu nehmen", verpflichtet, "sich darüber auszuweisen, daß er die Arbeiter für sein eigenes Unternehmen oder für das Unternehmen seines Arbeitgebers sucht". Doch selbst dies war eine stumpfe Waffe gegen ausländische Agenten, zumal gerade "die bei den Abgesandten der Arbeitgeber üblichen Vollmachten häufig berufsmäßigen Agenten als Deckmantel dienten" 50). Die Agenten verdienten neben den Vermittlungsgebühren der Arbeitgeber und der durch die Vorschüsse in Abhängigkeit gehaltenen Arbeiter häufig noch zusätzlich an der erwähnten "Lohnverwaltung" und behielten dabei nicht selten bis zur Hälfte der Arbeiterlöhne ein, was, wie die Arbeiterzentrale selbst bestätigte, "die Arbeiter oft ganz unglaublich aussog". Dieses Verfahren galizischer Arbeiterhändler konnte bei den gebundenen Vertragsagenten der Zentrale zwar schrittweise eingeschränkt werden, blieb aber dennoch bestimmend, zumal die Zentrale zwar alle ausländischen Arbeitskräfte legitimierte, aber nur einen Bruchteil davon selbst rekrutierte 51).

All das gelang nicht zuletzt deswegen, weil weithin Korruption das Stigma der Kommunalverwaltung im ländlichen Galizien war und ausländische mit kommerziellen inländischen Agenten kooperierten, die wiederum über ein Netz von Vertrauensleuten, Werbern und Schleppern verfügten und häufig auch Hand in Hand mit Dorfschulzen und Gemeindeschreibern auf Kosten verelendeter, bei Mißernten vom Hunger getriebener Landarbeiter und Armbauern arbeiten konnten, zumal bei jeder Ausstellung eines Arbeitsbuches vom Gemeindevorstand 2 - 4 Kronen zu verdienen waren, die der abwanderungswillige Arbeiter ebenfalls zu bezahlen hatte: "Die Ausbeutung der galizischen Wanderarbeiter, die nach Deutschland als Landarbeiter abwandern, hat jetzt noch nicht aufgehört", konnte Mytkowicz 1914 urteilen und dies mit den Ergebnissen der Enquete des österreichischen Handelsministeriums von 1912 belegen: "Die galizischen Wanderarbeiter sind(...)der vollständigen Willkür der verschiedenartigen Agenten und Anwerber preisgegeben. Es wird erlaubt, daß sie nach allen Seiten ausgebeutet werden, vom Beginn ihrer Auswanderung bis zur Zeit, wo sie mit einem kleinen Gewinn oder auch ohne Gewinn zurückkommen, oder selbst dann, wenn sie per Schub von der Grenze nach Hause befördert werden. Die Agenten werben alle besseren Elemente nach Deutschland an und zu Hause bleiben nur die schlechteren Arbeiter."52) Wenn auch in Galizien die Bewegung der "Selbst-

50) Knoke, S. 38; vgl. dagegen Grund, S. 25.
51) ZSTA Potsdam, RMI 13711, S. 239 ff.; Becker, S. 18.
52) Mytkowicz, S. 87 f.

steller" schließlich vor dem Weltkrieg stärker in Gang kam, so hatte dies seinen Grund vor allem darin, daß die ruthenischen und polnischen Arbeitskräfte schließlich ihren eigenen Spuren zu folgen begonnen, auf Routen, an die sie sich unter der Regie von Vermittlern, Schleppern und Agenten gewöhnt hatten, in der Absicht, der Ausbeutung durch die kommerziellen "Blutsauger" wenigstens bis zur Grenze zu entgehen 53).

Für beide Ausgangsräume, Russisch-Polen wie Galizien, aber galt, trotz aller durch unterschiedliche Bestimmungen von Arbeits- und Ausländerrecht bewirkten Unterschiede in der Auslandsrekrutierung: Spätestens an der preußisch-deutschen Grenze selbst endete im Zeichen von "Legitimationszwang" und "Rückkehrzwang" in der winterlichen "Karenzzeit" jede "freie" Bewegung der transnationalen Arbeitswanderer. "Legitimationszwang" bedeutete verschärfte Ausländerkontrolle bei befristeten und jährlich neu zu beantragenden Arbeits- und Aufenthaltsgenehmigungen. "Rückkehrzwang" in der "Karenzzeit" hieß, von eigens zu beantragenden Ausnahmegenehmigungen abgesehen, bei Strafe der Ausweisung Rückkehr ins Herkunftsland während der winterlichen Sperrfrist für Arbeitswanderer aus dem östlichen Ausland, vor allem aus Russisch-Polen. Sie wurden ohnehin nur als einzelne Arbeitskräfte, nicht aber im Familienverband zugelassen: Kinder hatten jenseits der preußischen Ostgrenzen zu bleiben, Männer und Frauen wurden in den Arbeiterkolonnen getrennt, Schwangerschaft war, als vertragswidrige Beeinträchtigung der Arbeitskraft, ein Ausweisungsgrund. Weil die meisten, aus dem Osten stammenden "ausländischen Wanderarbeiter" als "Preußengänger" zur Einzelwanderung ohne Familienanhang genötigt waren, lag die Erwerbsquote bei den Ausländern in Preußen-Deutschland extrem hoch.

2.7 "Legitimationszwang" und "Karenzzeit": das preußische Modell der Zwangsrotation

Die Verbindung von Legitimations- und Rückkehrzwang bedeutete für die "ausländischen Wanderarbeiter" Mobilisierung und Immobilisierung zugleich: Die "Arbeiterlegitimationskarte" hatte mit einem Visum nicht nur deswegen nichts gemein, weil sie – unabhängig von mitgeführten ausländischen Ausweispapieren– der einzig gültige Inlandsausweis ausländischer Arbeitskräfte war. Die Karte selbst ließ vielmehr den doppelten Zweck des Legitimationszwangs erkennen: Zum einen ging es darum, die definitive Einwanderung jener an der Kartenfarbe (s. u.) erkennbaren ausländischen Arbeiter, die aus Sicherheitsgründen der "Karenzzeit" unterworfen waren, zu blockieren und die transnationale Gesamtbewegung als solche mobil zu halten. Zum anderen zielte die über den Legitimationszwang ermöglichte verschärfte Wanderarbeiterkontrolle

53) Grund, S. 22.

darauf ab, die ausländischen Arbeitskräfte am inländischen Arbeitsplatz für die Dauer von Arbeitsvertrag und Aufenthaltsgenehmigung zu immobilisieren. Im Hintergrund stand der Kampf gegen den Kontraktbruch ausländischer Arbeitskräfte. Deshalb trug die Karte zwei Namen, den des ausländischen Arbeitnehmers und den des inländischen Arbeitgebers, an den der Ausländer für die gleich befristete Zeit seiner Arbeits- und Aufenthaltsgenehmigung bei Strafe der Ausweisung gebunden blieb. Ein Wechsel des Arbeitsverhältnisses, d. h. die Eintragung eines anderen Arbeitgebers in die Karte, war nur mit ausdrücklicher Einwilligung des letzten Arbeitgebers möglich. Ausländische Arbeitskräfte, die von sich aus den Arbeitsvertrag aufkündigten, um andernorts in bessere Arbeits- bzw. Lohnbedingungen einzutreten und dazu nicht die Einwilligung des letzten Arbeitgebers vorweisen konnten, galten als "Kontraktbrecher", denn Kündigung aus solchen Gründen war im Vertrag nicht vorgesehen – im Gegensatz zu der Entlassung durch den Arbeitgeber wegen mangelhafter Arbeitsleistung, die ihrerseits wiederum als Kontraktbruch des ausländischen Arbeiters galt. Kontraktbruch war aber von Ausweisung bedroht. Insoweit war das "Legitimationsgeschäft" – wie I. Ferenczi, sozialpolitischer Fachreferent der Hauptstadt Budapest, Sekretär der ungarischen Sektion der Internationalen Vereinigung zur Bekämpfung der Arbeitslosigkeit und einer der wichtigsten Statistiker des internationalen Wanderungsgeschehens seiner Zeit, urteilte – auch "ein Mittel zur absoluten Unterdrückung der ausländischen Arbeiter seitens der Arbeitgeber" [54].

Während bei ständig zunehmender räumlicher Mobilität einheimischer Landarbeiter der Kontraktbruch in der Landwirtschaft und insbesondere bei der Abwanderung aus der Landwirtschaft ("Landflucht") zur Massenerscheinung geriet, blieben die "ausländischen Wanderarbeiter" an ihren Arbeitsvertrag gebunden, denn ausländische "Kontraktbrecher" standen auf den polizeilichen Fahndungslisten zur Ausweisung an, was das Interesse landwirtschaftlicher Arbeitgeber an den "willigen", "billigen" und sicheren, weil arbeitsrechtlich "prekär gestellten Fremden" [55] nur umso mehr erhöhte. Gerade weil diese Immobilisierung durch den Legitimationszwang ganz unbeabsichtigt das Interesse inländischer Arbeitgeber an ausländischen Arbeitskräften nur noch weiter forcierte, blieb auch die ursprüngliche, von sicherheitspolitischen Erwägungen getragene Absicht, diesem System als weiterer Verschärfung des "Rückkehrzwangs" nur die ausländisch-polnischen Arbeitskräfte zu unterwerfen, unausführbar. Das sicherheitspolitische Interesse geriet hier in Gefahr, sich, gebrochen durch wirtschaftliche Interessen, selbst entgegenzuwirken: "Eine Einschränkung des Legitimationszwanges auf die Polen", hieß es in einem Verhandlungsprotokoll aus dem Jahre 1906, sei "nicht zweckmäßig, da die durch die Legitimation

---

54) Ferenczi, Arbeitslosigkeit, S. 73.
55) Weber, Landarbeiter, S. 793.

verminderte Gefahr des Kontraktbruchs dann anreizend auf die Heranziehung von Polen wirken würde" 56).

Aber nicht nur Kontraktbruch konnte gleichbedeutend werden mit Abschiebung über die Grenze. Das gleiche galt in Preußen auch für ausländische Arbeiter, die ohne gültige Legitimationskarte aufgegriffen oder in Betrieben aufgespürt wurden, in denen sie zwar im stillen Einverständnis mit dem Arbeitgeber, aber ohne gültige Zulassung für Region bzw. Branche und Betrieb, mithin illegal arbeiteten: Ein über sämtliche ausgestellten Legitimationskarten geführtes alphabetisches Zentralregister schloß Versuche kontraktbrüchiger ausländischer Arbeiter aus, unter gleichem Namen eine neue Karte zu erwerben, zumal die Namen der "Kontraktbrecher" einerseits in der "Schwarzen Liste" der Feldarbeiterzentrale geführt und andererseits in den Fahndungslisten des Berliner Zentralpolizeiblatts veröffentlicht wurden. Verwechslungen waren ausgeschlossen: Polnische Arbeiter erhielten die "rote Polenkarte", ruthenische die "gelbe Ruthenenkarte", italienische grüne, niederländische und belgische blaue, dänische, schwedische und norwegische braune, alle übrigen ausländischen Arbeiter weiße Karten; diejenigen für landwirtschaftliche Arbeiter trugen zusätzlich einen breiten farbigen Längsstrich. Die Karten waren beim Arbeitsantritt dem Arbeitgeber auszuhändigen, bei der vertragsgemäßen Beendigung des Arbeitsverhältnisses bzw. bei Ablauf der Aufenthaltsgenehmigung dem ausländischen Arbeiter zurückzugeben und von ihm an der Grenze wieder vorzulegen. Deswegen konnten ausländische Arbeiter, die ohne diese, jeweils nur für das laufende Kalenderjahr gültige Legitimationskarte aufgegriffen wurden und den Betrieb, in dem die Karte hinterlegt war, nicht angeben konnten, nur illegal eingereist oder aber kontraktbrüchig sein. Seit 1910 war, des "dringenden Verdachts der Kontraktbrüchigkeit" wegen, für landwirtschaftliche Arbeitskräfte aus dem östlichen Ausland eine Legitimierung am inländischen Arbeitsplatz nach dem 1. Mai des laufenden Jahres generell verboten. Ausnahmen galten nur für die "Kartoffelbuddler", die besondere "Kartoffelgräberkarten" für die Zeit zwischen dem 1. 9. und dem 31. 10. erhalten konnten. Regelmäßige Polizeikontrollen zu wechselnden Stichtagen in Betrieben, die ausländische Arbeiter beschäftigten bzw. solchen, die im Verdacht standen, ausländische Arbeiter ohne bzw. ohne erneuerte Inlandslegitimation zu beschäftigen, perfektionierten die Überwachung in Preußen: Die Namen derjenigen ausländischen Arbeiter, deren Legitimationskarte nach angemessener Frist nicht in dem Betrieb vorgelegt werden konnte, den das Doppel in der Zentralkartei nannte, rückten in die Fahndungslisten ein 57).

Das System war lückenlos und zugleich doppelt gesichert, denn allgemeine

56) ZSTA Merseburg, Rep. 120, VIII, 1, Nr. 106, Bd. 6, S. 131; Bd. 7, S. 5-22; Bd. 9, S. 244-249; vgl. Bestimmungen, S. 17, 36 ff.

57) ZSTA Merseburg, Rep. 120, VIII, 1, Nr. 106, Bd. 6, S, 127; Bd. 9, S. 32; Mytkowicz, S. 149; Bestimmungen, S. 6, 15, 17, 21 f., 34 f., 46 f.

Kontrollvorschriften und spezielle Sonderverordnungen gab es im Geltungsbereich des preußischen Legitimationszwangs für Arbeiter aus dem östlichen
Ausland 1. als Arbeiter und 2. als Ausländer: 1. Der Legitimationszwang war
beruflich-sozial gestuft. Er galt generell für die niedrigsten Qualifikationsstufen,
auf denen Arbeitskräfte aus dem östlichen Ausland massenweise beschäftigt
wurden, also für Landarbeiter und an- bzw. ungelernte Arbeitskräfte außerhalb
der Landwirtschaft. Vom Legitimationszwang befreit blieben — außer täglich
über die Grenze zurückkehrenden Pendelwanderern und nichtnaturalisierten
Polen mit besonderer Aufenthaltsgenehmigung — Beamte und Angestellte,
die "nicht vorwiegend Handarbeiter, sondern Kopfarbeiter" waren, Werkmeister
und Oberwerkmeister, die "gegen feste Bezüge, nicht gegen Akkord- oder
Schichtlohn" arbeiteten, sowie einzelne Gruppen von Dienstboten mit Dienst-
büchern und ausländische Seeleute auf deutschen Schiffen. 2. Während der
Legitimationszwang, von den genannten Ausnahmen abgesehen, 1909 auf alle
in Preußen beschäftigten ausländischen Arbeitnehmer ausgedehnt wurde, galt
der Rückkehrzwang in der "Karenzzeit" 'nur' für die — in Preußen am stärksten
vertretenen — Arbeitskräfte aus dem östlichen Ausland und unter ihnen, im Gegensatz zu den häufiger mit Sondergenehmigungen ausgestatteten Ruthenen
(Galizien), vor allem für die insgesamt größte Gruppe der ausländisch-polnischen
Arbeitskräfte (Russisch-Polen, Galizien). Von der durch die jährliche Rückkehr-
pflicht verordneten Rotation ausgenommen waren die in Preußen in weit geringerem Umfang beschäftigten Arbeitskräfte aus dem übrigen europäischen
Ausland, unter denen die Italiener die stärkste Gruppe stellten 58).
Generelle Kontrollvorschriften und fakultative Sonderverordnungen über Art
und Grad von Beschränkungen in der Bewegungsfreiheit auf dem inländischen
Arbeitsmarkt grenzten dabei nicht nur ausländische von einheimischen, sondern
auch ausländische Arbeitskräfte gegeneinander ab. Es waren dies zusätzliche
Sicherheitsschranken einerseits gegen die Formation einer Art multinationalen,
einheimisch-ausländischen Arbeiterklasse und andererseits gegen die Formation
eines Nationalitätengruppen übergreifenden ausländischen Subproletariats auf
bereichsweise stark internationalisierten Teilarbeitsmärkten in Preußen. Insgesamt betrachtet, war das System des preußischen Legitimationszwangs durch-
zogen von einem starren Gerüst "genereller" Arbeits- und Aufenthaltsbeschränkungen, das wiederum überwuchert wurde von einem flexiblen Subsystem der
von Provinz zu Provinz, von Regierungsbezirk zu Regierungsbezirk und von
Landratsamt zu Landratsamt verschieden geregelten "Ausnahmen im Einzelfall",
die vom inländischen Arbeitgeber, nicht aber vom ausländischen Arbeitnehmer
erwirkt werden konnten. Das sperrige Korsett von restriktiven Rahmenvor-

58) ZSTA Merseburg, Rep. 120, VIII, 1, Nr. 106, Bd. 6, S. 130 f.; Bd. 7, S. 5-22, 126-
134, 153-161, 203-206, 254-261, 282 ff.; Ferenczi, Arbeitslosigkeit, S. 72; Bestimmungen,
S. 11 f., 17 ff. (dort, S. 69-75, auch der seit 1. 1. 1908 rechtskräftige Erlaß vom 21. 12.
1907).

schriften schien alles zu verbieten, was nicht ausdrücklich erlaubt war. Das flexible Subsystem von Ausnahmeverfügungen und Sondervorschriften schien alles zu gestatten, was nicht ausdrücklich verboten war bzw. offenkundig mit den sicherheitspolitischen Interessen kollidierte. Wie indes dieses flexible Subsystem innerhalb des vorwiegend antipolnischen "Rahmens der preußischen Abwehrpolitik" im einzelnen funktionierte, war dem preußischen Innenministerium spätestens seit 1904 nicht mehr annähernd überschaubar. Davon zeugte die in diesem Jahr veröffentlichte, vielsagende Antwort auf eine Anfrage des Handelstags, in der eingeräumt werden mußte, daß man in Berlin "nicht in der Lage" sei, "eine Zusammenstellung der zur Zeit in den verschiedenen Provinzen gültigen Bestimmungen mitzuteilen" 59).

Ergebnis der Verschränkung von Legitimations- und Rückkehrzwang war das einer Fieberkurve ähnliche Strukturbild der vornehmlich aus dem östlichen Ausland stammenden, jährlich fluktuierenden Arbeitswanderung über die preußisch-deutschen Reichsgrenzen mit ihrem Steilanstieg im Frühjahr, ihrem Höhepunkt in der sommerlichen Hochsaison und ihrem Steilabfall zu Beginn der winterlichen Sperrfrist (Schaubild 5). Der – in Preußen extrem hohe – Anteil der zum Teil freiwilligen, zumeist aber unfreiwilligen "Saisonarbeiter" an der Gesamtzahl der ausländischen Arbeitskräfte im Reich dürfte, wegen der dominierenden Stellung Preußens in der Ausländerbeschäftigung, bei 70-80 % gelegen haben. Die Kurven in Schaubild 5 mit ihren starken Ausschlägen 1910-1914, ihren im Weltkrieg geringeren Maximalwerten (Zuwanderungsstop aus Russisch-Polen) und höheren Minimalwerten (Rückkehrverbot für Arbeitswanderer aus dem nunmehr feindlichen Ausland) gibt in der Vorkriegszeit Werte, die für Preußen etwas zu hoch, für das Reich insgesamt hingegen zu niedrig liegen: Zu hoch für Preußen, weil hier auch in Preußen "legitimierte" Arbeitswanderer erfaßt wurden, die über die preußisch-deutschen Reichsgrenzen zur Arbeit in andere Bundesstaaten einreisten, wenngleich auch hier wiederum jene illegal Eingereisten bzw. Beschäftigten fehlen, deren Dunkelziffer selbst für Preußen so hoch veranschlagt wurde, daß für diese Gruppe eigens versicherungsrechtliche Überlegungen angestellt werden konnten; zu niedrig für das Reich insgesamt, weil vom Legitimationsapparat der preußischen Deutschen Arbeiterzentrale diejenigen ausländischen Arbeitskräfte nicht erfaßt wurden, die über nicht-preußische Reichsgrenzen einreisten oder, nach Ablauf ihrer an den Arbeitsvertrag gebundenen Aufenthaltsgenehmigung, aus dem Geltungsbereich von Legitimations- und Rückkehrzwang in andere Bundesstaaten auswichen bzw. dort in Dauerbeschäftigung standen.

Bei den unausgesetzten Bemühungen Berlins, das preußische System des Legitimations- und Rückkehrzwangs auch anderen Bundesstaaten anzuempfehlen, ging es gerade darum, die Möglichkeiten zu beschneiden, dieses restriktive Kontrollsystem durch ein Ausweichen über die preußischen Inlandsgrenzen zu unter-

59) Bade, Politik und Ökonomie, S. 296 f.

Schaubild 5: Die jährliche Fluktuation der transnationalen Arbeitswanderung
nach Deutschland im Spiegel der Legitimationsdaten
der Deutschen Arbeiterzentrale 1910 - 1920

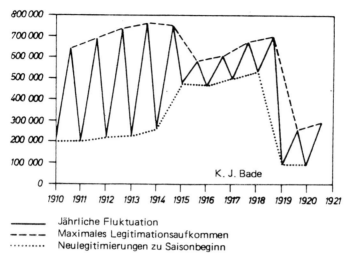

_____ Jährliche Fluktuation
– – – – Maximales Legitimationsaufkommen
·········· Neulegitimierungen zu Saisonbeginn

Quelle:
Denkschrift über die Aus- und Einwanderung (s. Anm. 60), S. 4403.

laufen. Diese Bestrebungen indes waren nur bedingt erfolgreich: Während sich
das Königreich Sachsen, die Großherzogtümer Mecklenburg-Schwerin, Mecklen-
burg-Strelitz, Oldenburg und Sachsen-Weimar, die Herzogtümer Braunschweig,
Anhalt, Sachsen-Meiningen und Sachsen-Altenburg, die Fürstentümer Lippe-
Detmold, Schaumburg-Lippe, Waldeck-Pyrmont, Schwarzburg-Rudolstadt,
Schwarzburg-Sonderhausen, Reuß ä. L. und Reuß j. L. sowie Elsaß-Lothringen
und unter den Hansestädten nur Lübeck weitgehend den preußischen Rege-
lungen anglichen, das System des Legitimationszwangs ganz (Königreich
Sachsen) bzw. teilweise übernahmen oder ähnliche Systeme entwickelten, fehlte
etwa in den Königreichen Bayern und Württemberg, in den Großherzogtümern
Baden und Hessen, im Herzogtum Sachsen-Coburg-Gotha, in Hamburg und
Bremen jene "Karenzzeit", die wesentlich dazu beitrug, die kontinentale Zuwanderung in den Grenzen der temporären Arbeitswanderung zu halten. Anstelle dessen galt hier ein Mosaik von diversen, mehr oder minder einschnei-
denden Einzelbestimmungen: In Bayern genügte die polizeiliche An- und Abmeldung; im Bergbau beschäftigte Ausländer mußten nur soweit deutsch verstehen,
daß sie mündlichen Anweisungen ihrer Vorgesetzten folgen konnten; in der
inneren Staatsbauverwaltung durften sie nur dann beschäftigt werden, wenn inländische Arbeiter nicht verfügbar waren. Ähnlich stand es, von den Bergpolizei-
vorschriften abgesehen, in Württemberg und Hessen. Während in Baden darüber

hinausgehende, dem preußischen Beispiel entsprechende Aufenthaltsbeschränkungen nur für ausländisch-polnische Arbeitskräfte galten, beschränkten sich Sachsen-Coburg-Gotha, Hamburg und Bremen ganz auf die Vorschrift der bloßen polizeilichen An- und Abmeldung 60). Weil Preußen indes die höchste Ausländerbeschäftigung zu verzeichnen hatte und die stärksten — aus dem östlichen Ausland stammenden — Kontingente hier und in den Bundesstaaten, die das preußische Modell übernahmen, dem jährlichen Rückkehrzwang unterlagen, war die preußische Regelung von Bedeutung für das Reich insgesamt: Nicht allein dem im kontinentalen Wanderungsgeschehen seit den 1890er Jahren allgemein zu beobachtenden Aufrücken temporärer transnationaler Arbeitswanderungen auf Kosten definitiver Aus- und Einwanderungen, sondern auch diesen direkten staatlichen Interventionen war es zuzuschreiben, daß sich das Reich im Vorkriegsjahrzehnt nicht vom Auswanderungland zum Einwanderungsland wandelte, sondern nur zum unter den "arbeiterimportierenden Staaten" nach den USA "zweitgrößten Arbeitseinfuhrland der Welt" 61).

Den ökonomischen Interessen schien Rechnung getragen, ohne die nationalpolitischen zu gefährden. Wenn es dennoch zu Reibungen kam, so hatte dies vor allem zwei Gründe:

1. Arbeitskräfte aus dem östlichen Ausland wurden in den preußischen Ostprovinzen nicht nur in der Landwirtschaft, sondern auch in der Montanindustrie (oberschlesischer Montandistrikt) zugelassen, in den westlichen Provinzen aber auf landwirtschaftliche Betriebe und deren Nebenbetriebe beschränkt, um der erwähnten "Polonisierung des Westens" druch ein Zusammentreffen preußisch-polnischer mit ausländisch-polnischen Arbeitskräften, vor allem im Ruhrgebiet zu wehren. Wiewohl industrielle Arbeitgeber und Interessenverbände in den preußischen Westprovinzen im Zeichen von Hochkonjunktur und wachsendem Arbeitskräftemangel schon Ende der 1890er Jahre unverblümt damit drohten, "in immer mehr zunehmendem Maße(...) die in der Nähe fehlenden Arbeitskräfte durch Werbung in Ostpreußen, Posen und Schlesien zu ersetzen", mithin "in noch höherem Grade als bisher dem Osten der Monarchie Arbeitskräfte zu entziehen und der dortigen Landwirtschaft die Arbeitslöhne zu verteuern", wenn nicht auch im Westen "teilweise Ersatz in ausländischen Arbeitern" geboten würde 62), wurden ausländisch-polnische Arbeitskräfte im Westen außerhalb der Landwirtschaft nur in Ausnahmefällen zugelassen und industrielle Arbeitgeber

60) Denkschrift über die Ein- und Auswanderung nach bzw. aus Deutschland in den Jahren 1910 bis 1920 (20. 3. 1920), in: Sten. Ber., Bd. 372 (1920/I), Nr. 4084, S. 4382-4404, hier S. 4386; Bestimmungen S. 54 ff.; Ferenczi, Arbeitslosigkeit, S. 73; Henatsch, S. 95; Becker, S. 114-119; Nichtweiss, S. 143 ff.

61) Frhr. v. d. Bussche-Kessel (Direktor der Feldarbeiterzentrale) in: Budapester Konferenz, S. 81; Ferenczi, Kontinentale Wanderungen, S. 21.

62) Verband Deutscher Leinenindustrieller an Handelsminister Brefeld, 23. 4. 1898, ZSTA Merseburg, Rep. 120, VIII, 1, Nr. 106, Bd. 1, S. 311-314.

stattdessen zu verstärkter Anwerbung anderer ausländischer Arbeitskräfte ani-
miert 63). Das war mitbestimmend z. B. für die Entwicklung der Belegschafts-
anteile im Ruhrbezirk: Die Ausländerbeschäftigung wuchs hier ebenso weiter
an wie die vielfach durch direkte An- bzw. Abwerbung im preußischen Osten
verstärkte interne Ost-West-Fernwanderung, innerhalb derer die "Ruhrpolen"
aus den ehemals preußischen Ostprovinzen — ohne Zustrom von ausländischen
Polen — als preußisch-polnische Minderheit im Westen weitgehend unter sich
blieben: Von den Belegschaften des Ruhrbezirks, die von 158.108 im Jahr 1893
auf 247.707 im Jahr 1902 und 311.649 im Jahr 1907 anwuchsen, stammten
1893 erst 2,7 % (4.293), 1902 schon 5,8 % (14.342) und 1907 schließlich
8,3 % (25.748) der Arbeiter aus dem Ausland. Von den deutschen Arbeitskräften aber, die bei deutlich zunehmender Ausländerbeschäftigung 1893:
97,3 % (153.815), 1902: 94,2 % (233.365) und 1907: 91,7 % (285.901) der
Belegschaften stellten, stammten 1893 bereits 24,9 % (39.385), 1902: 31,4 %
(77.675) und 1907 schließlich 33,7 % (105.128) aus den östlichen Provinzen.
Schaubild 6 zeigt diese Entwicklung im Anteil der Ausländer an Belegschaften
des Ruhrbezirks im Vergleich zu dem der Zuwanderer aus den östlichen Provinzen 1893-1907 64).
2. Während sich in der Landwirtschaft beim Rückkehrzwang in der winterlichen
"Karenzzeit" das politische Interesse an einer Einwanderungssperre mit dem
ökonomischen Interesse an den betriebswirtschaftlich billigen Saisonverträgen
deckte, stießen Beschäftigungsverbote und Rückkehrzwang bei auf Dauerbeschäftigung angewiesenen nichtlandwirtschaftlichen Betrieben auf scharfen
Widerspruch. Nach der Leitlinie, daß eine Vorschrift "im Einzelfall nicht mit
Härten für den Unternehmer verbunden sein darf, welche in keinem Verhältnis
zu dem politischen Erfolg stehen", halfen in solchen Konfliktfällen die von den
Provinzialbehörden zu verantwortenden Sondergenehmigungen. Sie hielten das
System der starren "generellen" Verordnungen durch das flexible Subsystem
der zahlreichen Ausnahmen "im Einzelfall" im Rahmen der Verhältnismäßig-
keit der Mittel 65). Das Ergebnis zeigen für Preußen die in Schaubild 7 umge-
setzten, vom Innenministerium aus den Angaben über "Zugang" und "Abgang"
ermittelten Daten über den besonders argwöhnisch beobachteten, in Landwirtschaft und Industrie stark unterschiedlichen jährlichen "Bestand" an ausländischen Arbeitskräften in der "Karenzzeit" 66).
Gerade der im Vergleich zur Landwirtschaft um ein Vielfaches höher liegende
"Bestand" an ausländischen Arbeitskräften in der Industrie ließ selbst das Bemühen um einen Ausgleich zwischen sicherheitspolitischen und betriebswirt-

---

63) Vgl. Bade, Politik und Ökonomie, S. 293 f.

64) Verhandlungen der Mitteleuropäischen Wirtschaftskonferenz, S. 33.

65) ZSTA Merseburg, Rep. 120, VIII, 1, Nr. 106, Bd. 6, S. 123 f., 131,

66) Nachweisungen über Zugang, Abgang und Bestand der ausländischen Arbeiter, ebenda,
Rep. 87 B, Nr. 261 (s. Anm. 10).

470

Schaubild 6: Anteile ausländischer und aus den östlichen Provinzen
zugewanderter Arbeitskräfte an den Belegschaften des
Ruhrbezirks 1893, 1902 und 1907

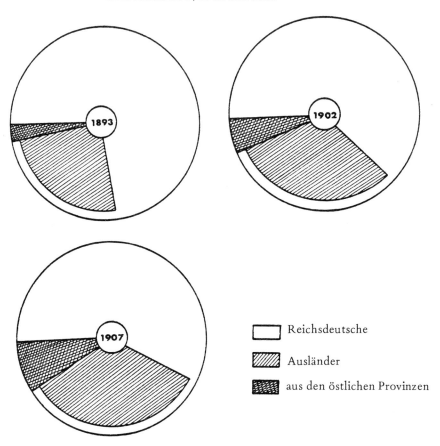

☐ Reichsdeutsche

▨ Ausländer

▨ aus den östlichen Provinzen

Quelle:
Verhandlungen der Mitteleuropäischen Wirtschaftskonferenz 1909 (s. Anm. 40), S. 33.

schaftlichen Intentionen zu einem steten Reibungsfeld gegenläufiger Interessen
werden, zumal in Berlin sehr wohl bekannt war, daß hier nicht nur die "Aus-
nahme im Einzelfall" häufig zur Regel wurde, sondern eine beträchtliche Anzahl von industriellen Arbeitgebern darüber hinaus das sicherheitspolitische
Regelsystem sogar durch illegale – statistisch nicht erfaßbare – Ausländerbeschäftigung direkt unterlief. Schon der ersten umfassenden amtlichen Erhebung
über "Zugang, Abgang und Bestand" ausländischer Arbeitskräfte in Preußen
mußte das Innenministerium 1906 entnehmen, 1. "daß in den westlichen Provin-

zen, den bestehenden Bestimmungen zuwider, erhebliche Mengen ausländisch-polnischer Arbeiter in Bergwerken und industriellen Betrieben beschäftigt sind und daß die Wiederabschiebung der ausländischen Polen am Jahresschlusse nicht überall zur Durchführung gelangt" und 2. daß gerade die besonders scharf überwachten ausländisch-polnischen Arbeiter nicht selten " trotz der bestehenden Aufenthaltsbeschränkung stillschweigend jahrelang ununterbrochen in inländischen land- und forstwirtschaftlichen Betrieben beschäftigt und behördlicherseits geduldet worden sind" 67). Umso mehr sah sich das Innenministerium genötigt, den antipolnischen "Rahmen der preußischen Abwehrpolitik" immer wieder als allen"Ausnahmen im Einzelfall" übergeordnetes Regel- und Orientierungssystem in Erinnerung zu rufen und seine Beachtung durch stets verschärfte Kontrollen zu überwachen. Deswegen führte das flexible Subsystem der "Ausnahmen im Einzelfall" nicht nur zu einem höheren Maß an Konzessionen gegenüber einzelnen Arbeitgebern, sondern auch zu einem umso mehr verstärkten Streben nach Perfektion im Überwachungsapparat insgesamt.

Während einige andere, von sicherheitspolitischen Erwägungen im "Rahmen der preußischen Abwehrpolitik" bestimmte Strategien und Steuerungsversuche der Arbeitsmarkt- und "Wanderungspolitik" mehr oder minder wirkungslos blieben, weil das Wanderungsgeschehen eine ungeahnte Eigendynamik entfaltete 68), gelang es doch, im Bereich des besonders scharf überwachten jährlichen "Bestands" von Arbeitskräften aus dem östlichen Ausland, die während der "Karenzzeit" im Inland blieben, eine bemerkenswerte Umschichtung zu realisieren. Im Hintergrund standen das erwähnte (vergebliche) Bestreben, zunehmend "andere als polnische Arbeiter einzuführen" und vor allem der (erfolgreiche) Versuch, wenigstens innerhalb der "Karenzzeit" im "Bestand" der ausländischen Arbeitskräfte in Preußen "möglichst nationalverdächtige Elemente durch unverdächtige zu ersetzen": Arbeitgeberanträge auf Überbrückung der "Karenzzeit" im Inland für ausländische Polen wurden höchst restriktiv behandelt. Aufgeschlossener zeigten sich die Behörden gegenüber solchen Anträgen für Ruthenen, die, im Gegensatz zu den aus Gründen der Staatsraison besonders beargwöhnten Polen, als "national ungefährlichere Elemente" galten. Schaubild 8 zeigt das Ergebnis: Innerhalb des seit 1906 amtlich erfaßten, jährlich wachsenden "Bestands" von Arbeitskräften aus dem östlichen Ausland in Preußen fiel der Anteil der Polen (Russisch-Polen, Galizien) von 15.754 im Jahr 1906 auf 3.213 im Jahr 1913, während derjenige der Ruthenen (Galizien) im gleichen Zeitraum von 7.048 auf 30.827 hochschnellte 69). Das sollte sich erst zu Kriegsbeginn abrupt ändern, als den "russisch-polnischen Elementen" aus dem nunmehr feindlichen Ausland 1914 der Rückweg in die Heimat abgeschnitten wurde.

67) Ebenda, S. 9 f.; Becker, S. 29; F. Burgdörfer, Die Wanderungen über die deutschen Reichsgrenzen im letzten Jahrhundert, in: Allg. Stat. Archiv, 20. 1930, S. 161-196, 383-419, 536-551, hier S. 542.

68) Hierzu und zum Folgenden: Bade, Politik und Ökonomie, S. 286-299.

69) Vgl. die Daten in Tabelle 1.

3. Die "Wanderarbeiterfrage": öffentliche Diskussion und amtliche Politik

3. 1 Politik und Ökonomie der "Wanderarbeiterfrage": Konfliktfelder in
der öffentlichen Diskussion

Wirtschaftsgeschichtlich hatte die Ausländerbeschäftigung im Kaiserreich verschiedene Ersatz-, Erweiterungs- und Pufferfunktionen: Sie balancierte durch
Wanderungsverluste ausgelöste Störungen der Angebot-Nachfrage-Relation auf
dem landwirtschaftlichen Arbeitsmarkt und deckte zugleich den steigenden
saisonalen Zusatzbedarf. Sie rettete damit die großbetriebliche Agrarproduktion
während der strukturellen Agrarkrise aus der seit Ende der 1880er Jahre rapide
wachsenden "Leutenot" und beschleunigte dann ihren Aufschwung in der
langen Agrarkonjunktur vor dem Weltkrieg, die den entscheidenden Moderni-
sierungsschub brachte. Dabei konnte die ausländische landwirtschaftliche Reservearmee in dem von agrarkapitalistischer Rationalisierung, von Intensivierung
und Mechanisierung bestimmten Wandel von Betriebsorganisation, Bodenkultur
und Produktionsformen als Motor wie als Bremse der Modernisierung eingesetzt
werden: Wo Bodenqualität, Reinertrag und Betriebskapital die Umstellung auf
intensive Bodenkultur noch nicht gestatteten, konnte angesichts des unbegrenzten Angebots an billiger ausländischer Arbeitskraft und der damit ermöglichten
"Saisonalisierung" der Lohnkosten extensiv weitergewirtschaftet werden, bis
der erneute Anstieg der Erzeugerpreise in der langen Agrarkonjunktur jene
Reinertragssteigerung brachte, die die kapitalintensive Modernisierung ermöglichte. Hier spielte die disponible ausländische Einsatzreserve dann deswegen eine so
große Rolle, weil ihr Einsatz genau an der schwankenden Grenze der betriebs-
wirtschaftlichen Arbeitskapazität kalkuliert werden konnte, ohne außerhalb der
Saison unproduktive Lohnkosten zu verursachen.
Ähnliches galt für den — vom Maschinendrusch abgesehen — zur Zeit der strukturellen Agrarkrise im preußischen Osten erst zögernd voranschreitenden und in
der anschließenden Agrarkonjunktur dann sprunghaft zunehmenden Maschineneinsatz: Wo die Reinerträge nur knapp über der Rentabilitätsgrenze gehalten werden konnten, wo Investitionskapital fehlte oder die Verschuldung eine kreditäre
Investitionsfinanzierung blockierte und die kapitalintensive Umstellung auf den
arbeitssparenden Maschineneinsatz verzögerte, war hinreichend ausländische Arbeitskraft verfügbar, deren Saisoneinsatz eine indirekte Reinertragssteigerung auf
dem Umweg über relative Lohnkostensenkung ermöglichte. Das aber minderte
von der Arbeitsmarktseite her den Rationalisierungsdruck und konnte den Übergang zum Einsatz arbeitssparender Einrichtungen gerade deswegen verzögern,
weil ausländische Arbeitskraft mittelfristig billiger war als ein Maschinenpark:
Beim Maschineneinsatz fielen hohe Startinvestitionen an, Wartungskosten
außerhalb der Saison und Reparaturkosten während der Saison. Beim Einsatz
ausländischer Arbeiterkolonnen hingegen lagen die vom Arbeitgeber zu über-

nehmenden Anreise- und Vermittlungskosten unvergleichlich niedriger, entfielen nicht nur außerhalb, sondern sogar innerhalb der Saison unproduktive Lohnkosten, denn auf unfall- oder krankheitsbedingte, anhaltende Arbeitsunfähigkeit folgte Rücktransport zur Grenze. Disponibilität und Kalkulierbarkeit des Kostenfaktors Arbeitskraft erreichten ein bis dahin nicht gekanntes Ausmaß.

In Preußen bildeten sich so in den beiden Jahrzehnten vor dem Ersten Weltkrieg nicht nur in der Landwirtschaft sondern auch im Bauwesen und in der Montanindustrie bereichsweise deutlich doppelte Teilarbeitsmärkte heraus. Auf ihren internationalisierten Ebenen verrichteten ausländische Arbeitskräfte häufig die am wenigsten geschätzten Schwerstarbeiten, bei denen zweierlei zusammentraf: mäßige Anforderungen an fachliche Qualifikation und Arbeitsbedingungen, die einheimische Arbeitskräfte abschreckten. Auf diesen Ebenen einzutreten indes bedeutete für viele Ausländer eine erhebliche ökonomische Verbesserung. Ihre Lage in den Herkunftsgebieten ließ Bedingungen, die für einheimische Arbeitskräfte Anlaß zur Abwanderung waren, noch eine beträchtliche Anziehungskraft entfalten. Zudem waren gerade in Landwirtschaft, Bauwesen und Montanindustrie die am wenigsten geschätzten Tätigkeitsbereiche häufig relativ hoch bezahlt. Das war ein zusätzlicher Grund dafür, daß sich ausländische Arbeitskräfte, die nicht auf Einwanderung, sondern nur auf Lohngeldtransfer ins Herkunftsgebiet ausgehen konnten, gerade hier konzentrierten. Das galt im Tiefbau für die im Akkord schaufelnden Kanalarbeiter ebenso wie für die ausländischen Arbeiterkolonnen im Hochbau, in Steinbrüchen und Ziegeleibetrieben; es galt in der Landwirtschaft für die im Ernteakkord stehenden "Rübenzieher", "Schnitter" und "Kartoffelbuddler"; und es galt in der Montanindustrie nicht minder für den "Schlepper" zwischen Abbauort und Strecke unter Tage und den "Feuermann" in Kokerei und Hochofenglut. Die Herausbildung doppelter Teilarbeitsmärkte im "Arbeitseinfuhrland" und die Spannungslagen auf ihren internationalisierten unteren Ebenen aber führten in der zeitgenössischen Debatte um das Für und Wider der Ausländerbeschäftigung zu Interessenkollisionen in den verschiedensten Bereichen 70). Davon zeugten u. a.:

1. jene These von der "Verdrängung" einheimischer, auf Dauerbeschäftigung angewiesener Landarbeiter und ihrer Familien durch die "billigen und willigen" Saisonarbeiterkolonnen im preußischen Osten, die im Mittelpunkt der nationalideologisch aufgeheizten, von M. Webers provozierenden Thesen ausgehenden Debatte um die "Polonisierung des Ostens" durch Zuwanderung aus dem östlichen Ausland stand 71);

70) Hierzu und zum Folgenden: Bade, Transnationale Migration (s. Anm. 4), S. 197-207 (Zitatbelege); ders., Vom Auswanderungsland zum Einwanderungsland?, S. 38-51; ders., Gastarbeiter zwischen Arbeitswanderung und Einwanderung, S. 15-19.

71) Weber, Landarbeiter, S. 793; ders., Arbeitsverfassung, S. 71; zur Rezeptionsgeschichte der "Verdrängungstheorie" s. Bade, Massenwanderung, S. 317 ff.

2. der erwähnte Konflikt zwischen agrarischen und industriellen Arbeitgebern und Arbeitgeberverbänden um die aus politischen Gründen auf landwirtschaftliche Betriebe und deren Nebenbetriebe beschränkte Zulassung ausländisch-polnischer Arbeitskräfte in den preußischen Westprovinzen, mit Hilfe derer eine weitere "Polonisierung des Westens" durch ein Zusammentreffen von Polen aus dem östlichen Ausland mit den aus den ehemaligen polnischen Ostprovinzen zugewanderten "Ruhrpolen" blockiert werden sollte;
3. die besonders von den Freien Gewerkschaften vertretene Lohndruckthese bei der Beschäftigung ausländischer sowie zugewanderter preußisch-polnischer Arbeitskräfte und die damit einhergehende Agitation gegen die "Ausbeutung" ausländischer Arbeitskräfte sowie der preußisch-polnischen Minderheit als "Lohndrücker", "Schmutzkonkurrenten" und "Streikbrecher" 72);
4. der damit verbundene Streit um die Pufferfunktion ausländischer Arbeitskräfte in den konjunkturellen Wechsellagen von Aufschwung und Krise und die dadurch ausgelösten allgemeinen Auseinandersetzungen um die nur in der "reinen Ökonomie" abstrakt definierbare, konkret aber vom jeweiligen Interessenstandpunkt abhängige "Sättigungsgrenze" auf dem Arbeitsmarkt;
5. die arbeitsmarktpolitische Debatte um die Verwerfung der Angebot-Nachfrage-Spannung auf dem Arbeitsmarkt durch "überflüssige" transnationale und interne Arbeitswanderungen in einer Zeit, in der der Spannungsausgleich im Arbeitsmarktgeschehen vielfach noch gleichbedeutend war mit einem Wanderungsausgleich ohne zureichende überregionale Arbeitsmarktbeobachtung und Arbeitsvermittlung 73);
6. die Klage über eine Art Deklassierung von Arbeitsplätzen durch Ausländerbeschäftigung, die darin Ausdruck finde, daß einheimische Arbeitskräfte "verweichlicht oder bequem geworden" und nurmehr im Notfall bzw. auf Zeit bereit seien, auf den unteren Ebenen doppelter Teilarbeitsmärkte neben Ausländern in jenen Bereichen zu arbeiten, die als "anstrengend, vielfach die Gesundheit aufreibend, oft schmutzig und widerlich" gälten, so daß bereichsweise kommunale Versorgungslasten für erwerbslose einheimische Arbeitskräfte anfielen, während zugleich Lohngelder aus dem lokalen Markt ins Ausland trans-

72) Vgl. hierzu: Heranziehung und Ausbeutung russischer Arbeiter als Schmutzkonkurrenten durch deutsche Industrielle, in: Vorwärts, 7. 2. 1906 (Beil.); M. Schippel, Die Konkurrenz der fremden Arbeitskräfte. Zur Tagesordnung des Stuttgarter Internationalen Kongresses, in: Sozialist. Monatsh., 1906/II, S. 736-744; ders., Die fremden Arbeitskräfte und die Gesetzgebung der verschiedenen Länder. Materialien für den Stuttgarter Internationalen Kongreß, in: Neue Zeit, 1907/II (Beil. zu Nr. 41, 63 S.); Die Lohndrücker des Auslandes und die Internationale, ebenda, S. 511 ff.; Ausländische Arbeiter als Lohnsklaven, in: Correspondenzblatt der Generalkommission der Gewerkschaften Deutschlands, 18. 1908, S. 17-19; Ausländische Arbeiter bei öffentlichen Arbeiten, ebenda, S. 486 f.; Die Konkurrenz ausländischer Arbeitskraft beim Erweiterungsbau des Nord-Ostsee-Kanals, in: Deutscher Maschinist und Heizer, 18. 1913, S. 229 f.
73) Vgl. hierzu den Beitrag von A. Faust (2. 4) in diesem Band.

feriert würden [74]);

7. die Diskussion um jene indirekte Beförderung des beruflich-sozialen Aufstiegs einheimischer durch deren Unterschichtung durch ausländische, aber auch preußisch-polnische Arbeitskräfte — ein Argument, das freilich vor allem auf Arbeitgeberseite gegen die Klagen über jene fortschreitende Internationalisierung einzelner Teilarbeitsmärkte eingesetzt wurde, bei der es in der Tat, auf der Ebene un- und angelernter Arbeiten, von Anbeginn an eine latente Konkurrenzspannung zwischen ausländischen und einheimischen Arbeitskräften gab, die besonders in den beiden auf den Arbeitsmarkt durchschlagenden kurzen, aber harten Rezessionen 1900/02 und 1907/08 deutlich zutage trat [75].

Der Konflikt um die Ausländerbeschäftigung spaltete auf nationaler Ebene die organisierten Interessen auf dem Arbeitsmarkt, trennte in Betrieben und Distrikten mit starker Ausländerbeschäftigung in Zeiten angespannter Arbeitsmarktlage einheimische Arbeitnehmer und Arbeitgeber, aber auch einheimische und ausländische Arbeitskräfte und reichte von Kommunalverwaltung und Landratsamt bis hinauf ins preußische Staatsministerium, in dem wiederum Landwirtschafts- und Handelsministerium um die beste Position in der Zulassungsfrage konkurrierten, während Kultus- und Kriegsministerium auf eine möglichst restriktive Ausländerzulassung drängten. Auf der internationalen Ebene standen neben Regierungsvertretern auch die Vertreter von Arbeitgeber- und Arbeitnehmerinteressen des "Arbeitseinfuhrlandes" gegen diejenigen der Herkunftsländer der "ausländischen Wanderarbeiter" im Konflikt um Aus- und Einreisegenehmigungen und um arbeits- und sozialrechtliche Fragen in den Verhandlungen um bilaterale "Arbeits- und Wanderungsverträge". Die Freien Gewerkschaften im "Arbeitseinfuhrland" aber schwankten zwischen der aus der Resolution des Stuttgarter Kongresses der II. Internationale über Ein- und Auswanderung 1907 sprechenden — im Bereich von Lohnlage, Arbeits- und Sozialrecht weniger philanthropischen als, im Blick auf den Arbeitskampf, gewerkschaftsstrategischen — Forderung nach einer Gleichstellung ausländischer mit einheimischen Arbeitskräften und dem Bemühen um ihre Einbeziehung in die gewerkschaftliche Organisation einerseits und dem Widerstand gegen eine unumschränkte Ausländerzulassung andererseits. Sie blieben dabei eingespannt in den Zielkonflikt zwischen proletarischem Internationalismus und nationaler Arbeitnehmervertretung [76]. Das galt bis hin zu den Differenzen zwischen den nationalen

74) v. Waltershausen, S. 80; ZSTA Merseburg, Rep. 120, VIII, 1, Nr. 106, Bd. 2, S. 112 ff.; E. Franke, Die polnische Volksgruppe im Ruhrgebiet 1870-1940, in: Jahrb. d. Arbeitswiss. Instituts der Deutschen Arbeitsfront Berlin, 2. 1940/41, S. 319-404, hier S. 347; Knoke, S. 59-62; A. u. E. Kulischer, Kriegs- und Wanderzüge. Weltgeschichte als Völkerbewegung, Berlin 1932, S. 195 f.; Becker, S. 53 f., 100; F. Syrup, 100 Jahre staatliche Sozialpolitik 1839-1939, bearb. u. hg. v. J. Scheuble u. O. Neuloh, Stuttgart 1957, S. 224 f.

75) v. Waltershausen, S. 80.

76) Vgl. dazu bes. die Materialien zum Stuttgarter Kongreß 1907, s. Anm. 72; vgl. Schäfer, S. 208 ff., 214 (Anm. 81).

Arbeitnehmervertretungen in der Beurteilung der internationalen Konferenzen über Aus- und Einwanderungsfragen zur Zeit der Weimarer Republik. In der "Wanderarbeiterfrage" erlebte Deutschland mithin seit den 1890er Jahren und über den Weltkrieg hinweg bis in die Anfangsjahre der Weimarer Republik hinein in der öffentlichen Diskussion Interessenkonflikte, wie sie nach Reichweite und Intensität ansonsten nur in den Auseinandersetzungen um Fragen der Einwanderungspoltik in echten Einwanderungsländern begegneten.

Insgesamt betrachtet, deckte die landwirtschaftliche und industrielle Reservearmee ausländischer Arbeitskräfte im Kaiserreich den Ersatz- und Zusatzbedarf auf dem Arbeitsmarkt und erfüllte, über ihre Erweiterungsfunktionen beim rapiden Wirtschaftswachstum der Vorkriegsjahrzehnte hinaus, konjunkturelle Pufferfunktionen im Wechsel von Krise und Aufschwung. Vor allem aber trug sie dazu bei, auf dem Arbeitsmarkt die Folgen jener gewaltigen Verschiebung in den Beschäftigtenanteilen zwischen Landwirtschaft und Industrie zu balancieren, die in den Jahrzehnten vor dem Ersten Weltkrieg den Wandel anzeigte vom Agrarstaat mit starker Industrie zum Industriestaat mit starker agrarischer Basis. Ohne sie hätte die Wirtschaftsgeschichte des Kaiserreichs zwar sicher keinen wesentlich anderen, aber vielleicht doch einen wesentlich härteren Gang genommen.

Und selbst im Ersten Weltkrieg, der Überseeauswanderung und kontinentale Zuwanderung abschnitt, erfüllte die ausländische Reservearmee in Deutschland entscheidende Ersatzfunktionen 77). Zu Beginn der letzten landwirtschaftlichen Arbeitssaison noch war die "russische Drohung", die Abschnürung der für die Agrarproduktion im preußischen Osten lebenswichtigen transnationalen Saisonwanderung, in furchterregende Nähe gerückt, bestätigte doch eine eigens eingesetzte Studienkommission: "Ein Ausbleiben der ausländischen Wanderarbeiter stellt die Volksernährung in Frage." 78) Darum spielte der Einschluß der landwirtschaftlichen Arbeitskräfte aus dem östlichen Ausland innerhalb der deut-

77) Zur Ausländerbeschäftigung im Weltkrieg im Anschluß an Nichtweiss: L. Elsner, Die ausländischen Arbeiter in der Landwirtschaft der östlichen und mittleren Gebiete des Deutschen Reiches während des 1. Weltkrieges, Diss. Rostock 1961 (MS), überarb. Fassg. u. d. Titel: Die polnischen Arbeiter in der deutschen Landwirtschaft während des ersten Weltkrieges, Rostock 1975 (MS); ders., Sicherung und Ausbeutung ausländischer Arbeitskräfte. Ein Kriegsziel im 1. Weltkrieg, in: ZfG 24. 1976, S. 530-546; ders., Liberale Arbeiterpolitik oder Modifizierung der Zwangsarbeitspolitik?. Zur Diskussion und zu den Erlassen über die Behandlung polnischer Landarbeiter in Deutschland 1916/17, in: Jb. für die Gesch. der sozialist. Länder Europas, 22/II, Berlin (Ost) 1978, S. 85-105; vgl. dagegen F. Zunkel, Die ausländischen Arbeiter in der deutschen Kriegswirtschaftspolitik des 1. Weltkriegs, in: Festschrift H. Rosenberg, Berlin 1970, S. 280-311; vgl. dagegen den Beitrag von L. Elsner (4. 5) in diesem Band; vgl. Dohse, S. 77-81.

78) Bisherige Hauptergebnisse der Studienkommission für Erhaltung des Bauernstandes, für Kleinsiedlung und Landarbeit, Rostock 1916, S. 3 f., zit. bei S. Wygodzinski, Die Landarbeiterfrage in Deutschland, Tübingen 1917, S. 60.

Schaubild 7: Ausländische Arbeitskräfte in Preußen 1906 - 1914:
Zuwanderung und Bestand (Jahresende) nach den
Erhebungen des preußischen Innenministeriums

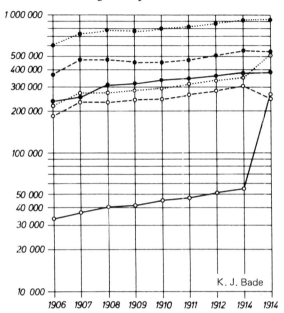

● ● ● ● Zugang ausländischer Arbeiter
○ ○ ○ ○ Bestand ausländischer Arbeiter
·········· Ausländische Arbeiter insgesamt
------ Ausländische Industriearbeiter
——— Ausländische Landarbeiter

Quelle:
Tabelle 1

schen Reichsgrenzen, der die Kurve des "Bestands" ausländischer Landarbeiter
(s. Schaubild 7) 1914 extrem ansteigen ließ, in der strategischen Planung eine
nicht zu unterschätzende Rolle. Es war deshalb 1914 ein durchaus geplantes
"Glück für die deutsche Landwirtschaft, daß sie damals die größte überhaupt
erreichte Zahl ausländischer Wanderarbeiter beschäftigte" 79). Der jährliche
Rückkehrzwang in der "Karenzzeit" für russisch-polnische Saisonarbeiter wurde
aufgehoben, ihnen und allen anderen Arbeitswanderern aus dem nunmehr feindlichen Ausland zunächst die Rückkehr untersagt; Saisonarbeitern aus der Donaumonarchie (Galizien) wurde sie, von Militärpflichtigen abgesehen, administrativ

79) Radetzki, S. 312 (im Anschluß an : A. Skalweit, Agrarpolitik, 2. Aufl., Berlin 1924,
S. 288); für die italienischen Arbeitskräfte s. Schäfer, S. 211 f.

erschwert. Ohne diese auf dem landwirtschaftlichen Arbeitsmarkt zurückgehaltene ausländische Reservearmee (im Oktober 1918 noch immer 374.000), die rasch durch Kriegsgefangene (Oktober 1918: 900.000) verstärkt wurde, wäre im ersten totalen Krieg die "Heimatfront", von deren Stabilität das "Durchhalten" an den Fronten der Materialschlacht abhing, sehr viel früher zusammengebrochen.

In der Weimarer Republik bestand, wie Schaubild 5 zeigt, das für die Vorkriegsjahre charakteristische Strukturbild der Ausländerbeschäftigung mit seiner jährlichen Fluktuation fort. Die Steuerung der Ausländerzulassung und ihre Beschränkung auf Ersatz- und Pufferfunktionen aber traten nicht nur deutlicher, sondern auch auf eine qualitativ neue Weise zutage: Bestimmend für das Bewegungsmuster der kontinentalen Zuwanderung war im Gegensatz zum Kaiserreich nicht mehr die preußische Ratio der antipolnischen Sicherheitspolitik, sondern diejenige der Arbeitsmarktpolitik. Der Absturz in der Kurve der Ausländerbeschäftigung 1919 hatte wesentlich damit zu tun, daß ein großer Teil der ausländisch-polnischen wie der ehemals preußisch-polnischen Arbeitskräfte in den neuen polnischen Staat zurück- oder nach Frankreich weiterwanderte. Die im Vergleich zur Vorkriegszeit erheblich niedrigere jährliche Fluktuation der Ausländerbeschäftigung aber war das Ergebnis restriktiver Kontingentierung im räumlich geschrumpften und wirtschaftlich verarmten Nachkriegsdeutschland. Das galt auch für die landwirtschaftliche Reservearmee aus dem östlichen Ausland, die – nach der Verschiebung der preußischen Ostgrenzen nach Westen und dem damit verbundenen Schrumpfen ihrer Haupteinsatzgebiete – in verringertem Umfang ihre Ersatzfunktionen, trotz hoher städtischer Arbeitslosenzahlen, bis zur Weltwirtschaftskrise weiter erfüllte 80). Die Bestimmungen des Arbeitsnachweisgesetzes von 1922, die in seinem Rahmen bis 1926 erlassenen Verordnungen und deren Anpassung an die neue Organisation der Arbeitsverwaltung von 1927, zielten mit der Einführung einer jährlichen "Genehmigungspflicht" darauf ab, die Ausländerbeschäftigung in den Grenzen des Ersatz- und Zusatzbedarfs zu halten: Für ausländische Arbeitskräfte wurden Visa nur mehr erteilt, wenn die Arbeitsnachweise bestätigt hatten, daß entsprechende einheimische Arbeitskräfte nicht zur Verfügung standen. Deswegen auch gleichen die in Schaubild 2 wiedergegebenen Kurven der Ausländerbeschäftigung in Industrie und Landwirtschaft der Weimarer Republik einer Art Krisenbarometer für die Entwicklung der Angebot-Nachfrage-Spannung auf dem Arbeitsmarkt: im Blick auf die Rückwirkungen des Ruhrkampfes 1923 auf den

---

80) Hierzu und zum Folgenden von der älteren, anhand der Akten erarbeiteten Forschungsliteratur noch die in ihrer Fragestellung der Pionierstudie von Nichtweiss folgende, aber in vieler Hinsicht unbefriedigende Arbeit von J. Tessarz, Die Rolle der ausländischen landwirtschaftlichen Arbeiter in der Agrar- und Ostexpansionspolitik des deutschen Imperialismus in der Periode der Weimarer Republik 1919-1932, Diss. Halle 1962 (MS); vgl. dazu jetzt: Bade, Weimarer Republik, S. 168 ff.; Dohse, S. 85-117.

Schaubild 8: Ausländische Arbeitskräfte in Preußen 1906 - 1914:
Bestand (Jahresende) von Polen und Ruthenen nach
den Erhebungen des preußischen Innenministeriums

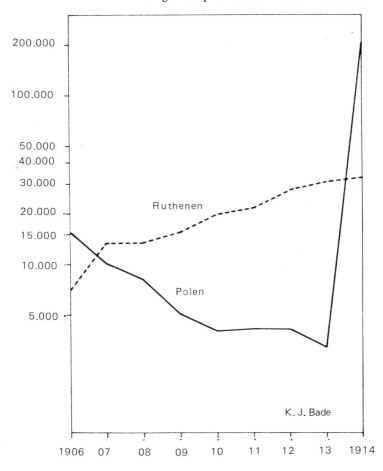

Quelle:
Tabelle 1

Arbeitsmarkt in den besetzten Gebieten und auf die Krisenzeit vom Herbst 1925 bis zum Frühjahr 1927 ebenso wie im Blick auf die Massenarbeitslosigkeit zur Zeit der Weltwirtschaftskrise, in der die Ausländerbeschäftigung insgesamt stark abfiel. Die ausländischen Arbeitskräfte des Jahres 1932 waren in der Landwirtschaft zu etwa einem Drittel und in der Industrie fast durchweg "deutschstämmig", seit Jahren im Reich ansässig, deshalb zumeist durch den begehrten "Befreiungsschein" der jährlichen "Genehmigungspflicht" enthoben und deutschen Arbeitern gleichgestellt.

3. 2 Auswanderungsland und "Arbeitseinfuhrland": Protektion und Restriktion in der deutschen "Wanderungspolitik"

Die deutsche Überseeauswanderung des 19. Jahrhunderts blieb, solange sie soziale Massenerscheinung war, eine weitgehend sich selbst überlassene, anarchische Bewegung: Im Auswanderungsland Deutschland wie im überseeischen Haupteinwanderungsland USA wurden mehr oder minder weitreichende Instrumentarien der Aus- bzw. Einwanderungspolitik erst entwickelt, als die deutsche Überseeauswanderung als säkulare soziale Massenbewegung bereits der Vergangenheit angehörte. Deshalb konnte sich auch in der dritten und letzten deutschen Auswanderungswelle des 19. Jahrhunderts (1880-93) die wanderungsbestimmende Wechselwirkung von vorwiegend sozialökonomischen Schub- und Sogkräften noch relativ frei entfalten.

Das Gegenteil war bei der kontinentalen Zuwanderung ausländischer Arbeitskräfte nach Deutschland und insbesondere nach Preußen der Fall. So wenig die Geschichte der deutschen Überseeauswanderung bis zur Verabschiedung des ersten Reichsgesetzes über das Auswanderungswesen (1897) eine Geschichte der "Auswanderungspolitik" war, so sehr war die Geschichte der kontinentalen Zuwanderung ausländischer Arbeitskräfte schon am Ende der dritten deutschen Auswanderungswelle die Geschichte einer versteckten restriktiven "Einwanderungspolitik" auf dem Verordnungsweg, deren Hauptzweck es war, den aus der Statistik des transnationalen Wanderungsgeschehens (s. Schaubild 3) sprechenden Wandel Deutschlands vom Auswanderungsland zum Einwanderungsland zu blockieren und die wachsende kontinentale Zuwanderung durch Zwangsrotation in den Bahnen der befristeten Arbeitswanderung zu halten.

Aber auch vor der Herausbildung und systematischen Verdichtung jenes defensiven Steuerungs- und Kontrollgefüges, das schließlich als "Legitimationszwang" in die Geschichte von Arbeitsmarkt-, Beschäftigungspolitik und Ausländerrecht einging, war der kontinentale Zustrom ausländischer Arbeitskräfte über die "trockenen" Reichsgrenzen keine dem Auswanderungsgeschehen auch nur annähernd vergleichbare, weitgehend ihrer Selbstregulierung überlassene transnationale Bewegung: Einerseits war die kontinentale Zuwanderung, vor allem diejenige aus dem östlichen Ausland, weithin bestimmt durch planmäßige Aus-

landsrekrutierung und Inlandsvermittlung. Andererseits geriet sie dort, wo sie
am frühesten in größeren Zahlen die deutschen Grenzen passierte, nämlich im
preußischen Osten, von Anbeginn an in die Schnittlinien ökonomischer und
nationalpolitischer Interessen. Die Geschichte der kontinentalen Zuwanderung
nach Deutschland und insbesondere nach Preußen war deshalb schon im späten
19. und vor allem im frühen 20. Jahrhundert zugleich die Geschichte der von den
verschiedensten, einander nicht selten widerstrebenden ökonomischen und politischen Interessen unternommenen Versuche, diesen Arbeitskräftezustrom zu
lenken, zu kontrollieren und in bestimmten Regionen oder Beschäftigungsbereichen sogar schlichtweg zu blockieren.
In seiner Kipplage zwischen Auswanderungsland und "Arbeitseinfuhrland" war
Deutschland, das seit dem Ende der dritten Auswanderungswelle des 19. Jahrhunderts Auswanderungsland kaum mehr war und Einwanderungsland nicht
werden wollte, doppelt betroffen von der Interessenspannung zwischen "Ex-
portstaaten" und "Importstaaten" 81) um die Regelung des transnationalen
Wanderungsgeschehens auf den Arbeitsmärkten. Aus dieser Kipplage bzw. Zwitterstellung Deutschlands ergab sich in Fragen der "Wanderungspolitik" eine
einzigartige Ambivalenz: Als Auswanderungsland stand Deutschland in den
Weimarer Jahren schließlich gegen die protektionistischen Einwanderungsrestriktionen, vor allem im überseeischen Haupteinwanderungsland USA, während
es zugleich als "Arbeitseinfuhrland" eine restriktive Kontingentierung der Ausländerzulassung zu verteidigen hatte, die in ihren protektionistischen Intentionen
erheblich weiterging als die neue amerikanische Einwanderungspolitik. "Die
Wanderungswirtschaft der Welt befindet sich heute auf dem Weg vom Liberalismus zur staatlichen Planwirtschaft", konstatierte K. C. Thalheim 1930 82). Diese Tendenz hatte seit dem Weltkrieg stark zugenommen. "Die Mehrzahl der Länder regelt seit dem Weltkrieg rücksichtslos nach eigenem Gutdünken das Recht
der Auswanderung der Staatsbürger und die Einwanderung der Fremden", kri-
tisierte I. Ferenczi 1927 die einseitigen Reglementierungen zum Schutz der
Arbeitsmärkte, "und ihre Forderungen gegenüber anderen Staaten stehen vielleicht in noch krasserem Widerspruch zu dem eigenen Vorgehen als auf dem
Gebiete der Zollpolitik" 83). Das galt vor allem für Deutschland in der Spannung
zwischen Auswanderungsland und "Arbeitseinfuhrland".
Diese Doppelrolle bestimmte auch die Haltung Deutschlands gegenüber den
internationalen Bemühungen um eine Regelung des Aus- und Einwanderungs-
wesens, die mit der Entfaltung der internationalen Organisationen nach dem
Ersten Weltkrieg hervortraten: Im Sinne des Vorschlags der Internationalen

81) Budapester Konferenz, S. 94.
82) K. C. Thalheim, Gegenwärtige und zukünftige Strukturwandlungen in der Wanderungswirtschaft der Welt, in: Archiv für Wanderungswesen, 3. 1930, S. 41-47, hier S. 47.
83) I. Ferenczi, Weltwanderungen und Wirtschaftsnot, in: Soziale Praxis, 36. 1927,
S. 890-894, hier S. 890.

Arbeitskonferenz in Washington 1919 wurden mit den europäischen Herkunftsländern der ausländischen Arbeitswanderer bilaterale Abkommen angestrebt.
Bei multilateralen Verhandlungen über eine Regelung des internationalen Wan-
derungswesens blieb die deutsche Position zwiespältig, je nachdem, ob die Ver-
handlungsgegenstände das Auswanderungsland oder das "Arbeitseinfuhrland"
tangierten. Das galt für Regierungsvertreter ebenso wie für die Vertreter der organisierten Interessen auf dem Arbeitsmarkt: von der mitteleuropäischen Wirtschaftskonferenz über die Organisation des Arbeitsmarktes in Budapest 1910,
über das Delegiertentreffen der Auswanderungsländer in Rom 1921, die erste
internationale Konferenz der Aus- und Einwanderungsländer in Rom 1924 und
den vom Internationalen Gewerkschaftsbund und der Sozialistischen Arbeiter-
internationale 1926 nach London einberufenen Weltwanderungskongreß bis hin
zur zweiten internationalen Konferenz der Aus- und Einwanderungsländer in
Havanna 1928, zu der Deutschland nur mehr einen Beobachter ohne Diskussions-
und Stimmrecht entsandte. Einzig nachwirkendes Ergebnis der, nach der viel-
versprechenden ersten Konferenz in Rom, enttäuschenden zweiten in Havanna
war der gemeinsame Eindruck der Beteiligten, daß Verhandlungen über Ein- und
Auswanderungsprobleme beim Internationalen Arbeitsamt besser aufgehoben
seien als auf Konferenzen der Aus- und Einwanderungsländer. Die von der Internationalen Organisation der Arbeit schon 1920 eingesetzte "Internationale
Auswanderungskommission" freilich blieb von den kaum überbrückbaren In-
teressengegensätzen zwischen Aus- und Einwanderungsländern ebensowenig ver-
schont wie das 1925 eingesetzte paritätische "Ständige Auswanderungskomitee"
in Genf 84).
Die Spannung zwischen den gegensätzlichen Intentionen von Aus- und Einwanderungspolitik fand in Deutschland Ausdruck auch in Gesetzgebung und Insti-
tutionengefüge: Nach der 1902 zunächst bei der Deutschen Kolonialgesellschaft
eingerichteten nichtamtlichen, aber der Aufsicht des Reichskanzlers unterstellten
"Zentralauskunftsstelle für Auswanderer" war das "Reichsamt für deutsche Einwanderung, Rückwanderung und Auswanderung (Reichswanderungsamt)" die
erste, vornehmlich mit der Auswanderung beschäftigte Reichsinstitution. Wie
sein nichtamtlicher Vorgänger, blieb auch das "Reichswanderungsamt" — das
1919 aus der zur Leitung und Eingliederung des kriegsbedingten Rückwande-
rungsstroms geschaffenen "Reichswanderungsstelle" hervorging und 1924 vom
Sparkommissar zur "Reichsstelle für das Auswanderungswesen" zusammenge-
strichen wurde — beschränkt auf individuelle Beratung und öffentliche Informa-
tionsdienste zum Schutz gegen Fehlentscheidungen und Übervorteilung bei der
Auswanderung. Nur auf diesem Umweg über unverbindliche Beratung gab es
Versuche einer indirekten Einflußnahme auf Auswanderungsentscheidungen.
Solche Versuche aber wirkten als Bumerang: Der kurzfristige erneute Steilan-

84) Hierzu und zum Folgenden: Bade, Weimarer Republik, S. 170 ff.

stieg der deutschen Überseeauswanderung während der Inflationszeit schien den seit Kriegsende gefürchteten Aufstieg einer neuen, riesigen Welle überseeischer Massenauswanderung zu bestätigen, die die durch die Kriegsfolgen erschütterte und unter gewaltigen Reparationslasten torkelnde deutsche Wirtschaft aufs schwerste hätte treffen müssen. Dadurch bestimmte Bemühungen des "Reichswanderungsamtes", schwankenden Auswanderungswilligen von ihrem Vorhaben abzuraten, brachten das "Reichsverhinderungsamt" unter Manipulationsverdacht und belasteten nur umso mehr die ohnehin wenig effektive Beratungstätigkeit im "Amt der verlorenen Worte" 85).

Die zunächst ebenfalls nichtamtliche und 1907 durch die Übertragung des "Legitimationsmonopols" in Preußen zur halbamtlichen Institution aufgewertete preußische "Feldarbeiterzentrale" und spätere "Deutsche Arbeiterzentrale" (ab 1912) hingegen war jenseits ihrer Funktionen in Auslandsrekrutierung und Inlandsvermittlung ausländischer Arbeitskräfte von Anbeginn auch restriktives Kontrollorgan im System des Legitimationszwangs. Damit wurde indes zunächst nur die jährliche Fluktuation des Ausländerzustroms aufrechterhalten. 1921 begann durch die Verbindung des Legitimationsverfahrens mit dem im Arbeitsnachweisgesetz von 1922 rechtlich verankerten Genehmigungsverfahren die Kontingentierung der Ausländerzulassung, zunächst in Industrie, Gewerbe und Dienstleistungsbereich. Die Arbeiterzentrale wurde auf Reichsebene zum zentralen Steuerungsorgan, als der nunmehr paritätisch geleiteten Institution 1922 das "Monopol" für die gesamte Vermittlung ausländischer Landarbeiter im Reich übertragen wurde, bei jährlicher Festlegung der Beschäftigtenzahlen zunächst durch die Landesämter für Arbeitsvermittlung und seit 1927 durch die neue Reichsanstalt für Arbeitsvermittlung und Arbeitslosenversicherung. Der Auswanderung aus Deutschland wie der Zuwanderung nach Deutschland gegenüber zeigte sich bei alldem in Weimar eine wachsende Tendenz zur staatlichen Überformung des Institutionengefüges mit gegensätzlichen Intentionen: zum Schutz für die deutsche Auswanderung und zum Schutz gegen eine kontinentale Einwanderung 86).

Mit dem Ausbau der öffentlichen Arbeitsverwaltung 87) und ihrer gesetzlichen Verankerung wurde bis 1927 ein komplexes und flexibles Instrumentarium zum Spannungsausgleich auf dem Arbeitsmarkt geschaffen. Überregional koordinierte Arbeitsmarktbeobachtung und Arbeitsvermittlung tendierten dahin, die volkswirtschaftlich teuren "überflüssigen Wanderungen" einheimischer Arbeitskräfte einzuschränken, während das über die Arbeitsverwaltung gesteuerte Genehmi-

85) C. H. Thewalt, Das Amt der verlorenen Worte, München 1920; Bickelmann, S. 81-91, 108-119.

86) I. Ferenczi, Die internationale Regelung der kontinentalen Arbeiterwanderungen in Europa, in: WWA, 20. 1924, S. 427-460, hier S. 436 ff.; Syrup, S. 308, 324; Nichtweiss, S. 93 ff., 134 ff.; Tessarz, S. 47 ff.

87) Hierzu der Beitrag von A. Faust (2. 4) in diesem Band.

gungsverfahren die Ausländerbeschäftigung in den Grenzen des jährlichen Ersatz- und Zusatzbedarfs zu halten strebte. Der Einbruch der Weltwirtschaftskrise ließ dem neuen Instrumentarium kaum Bewährungschancen. Als die durch Rationalisierung und Konzentration verschärfte strukturelle Arbeitslosigkeit, die seit 1926 im Jahresdurchschnitt nicht mehr unter die Millionengrenze sank, und die im Jahresrhythmus fluktuierende saisonale Arbeitslosigkeit zusammentrafen mit der konjunkturell bedingten Massenarbeitslosigkeit der Weltwirtschaftskrise, wurde die Leistungsgrenze der Reichsanstalt für Arbeitsvermittlung und Arbeitslosenversicherung abrupt und bei weitem überschritten. Während die überforderten Arbeitsnachweise in der Krise zu "Stempelstellen" für die Arbeitslosenunterstützung absanken, geriet der Kampf um die Sanierung der angeschlagenen Reichsanstalt durch Leistungsabbau oder Erhöhung von Versicherungsbeiträgen und Reichszuschüssen 1929/30 ins Zentrum der Krise des parlamentarischen Sozialstaats. Der Interessenausgleich zwischen den politischen Parteien wurde blockiert durch den Grundsatzkonflikt zwischen den Sozialparteien der organisierten Arbeitgeber- und Arbeitnehmerinteressen. Der in Weimar mangelnde positive demokratische Fundamentalkonsens war in der Krise nicht mehr zu stiften, der Konflikt durch Sozialtechnik nicht mehr zu überbrücken [88].

Wege aus dem Chaos auf dem Arbeitsmarkt wurden in der Agonie der Republik noch in den deflationistischen Arbeitsbeschaffungsprogrammen unter v. Papen und v. Schleicher angetreten. Der Sieg über die Massenarbeitslosigkeit — durch deren modifizierte Weiterführung und Ergänzung durch die arbeitsintensiven Investitionsprogramme von Reichsbahn und Reichspost — indes war erst der nationalsozialistischen Arbeitspolitik gutzuschreiben, um den Preis einer radikalen Umfunktionierung des in Weimar geschaffenen Systems der wirtschaftsdemokratischen Arbeitsverwaltung: Das bis 1927 entwickelte neue Institutionsgefüge der Arbeitsverwaltung wurde nach 1933 zu einem der wichtigsten Grundelemente deformiert, aus denen die nationalsozialistische Herrschaftsarchitektur schrittweise das wirtschafts- und sozialpolitische Fundament des totalen Staates baute. Mit der Umorientierung von der Arbeitsvermittlung zum "Arbeitseinsatz" begann der Weg zur Militarisierung der Arbeitswelt und zur Instrumentalisierung der Wirtschafts- und Sozialpolitik unter dem Primat der nationalsozialistischen Machtstaatspolitik [89]. An die Stelle der überkommenen Formen, Be-

88) L. Preller, Sozialpolitik in der Weimarer Republik, Stuttgart 1949, S. 165-169, 336 ff., 418-452; H. Timm, Die deutsche Sozialpolitik und der Sturz der Großen Koalition im März 1930, Düsseldorf 1953, S. 89 ff., 180 ff.

89) Syrup, S. 403-460; W. Fischer, Deutsche Wirtschaftspolitik 1918-1945, 3. Aufl., Opladen 1968, S. 56 ff., 60 ff.; K. Hardach, Wirtschaftsgeschichte Deutschlands im 20. Jahrhundert, Göttingen 1976, S. 61, 70 ff.; T. W. Mason, Arbeiterklasse und Volksgemeinschaft. Dokumente und Materialien zu deutschen Arbeiterpolitik 1936-1939, Opladen 1975, S. 24 f., 46-60.

stimmungskräfte und Entwicklungsbedingungen der deutschen Überseeaus-
wanderung trat die durch politische und rassenideologische Verfolgung bedingte
Emigration ins europäische und überseeische Ausland 90), an die Stelle der
"Wanderarbeiterfrage" die "Fremdarbeiterfrage" im nationalsozialistischen
Deutschland und im von Deutschland während des Zweiten Weltkriegs be-
setzten Europa 91).

---

90) Hierzu jetzt: E. Lacina, Emigration 1933-1945. Sozialhistorische Darstellung der
deutschsprachigen Emigration und einiger ihrer Asylländer aufgrund ausgewählter zeitgenössischer Selbstzeugnisse, Stuttgart 1982; W. Frühwald, W. Schieder (Hg.), Leben im
Exil. Probleme der Integration deutscher Flüchtlinge im Ausland 1933-1945, Hamburg 1981.
91) E. L. Homze, Foreign Labor in Nazi Germany, Princeton N. J. 1967; H. Pfahlmann,
Fremdarbeiter und Kriegsgefangene in der deutschen Kriegswirtschaft 1939-1945, Darmstadt 1968; Dohse, S. 105-134; s. hierzu die Beiträge von J. Lehmann (4. 6) und A. Großmann (4. 7) in diesem Band.